You've Already Got It!

So Quit Trying To Get It.

by
Andrew Wommack

You've Already Got It!
So Quit Trying To Get It.

Copyright ⓒ 2006 by Andrew Wommack Ministries, Inc.,
P.O.Box 3333 Colorado Springs, CO 80934-3333

Originally Published in English by Harrison House Publishers,
P.O.Box 35035, Tulsa, OK 74153, USA
under the title "You've Already Get It!" by Andrew Wommack.

Korean, Korea Edition Copyright ⓒ 2010 by The Word of Faith Co.
All rights reserved.

Available in other languages from Harrison House,
P.O.Box 35035, Tulsa, OK 74153, USA
Fax Number 918-523-5747, www.harrisonhouse.com

당신은 이미 가졌습니다!

발행일　2010. 2. 12.　1판 1쇄 발행
　　　　2024. 3. 18.　1판 5쇄 발행

지은이　앤드류 워맥
옮긴이　두영규
발행인　최순애
발행처　믿음의말씀사
2000. 8. 14 등록 제 68호
(우) 16934　경기도 용인시 기흥구 신정로 301번길 59
Tel. 031) 8005-5483　Fax. 031) 8005-5485
http://faithbook.kr

ISBN 89-90836-85-9 03230
값 19,000원

본 저작물의 저작권은 '믿음의 말씀사'가 소유합니다.
저작권법에 의해 보호를 받는 저작물이므로 무단 전재와 복제를 금합니다.

당신은 이미 가졌습니다!

그러므로 얻으려고 애쓰지 마세요.

앤드류 워맥 지음 | 두영규 옮김

믿음의말씀사

목차

서론 _ 7

제1장   당신은 얼마나 절박합니까? _ 11
제2장   당신의 수신기를 점검하세요 _ 23
제3장   용납과 깨달음 _ 41
제4장   당신 안에 있는 하나님의 능력 _ 53
제5장   믿음을 통하여 은혜로써 _ 69
제6장   "내가 가진 것으로" _ 85
제7장   하나님의 최선 _ 101
제8장   성령으로 보니 _ 115
제9장   영적 세계는 실재합니다 _ 125
제10장   하나님께서 일하시는 곳 _ 135
제11장   응답은 영 안에 있습니다 _ 151
제12장   하나님께서 이미 주셨습니다 _ 165
제13장   전쟁터 _ 179

제14장 마귀를 쫓아내다! _ 195

제15장 승리의 행진 _ 209

제16장 하나님의 말씀을 선포하라! _ 223

제17장 마귀의 책략 _ 235

제18장 당신의 믿음을 활용하세요 _ 245

제19장 초자연적인 믿음 _ 257

제20장 믿음의 법칙 _ 271

제21장 믿음은 말합니다 _ 279

제22장 적극적인 수신 _ 293

제23장 불신은 믿음을 방해합니다 _ 301

제24장 위글스워스는 더 적게 가졌습니다 _ 317

제25장 당신의 불신을 다루십시오 _ 333

제26장 하나님께 반응을 보이세요 _ 343

결론 _ 355

서론

책 표지에 있는 개의 모습처럼 대부분의 그리스도인들은 이미 그들이 소유하고 있는 것들을 좇아가는데 그들의 전 인생을 보내고 있습니다. 그들은 복을 달라고 하고 치유를 달라고 하고 구원과 형통을 원하면서, 늘 주님께서 무언가를 해 주시기를 요구합니다. 사실 그들은 이미 소유하고 있는 것들을 구하고 있습니다. 그들은 하나님께서 무언가를 하실 수 있다고는 믿지만 그가 이미 많은 것들을 이루셨다(과거 시제)는 것은 믿지 않습니다.

그러나 에베소서는 완전히 다른 관점으로 기록되었습니다. 모든 것이 그리스도 안에서 이미 이루어졌으며, 모든 것이 거듭난 성도에게 주어졌습니다. 이미 모든 것이 이루어졌고 이미 우리들의 것입니다.

승리하는 그리스도인은 승리를 구하는 것이 아니라 오히려 예수 그리스도의 죽음, 장사됨 그리고 부활을 통해 이미 이루어진 승리를 주장합니다. 우리는 싸움을 이기려고 하지 않습니다. 우리는 이미 이긴 전쟁터로부터 나오고 있는 중입니다! 예수님께서 이미 정복하셨고 우리는 그의 정복을 주장하고 있습니다(롬 8:37).

그리스도인들로서 우리는 하나님으로부터 무언가를 얻고자 함이 아닙니다. 오히려 우리는 그리스도 안에서 이미 우리의 것으로 넘치게 나타난 것들을 받고자 싸움을 하는 중입니다.

치유받고자 애를 쓰는 중이 아닙니다. 우리는 이미 치유받았기 때문에 싸움을 하는 중입니다. 그리고 마귀는 그것을 우리들에게서 빼앗고자 합니다.

우리는 하나님께서 재정적으로 형통하게 해 달라고 간청하고 있는 중이 아닙니다. 오히려 우리는 이미 우리에게 주어진 것으로 드러난 형통함을 보기 위하여 믿음의 선한 싸움을 하고 있는 중입니다.

하나님께서 이미 우리에게 복을 선포하셨으므로 우리는 그에게 복을 달라고 구하지 않습니다. 우리가 이미 소유하고 있음을 믿음으로써, 우리가 이미 소유하고 있는 것처럼 말함으로써, 우리가 이미 소유하고 있는 것처럼 행동함으로써 주님께서 주신 것들을 감사해야 합니다.

이미 이루어졌습니다!

하나님께서 복을 주셨으며, 치유해 주셨으며 그리고 형통케 하셨다는 것을 이해하게 될 때 당신은 율법적인 행동을 해야 한다는 심리를 없애게 됩니다. 당신은 모든 것이 이미 주어졌다는 것을 인식하게 되므로 더 이상 정죄와 무가치의 감정 속에서 갈등을 느끼지 않게 될 것입니다. 실제로, 당신이 얻고자 하기 전에 이미 당신이 구하는 것은 오래 전에 채워졌습니다. 그리고 그것은 당신의 행동에 근거하지 않은 선물이기 때문에 당신이 얼마나 가치 있는지, 가치가 덜 하든지 간에 그것과는 전혀 상관이 없습니다.

하나님께서 이미 주셨음을 알고 있는 것을 그분께서 주실지 어떻게 의심할 수가 있습니까? 그럴 수 없습니다! 하나님께서 이미 이루셨다는 것을 알게 될 때 모든 의심은 물러나게 됩니다. '오, 하나님, 당신이 능히 하실 줄 압니다. 하지만 저를 위해 해 주실 수 없습니까?' 라고 더 이상 기도하지 않을 것입니다. 당신은 하나님께서 이미 이루신 것을 알 것입니다. 제 질문은 이것입니다. 그것을 받을 것입니까?

당신이 이미 이런 진리들을 이해하고 품게 되면 오늘날 기독교라고 불리는 것의 많은 것들을 무너뜨리게 될 것입니다. 하나님께서 치유할 수 있으며, 복을 줄 수 있으며, 구원할

서론 9

수 있으며, 그리고 형통케 할 수 있다는 선포는 겉으로는 좋게 들릴지 모르지만 그것은 단지 일어날 수 있는 것에 대한 고백일 뿐입니다. 하나님의 말씀은 선포하고 있습니다. "하나님께서 이미 당신을 치유하셨으며, 복을 주셨으며, 구원하셨으며 그리고 형통케 하셨습니다." 차이점을 알 수 있습니까?

하나님의 공급을 즐기십시오!

이 책은 당신의 삶 속에서 나타나는 좀 더 위대한 하나님의 능력을 경험하게 되는데 필요한 진리를 담고 있습니다. 당신의 믿음은 활기를 띠게 될 것이고 당신의 영은 격려를 얻게 될 것입니다. 그리고 하나님의 승리의 길에 굳게 서게 될 것입니다.

당신의 꼬리를 쫓아가는 것을 멈추십시오. 하나님의 풍성한 공급을 즐기십시오.

제 1 장

당신은 얼마나 절박합니까?

제가 어떤 교회에서 설교를 하게 되었을 때 목사와 교인들이 "하나님에 대하여 그들이 얼마나 절박한지desperate"에 관한 노래를 전심으로 부르는 것을 주시하게 되었습니다. 오해하지 마십시오. 저는 그 노래의 멜로디와 전반적인 가사 내용을 좋아합니다. 그러나 저는 "당신에 대하여 절박합니다." 라고 노래하기보다는 "당신과 사랑에 빠져 있습니다."라고 노래하고 싶습니다.

'절박한' 이라는 단어는 라틴어 '절망despair' 에서 파생됩니다. 사전을 찾아보면 다음과 같은 의미를 갖고 있습니다.
1. 절망으로 인해 무모한 혹은 격렬한, 위험을 감수하도록 몰아가는
2. 최후의 수단으로서 취해진

3. 거의 희망이 없는, 위급한, 중대한(예: 절망적인 질환)
4. 절망으로 인한 두드러진, 절망으로부터 일어나는 혹은 절망을 보이는(예: 굶주림으로 인한 절망적인 모습)
5. 부족함 혹은 걱정으로 인하여 감당할 수 없는 상황 속에 있는(예: 인정받고 싶어 못 견디는)
6. 두려움, 위험 혹은 막대한 고통으로 인하여 극심한 (예: 지독한 결핍)

"절망의 동의어들은 소망 없음, 자포자기, 의기소침, 우울, 낙심, 실의 등등입니다. 이런 모든 단어들은 영적 침체와 소망을 잃어버림으로부터 나타나는 감정 상태를 의미하고 있습니다. 자포자기와 절망은 희망이 전혀 없음을 강조하며, 가끔은 무능함과 체념의 의식 상태를 의미합니다. 자포자기는 희망의 근거가 없는 것을 의미하나 저항의 개념, 가끔은 맹목적이고 무분별함의 의미를 포함하고 있습니다."(뉴 아메리카 헤리티지 사전)

당신이 "주님, 당신에 대하여 절박합니다."라고 노래할 때 그 의도는 무엇입니까? "주님, 당신과 사랑에 **빠져** 있으며, 그 어느 것보다 당신을 원합니다."라고 말하고 있는 것입니까? 만약 그런 의도라면 좋은 것입니다. 그러나 사전에 따른 정의대로라면 실제로 당신은 "이런 극도로 감당할 수 없는 상황 때문에 나는 절망 중에 있습니다. 희망이 없습니다. 하지만 나는 어쨌든 마음을 졸이며, 무분별하게 격렬하게 저항해보고자 합니다."라고 말하고 있는 것입니다. 만약에 당신이 그런 의미로 "주님에 대하여 절박합니다."라고 노래한다면 그것은 절대적으로 잘못된 것입니다.

갈급하십니까?

그리스도인이 절박하게 되는 유일한 이유는 그가 하나님께서 이미 이루어놓은 것을 이해하지 못하기 때문입니다. 주님께서는 이미 우리에게 복을 주셨고, 치유해 주셨으며, 구원해 주셨으며, 그리고 풍요롭게 하셨습니다. 그가 우리를 사랑하고 계시며 그 어떤 것도 그 사실을 바꾸지 못할 것입니다. 우리가 절망하고, 무력하며 그리고 자포자기하게 되는 유일한 이유는 우리가 누구인지 알지 못하며, 그리스도 안에서 갖고 있는 것을 알지 못하기 때문입니다.

우리는 그리스도께서 우리를 위하여 하신 일에 대한 완전한 계시를 필요로 합니다. 그것은 우리가 어떠한 문제들도 갖게 되지 않을 거라는 것을 의미하지는 않습니다. 하지만 문제들에 둘러싸여 있을 때에도 우리는 "아버지, 당신은 제가 부족해 하기 전에 이미 필요한 것을 공급하셨습니다. 저는 그것을 알고 있습니다. 그래서 저는 당신에게 나아갑니다. 이 사실을 제게 알려주시니 감사합니다!"라고 말할 수 있어야 합니다. 그리스도인들은 결단코 절망하거나 자포자기에 빠져서는 안 됩니다.

당신이 "하나님, 저는 당신을 갈망합니다."라고 노래할 때 당신의 의도는 무엇입니까? 만약 당신이 "하나님, 저는 당신을 사랑합니다. 당신은 그 무엇보다도 귀합니다."라는 바람을 표현하고 있다면 그것은 좋습니다. 그러나 갈망에 대한 의미를 사전에서 자세히 살펴보면 그것은 "필요로 하는 것이 채워지지 않음으로 오는 상처, 고통, 고뇌, 의기소침, 절망"이라고 정의를 내리고 있습니다.(뉴 아메리카 헤리티지 사전)

많은 사람들이 "하나님, 저는 절박하며 그리고 당신을 갈망합니다."라고 노래하면서, "저는 참으로 비참합니다. 삶이 형편없습니다. 하지만 당신을 찾습니다. 당신이 제 해결책입니다. 그리고 저는 믿습니다. 어딘가에 제가 필요로 하는 것이 채워지도록 당신이 무언가를 하실 것입니다."라는 뜻을 담고 있습니다. 이것은 하나님의 말씀의 계시에 대하여 완전히 반대되는 것입니다.

'이런 상황이 뭐가 잘못된 것입니까?'

이 교회는 단지 그들이 얼마나 '절박' 하고 '갈급' 한지에 대한 노래를 불렀습니다. "오, 하나님! 우리는 역사를 필요로 합니다. 우리를 만져주세요. 제발, 주님, 무언가 새로운 것을 해 주세요!" 나는 일어나서 "여러분들 중에 얼마나 많은 사람들이 하나님을 갈망합니까? 하나님에 대하여 얼마나 절박하십니까?"라고 물었습니다. 그러자 그들 모두는 박수를 치며 크게 기뻐했습니다.

나는 계속해서 말했습니다. "요한복음 6:35은 '예수께서 이르시되 나는 생명의 떡이니 내게 오는 자는 결코 주리지 아니할 터이요 나를 믿는 자는 영원히 목마르지 아니하리라' 라고 선포하고 있습니다."

나는 그들에게 물었습니다. "이런 상황이 뭐가 잘못됐습니까? 여러분 모두가 방금 일어서서 주리고 목마르다고 인정했습니다. 그런데 이 말씀은 여러분들이 다시는 주리거나 목마르지 않을 거라고 말하고 있습니다. 예수님께서 우물가의 여인에게도 같은 말씀을 하셨습니다. '내가 주는 물을 마시는 자는 영원히 목마르지 아니하리니 내가 주는 물은 그 속에서 영생하도록 솟아나는 샘물이 되리라' (요 4:14)" 갑자기 바늘 떨어지는 소리를 들을 수 있을 정도로 조용해졌습니다!

이제 제가 말하고자 하는 것에 대하여 오해하지 마시길 바랍니다. 저는 "하나님을 갈망하는 것"에 대한 용어를 당신이 하나님께 대한 깊은 열망을 품고 있는 의미로서 사용하고 있습니다. 내가 좋아하는 친구 밥 니콜라스는 이렇게 말했습니다. "당신이 하나님을 더 많이 경험하지 않고도 살 수 있다면, 그렇게 될 것입니다.", "당신이 더 많은 치유 없이도 살 수 있다면, 그렇게 될 것입니다." 당신은 여러 다른 단어들을, 예를 들면 평안, 기쁨, 형통 등을 거기에다 붙여 놓을 수 있습니다. 그러나 내가 말하고자 하는 것은, 당신이 위의 것들을 경험하고자 한다면 하나님의 것들에 대하여 강한 바람으로 갈망해야 하며 또한 집중하지 않으면 안 된다는 것입니다.

주님께서는 수동적으로 그를 찾는 자에게 오시지 않습니다. 당신은 온 마음을 다하여 그를 찾지 않으면 안 됩니다.

"여호와의 말씀이니라 너희를 향한 나의 생각을 내가 아나니 평안이요 재앙이 아니니라 너희에게 미래와 희망을 주는 것이니라 … 너희가 온 마음으로 나를 구하면 나를 찾을 것이요 나를 만나리라"(렘 29:11, 13)

이런 종류의 갈망은 경건한 것입니다.

그러나 만약 당신이 "갈급함hungry"에 대한 의미가 "오, 주님, 저는 공허합니다. 기쁨이 없습니다. 희망이 없습니다. 하나님, 어디에 계시나요? 당신에 대하여 절박합니다."라는 것이라면 그것은 옳지 않으며 믿음도 아닙니다. 그런데 이런 모습이 오늘날 그리스도의 몸 안에서 통상적인 경험으로서 선포되어지고, 모방되어지고 있습니다. 그것은 마치 열두 가지 코스 요리 앞에 앉아 있는 사람과 같습니다. 그들이 그렇게 원했던 모든 것들이 거기 차려져 있습니다. 그러나 그들은 여전히 "너무 배가 고파요!"라고 울어댑니다. 그들은 단지 동정을 구하거나 혹은 누군가가 음식을 입에 넣어주기를 원하고 있습니다. 저는 개인적으로 그런 잔칫상 앞에 앉아 "절박합니다."라고 투덜대는 사람에 대하여 동정심을 갖고 있지 않습니다. 갈급합니까? 그러면 취하세요.

당신의 샘으로부터 퍼 올리십시오

하나님께서 우리에게 이미 모든 것을 주셨습니다. 거듭난 모든 그리스도인은 심령 안에 생수의 샘을 갖고 있습니다. 만약 우리가 배고프고 목마르다면 그것은 주님의 잘못이 아닙니다. 주님께서 오셔서 우리를 만져주실 때가 아닙니다. 주님께서 이미 주신 것들을 갖고자 하며, 먹고자 하며, 그리고 마시고자 하는 때가 아닙니다.

저는 여기에서 그리스도인에게는 여러 문제들이나 실망

기리가 없다고 이야기하고자 하는 것이 아닙니다. 또한 우리가 늘 완벽해야 하고 현실을 부인해야 한다는 말도 아닙니다. 그리스도인들도 허전함을 갖게 되어 하나님께서 저 멀리 떨어져있다는 배고픔을 경험합니다. 그러나 당신이 그런 경험을 하게 될 때 "오, 주님, 저는 당신을 느끼지 못하고 있습니다. 제발 좀 저를 사랑해 주세요. 당신이 저를 돌보고 있다는 것을 알도록 무언가를 해 주세요."라고 주님에게 말하는 것은 잘못된 것입니다. "하나님, 당신은 아무것도 해 주신 것이 없습니다."라고 말하는 편이 나을지도 모릅니다. 왜냐하면 당신의 공허함과 배고픔의 감정에 대하여 하나님을 비난하고 있기 때문입니다.

  이 책에서 말하는 계시를 통해 저는 이해할 수 있는 것보다 혹은 제가 필요로 하는 것 이상으로 하나님께서 저를 무한하게 사랑하시고 있다는 것을 깨달았습니다. 하나님께서는 제가 이미 갖고 있는 것 이상으로 저를 더 사랑하실 수 없으시며, 더 주실 수 없습니다. 이 사실을 알게 되었을 때 저는 35년 이상 갖고 있었던 의기소침과 낙심으로부터 벗어나게 되었습니다.

  저도 유혹을 받았던 느낌을 갖고 있었을 때가 있었습니다. 여느 다른 사람들처럼 저는 문제들을 갖고 있었고 비참한 일들을 겪었습니다. 심지어 '이런, 그냥 꺼지라고. 절대로 돌아오지 마! 더 이상 견딜 수 없어. 그냥 가버려!' 라고 생각하기도 했습니다. 비록 제가 이런 생각들을 갖고 있었지만 그 생각대로 살지는 않았습니다. 그 이유는 하나님께서 사랑하시고 제가 필요한 것을 이미 제공해 주셨다는 계시를 갖고 있었기 때문이었습니다.

그래서 배고픔과 절망과 낙심 속에 제 자신을 던지기보다는 하나님의 말씀을 생각해 냈습니다. 저는 이렇게 말하지 않습니다. "주님, 세상살이가 다 그렇지요. 이제 저를 만져줄 새로운 무언가를 해 주시지 않으면 안 됩니다. 저는 당신으로부터 다른 그 무언가를 찾고 있습니다." 그와 같은 것은 하나님께서 이미 해 놓으신 것에 대한 모욕일 것입니다. 대신에 저는 이렇게 기도합니다. "아버지, 이것은 전적으로 잘못된 것입니다. 요한복음 6:35은 제가 더 이상 주리거나 목마르지 않을 것이라고 말씀하고 있습니다. 제 심령 속에 성령의 열매인 사랑, 희락 그리고 화평 등이 있음을 알고 있습니다 (갈 5:22, 23). 제가 필요한 모든 것이 이미 제게 있습니다. 그러므로 아버지, 당신께서 당신의 역할을 다 하셨음을 알고 있습니다. 만약 제가 절망하고 낙심하고 포기하며 단념하게 된다면 그것은 당신의 잘못이 아닙니다. 그것은 제 잘못입니다. 제가 하나님께 집중하지 않은 것입니다. 당신으로부터 제 눈을 떼서 이 세상의 문제들을 바라본 것입니다." 저는 혼자만의 시간을 가져 금식하며, 기도하며, 그리고 하나님을 구하는 하루를 가질 것입니다. 제가 하고 있는 것은 주님께서 이미 제 안에 두신 것들을 캐내는 것입니다. 제게 새로운 것을 달라고 주님께 구하는 대신 그가 이미 주신 생명을 드러내었습니다.

그 까닭에 저는 35년이 넘게 낙심하지 않았음을 진심으로 당신에게 말할 수 있습니다. 저는 낙심 속에 빠질 뻔 했었습니다. 저는 절망이 저를 치기 시작하는 감정들을 느꼈습니다. 그러나 10분 내지 15분 안에 낙심을 좋아하지 않는다고 결단을 내리고 그것을 거절했습니다. 하나님께서는 제가 늘 기뻐할 수 있도록 제게 기쁨을 주셨습니다(빌 4:4).

수동적이 되지 마십시오

하나님의 말씀은 이렇게 말합니다. "내가 여호와를 항상 송축함이여 내 입술로 항상 주를 찬양하리이다"(시 34:1)

이 말씀은 당신이 그렇게 될 때까지 그런 척하라는 의미가 아닙니다. 오히려 당신 안에 있는 것을 이끌어 내라는 말씀입니다.

하나님께서 거듭난 제 영 안에 두신 것을 기쁨으로 드러낼 때 저는 지속적인 승리의 생활을 누리게 되었습니다. 큰 역경 속에서도 저는 지속적인 기쁨과 평안을 경험했습니다. 제가 다른 감정들을 갖도록 유혹을 받지 않아서가 아니라 하나님께서 이미 그의 몫을 이루어 놓으신 것을 알고 있었기 때문이었습니다.

저는 "하나님, 당신을 기다립니다."라고 수동적인 태도를 가지고 말하지 않습니다. 많은 사람들이 하나님의 임재를 기다리는 동안 그런 식으로 초조해 합니다. 그들은 "오, 하나님, 제가 아주 절박하고 굶주림 속에 있습니다. 어디에 계시나요? 저는 불쌍한 순례자입니다. 얼마나 비참한지 모릅니다."라고 노래합니다. 대신에 저는 이렇게 기도합니다. "아버지, 이것이 옳지 않음을 알고 있습니다. 이것이 하나님께서 이루어 놓으신 것이 아닙니다. 하나님께서 이미 제게 복을 내리셨다고 하나님의 말씀이 선포하고 있습니다. 하나님께서 행하신 모든 일들을 찬양합니다." 저는 하나님과 그의 말씀에 집중하는 것을 시작합니다. 그리고 제 안으로부터 그의 풍성한 생명을 드러냅니다.

제가 35년이 넘도록 아주 잠깐 동안이라도 낙심하고 절망하지 않았던 까닭이 여기에 있습니다. 저는 단순히 그런 것들이 제 삶에 영향을 미치도록 내버려두거나 내어주기를 거절합니다. 얼마나 그것이 멋진지 모릅니다!

많은 사람들이 이와 같은 결과들을 얻고자 합니다. 그러나 그들은 그런 것들을 얻기 위해서 하나님께서 무언가를 해 주시기를 수동적으로 구하면서 가만히 앉아서 기다려야 한다고 생각합니다. 만약 상황이 변하지 않고, 승리 즉 치유나 형통이나 하나님의 복이나 구원이 곧바로 오지 않으면 그들은 그만 주님께 대하여 낙심하여 말합니다. "하나님, 왜 아무것도 안하십니까?" 그러나 전혀 그런 것이 아닙니다.

하나님께서는 이미 모든 것을 해 놓으셨습니다. 그러나 당신이 그것을 보지 못한다면, 그것은 주지 않은 하나님 탓이 아니라 받지 못한 당신 탓입니다. 하나님께서 이미 당신을 위해 이루어 놓으신 것을 받는 법을 가르쳐 드릴 테니 저와 함께 여행을 떠나보도록 합시다.

제 2 장

당신의 수신기를 점검하세요

에베소서는 이미 이루어진 관점에서 기록된 것입니다. 사도 바울은 이 서신을 이렇게 시작하고 있습니다.

하나님의 뜻으로 말미암아 그리스도 예수의 사도 된 바울은 에베소에 있는 성도들과 그리스도 예수 안에 있는 신실한 자들에게 편지하노니 하나님 우리 아버지와 주 예수 그리스도로부터 은혜와 평강이 너희에게 있을지어다 찬송하리로다 하나님 곧 우리 주 예수 그리스도의 아버지께서 그리스도 안에서 하늘에 속한 모든 신령한 복을 우리에게 주시되

엡 1:1-3

여기에 사용된 용어를 잘 살펴보십시오. "하늘에 속한 모든

신령한 복을 주신 하나님을 찬송하리로다." "주신"은 과거 시제입니다. 이미 이루어진 일입니다.

어떤 사람들은 "이것은 영적인 것만을 의미합니다. 실제적인 것이나 개인적인 것이 아니라 천상의 것을 의미합니다. 우리가 복을 받은 것은 단지 하늘에 속한 것입니다."라고 주장합니다. 실제로 "그리스도 안에서 하늘에 속한 모든 신령한 복"은 하나님께서 우리에게 모든 것을 이미 주셨다는 진리에 대한 옛 영어 방식의 한 표현입니다. 그리고 그 복은 영적 세계 안에 있습니다.

하나님께서 당신을 위하여 행하신 모든 것은 거듭난 당신의 영 속에 이미 저장되어 있습니다. 비록 이미 복이 주어졌지만 당신은 그 복을 영으로부터 육적인 영역으로 끌어내지 않으면 안 되는 것입니다.

에베소서 1:3이 분명하게 계시한 말씀, 이미 하나님께서 당신에게 복을 주셨다면 왜 당신은 복을 달라고 하나님께 계속 구하고 있는 것입니까? "오, 앤드류 목사님, 그것은 단지 그렇다는 거죠." 아닙니다. 그런 태도는 문제입니다. 당신이 하나님의 복을 계속 기도하고, 구하며 그리고 찾는 이유는 당신이 이미 복을 받았다는 것을 진실로 믿지 않기 때문입니다.

침묵

청중들에게 설교를 하면서 저는 종종 청중 쪽으로 걸어 나가서 앞줄에 앉아 있는 누군가에게 성경을 건네줍니다. 그리고서 청중들에게 묻습니다. "이미 제 성경책을 받은 사람이 제게 와서 '당신의 성경책을 가져도 되나요?'라고 묻게 된다면 여러분은 그것을 어떻게 생각하십니까?" 만약 누군가가 당신이 이미 그것들을 그 사람에게 준 것을 달라고 하면 당신은 어떤 반응을 보이시겠습니까? 저는 어떻게 대답해야 할 줄 모르겠습니다. 어쩌면 저는 그들을 쳐다보면서 이렇게 생각하게 될 것입니다. '당신들은 이미 그것을 갖고 있습니다. 그런데 당신은 무엇을 구하고 있습니까?'

만약 당신이 이미 갖고 있는 것을 그들에게 요구한다면 그들은 당신에게 어떤 반응을 보일까요? 아마 거기엔 어색한 침묵이 있게 될 것입니다. 하나님께서 가끔 우리들에게 보이시는 반응이 그러합니다.

당신은 "오 하나님, 제 몸을 치유해 주세요."라고 기도합니다. 그러나 당신은 아무것도 듣지 않게 됩니다. 그러면 '하나님, 어떻게 된 겁니까?'라고 궁금해 합니다. '왜 제 기도에 응답을 주시지 않았습니까?' 아마 하늘에 계신 하나님께서는 머리를 긁적이시면서 이렇게 생각하실 겁니다. '잠깐만!

베드로전서 2:24이 내가 채찍에 맞음으로 너희가 나음을 입었다(과거 시제)고 말하고 있지 않니? 이미 이루어졌단다. 나는 이미 죽은 자들로부터 그리스도를 부활시킨 똑같은 능력을 너희 안에 두었단다' (엡 1:19-21). 만약 하나님께서 당황하실 수 있다면, 이렇게 말씀하실 것이라고 저는 믿습니다. "나는 내가 이미 이것을 그들에게 주었음을 알고 있다. 그러나 지금 그들이 그것을 구하고 있단다." 그것은 하나님께 나아가는 방법이 아닙니다.

우리 또한 이런 어리석은 기도를 드리고 있습니다. "하나님, 오늘 예배 가운데 오셔서 우리와 함께 하옵소서. 오, 주님, 우리를 만나주세요!" 하나님의 말씀은 확실하게 말합니다. "내가 결코 너희를 버리지 아니하고 너희를 떠나지 아니하리라"(히 13:5), "두세 사람이 내 이름으로 모인 곳에는 나도 그들 중에 있느니라"(마 18:20). 하나님께서는 늘 우리와 함께하십니다. 그러나 우리는 여전히 이렇게 기도합니다. "오, 주님, 오셔서 우리와 함께 하소서.", "주님, 우리가 이곳을 떠날 때 우리와 함께 가 주시옵소서." 하나님께서 그런 기도에 어떻게 응답하실 수 있겠습니까? 우리가 지금 무슨 짓을 하고 있는지 아시겠습니까? 우리는 우리의 감각이 우리를 다스리도록 허용하고 있습니다. 우리가 하나님을 보지 못하고, 혹은 어떤 것을 느끼지 못하기 때문에 성경에서 하나님께서 이미 거기에 계시다고 말하고 있음에도 불구하고 우리는 하나님께 거기에 와 달라고 구합니다.

받기를 시작하세요

적절한 기도는 이렇습니다. "아버지, 당신의 말씀은 당신이 결코 우리를 버려두거나 포기하지 않으시며, 두세 사람이 당신의 이름으로 모일 때에 성령의 특별한 임재가 있다고 약속하고 있습니다. 아버지, 여기에 임재하심을 감사드립니다. 우리는 그것을 믿으며 그리고 그것이 드러나기를 원합니다. 당신께서 영적인 영역으로만 여기에 계신 것을 원하지 않습니다. 치유, 구원, 기쁨, 평강, 구속 그리고 성령세례를 통하여 우리에게 당신을 드러내실 수 있는 데까지 당신에게 우리를 온전히 드리기를 바랍니다. 자유롭게 당신을 우리에게 드러내 주시고, 당신이 원하시는 것을 행하여 주시기를 원합니다." 이런 것이 적절한 기도 방식입니다. 왜냐하면 당신은 하나님의 말씀에 동의함으로 기도하고 있기 때문입니다. 당신은 "우리가 하나님의 약속을 믿습니다. 그러나 그것들이 드러나기를 원합니다. 당신이 영적인 세계로부터 물리적인 나타남으로 오시기를 간구합니다."라고 말하고 있는 것입니다.

"오, 하나님, 오셔서 우리와 함께 하소서."라는 기도는 잘못된 것입니다. 그것은 당신이 볼 수 있거나 혹은 느낄 수 있을 때까지 하나님께서 거기 계신다는 것을 믿지 않고 있다는 것을 의미합니다. 그런데 누군가가 "성령님을 느낍니다."라고 소리치기 시작하면 당신은 "하나님께서 지금 여기 계신다!"라고 말합니다. 그것은 하나님께서 방금 나타나셨다는 것이 아닙니다. 하나님께서는 내내 거기에 계셨습니다. 당신이 방금 받기를 시작한 것입니다.

당신이 지금 어디에 있든지 간에 당신 주변에는 텔레비전 신호들이 있습니다. 당신이 집에 있든지, 차 안에 있든지, 일하고 있든지, 버스를 타고 있든지. 혹은 어디엔가 나무 밑에 앉아 있든지 그것은 중요하지 않습니다. 텔레비전 신호들은 거기에 있습니다. 당신이 오감으로 그것들을 인식하지 못한다고 해서 신호들이 존재하지 않는다는 의미는 아닙니다. 심지어 육적 세계에서도 믿음이 하나도 없는 불신자도 당신 주변에 텔레비전 신호들이 있음을 증명할 수 있습니다. 단지 그들이 텔레비전을 가져다가 전기 플러그에 꽂고, 켜서 채널을 맞추면 됩니다. 당신이 화면에서 처음으로 신호를 보게 될 때가 방송국이 방송을 시작했던 때가 아닙니다. 그 신호는 텔레비전이 켜지기 전에 이미 있었습니다. 만약 당신의 텔레비전 화면이 갑자기 깜깜해지면 어떻게 하시겠습니까? 당신은 방송국에 전화해서 다시 방송을 시작해 달라고 요구하시겠습니까? 아닙니다. 당신은 다른 방송국에 채널을 맞춤으로써 수신기를 점검해 볼 것입니다. 만약 한 방송만 빼놓고 다른 채널들이 여전히 나오고 있다면 그 방송국은 송신 장치에 문제를 갖고 있는 것입니다. 그러나 만약 당신의 텔레비전이 전체적으로 깜깜해지고, 어떤 채널도 나오지 않는다면 당신은 그 방송국에다 전화하지 않을 것입니다. '내 수신기가 잘못 됐구나' 하고 알게 됩니다. 문제의 99퍼센트가 방송국의 송신 장치가 아니라 당신의 수신기 문제라면 제일 먼저 해야 할 일은 당신의 수신기를 점검하는 일입니다.

믿음으로 기도하십시오

하나님은 송신 장치를 갖고 계신 분이십니다. 하나님은 땅의 모든 복들과 영적인 모든 복들을 주시는 분이십니다(엡 1:3). 하나님께서 이미 그 복들을 당신에게 보내셨습니다. 모든 것이 하나님께로부터 오며 하나님께서는 이미 그것들을 송신하셨습니다. 만약 당신이 삶 속에서 그것들이 드러난 것을 보지 못한다면 문제는 하나님의 송신 장치가 아닙니다. 당신은 당신의 수신기를 고칠 필요가 있습니다!

그런데 대부분의 그리스도인들이 기쁨을 느끼지 못할 때 그들은 주님께로 가서 묻습니다. "오, 하나님, 저의 기쁨이 어디에 있습니까? 무엇이 잘못되었나요? 제 구원의 기쁨을 회복시켜 주세요!" 당신은 그 노래를 불러보셨습니까? 아주 멋진 곡입니다. 그러나 실제로 그 가사들은 구약 성경으로부터 온 것입니다.

"하나님이여 내 속에 정한 마음을 창조하시고 내 안에 정직한 영을 새롭게 하소서 견고한 나를 주 앞에서 쫓아내지 마시며 주의 성령을 내게서 거두지 마소서 주의 구원의 즐거움을 내게 회복시켜 주시고 자원하는 심령을 주사 나를 붙드소서"(시 51:10-12)

다윗은 밧세바와의 죄를 회개할 때 이 기도를 했습니다.

그러나 신약시대 그리스도인이 "오, 하나님, 당신 앞에서 나를 쫓아내지 말아주세요. 제발 저를 떠나지 마세요!"라고 말하는 것은 예수님께서 오셔서 행하신 일에 대한 모욕이 되는 것입니다. 다윗은 하나님께서 무언가를 통해 그와 함께 머물러주시겠다고 약속한 언약을 받지 않았습니다. 구약은 행위에 근거를 두었습니다. 그래서 하나님께서 오셨고 그리고 가셨습니다. 구약 시대 사람들은 거듭나지 않았습니다. 그들은 신약 시대에서 말해진 식으로 영원한 구원을 갖지 않았습니다(히 9:12, 14). 그러나 예수님께서 약속하셨습니다. "내가 결코 너희를 버리지 아니하고 너희를 떠나지 아니하리라"
(히 13:5), "볼지어다 내가 세상 끝날까지 너희와 항상 함께
있으리라"(마 28:20). 만약 당신이 거듭났음에도 불구하고
하나님의 임재를 느끼지 못한다고 해서 다윗이 기도했던 것
처럼 "나를 주 앞에서 쫓아내지 마시며 주의 성령을 내게서
거두지 마소서."라고 기도한다면 이는 당신이 언약 속에 있는
유익들을 이해하지 못하고 있음을 의미합니다. 당신은 신약을
믿지 않는 불신 중에 있는 것입니다.

불신 중에 기도하고 왜 더 좋은 결과를 보지 못하는지 궁금
해 하지 말고 당신은 믿음으로 기도할 필요가 있습니다. 병든
자를 구하는 것은 믿음의 기도입니다(약 5:15). 당신에게 구원
과 기쁨을 가져다주는 것은 믿음의 기도입니다. 이렇게 기도
하십시오. "아버지, 당신이 여기 계시는 것을 느끼지 못하고
있습니다. 지금 당장 제 삶 속에서 당신의 임재를 감지할 만
한 어떤 표시도 없습니다. 모든 것이 엉뚱한 방향으로 가고
있습니다. 그러나 아버지, 당신은 저를 결단코 떠나시거나
버리시지 않는다고 성경이 말씀하고 있으니 당신이 여기에
계심을 알고 있습니다. 제 삶 속에서 이런 문제들을 야기하는
것은 당신이 아닙니다. 당신이 저를 버리시지 않았음을 알고
있습니다. 이제 저를 도우사 하나님을 저버렸던 제 행위를
보게 하옵소서. 제가 당신을 찾으오니 당신이 제 안에 두신

이 생명에 연결시켜 주시고 풀어 놓아 주시옵소서. 성령께서 여전히 여기 계심을 알고 있습니다. 당신이 주신 복들이 여전히 여기 있음을 알고 있습니다. 그 복들이 주어지고 있음을 믿고 있습니다. 다른 어떤 것들을 구하지 않겠습니다." 이것이 바로 믿음의 기도입니다.

당신의 위치를 방어하십시오

여전히 싸움이 존재하고 있습니다. 그러나 그 싸움은 나가서 승리를 얻는 것이 아니라 하나님께서 이미 당신을 위하여 획득해 놓으신 승리 안에서 서 있는 것입니다. 거기엔 큰 차이점이 있습니다!

제가 군대에 있는 동안, 이미 수중에 넣은 위치를 방어하는 것이 새로운 것을 얻고자 하는 것보다 쉽다는 것을 발견했습니다. 만약 당신이 언덕 꼭대기에 있어서 방어 위치의 이점을 갖고 있다면 당신은 다섯 명으로 그것을 지켜낼 수 있습니다. 그러나 같은 위치를 얻으려고 한다면 백 명의 사람들을 필요로 하게 될 것입니다. 이미 당신의 것이 된 것을 방어하기보다는 당신이 갖고 있지 않은 것을 정복하고자 한다면 훨씬 많은 노력들을 필요로 합니다.

당신은 이미 복을 받았음을 알 필요가 있습니다(엡 1:3). 하나님께서는 당신이 필요로 할 모든 것들, 즉 치유, 지혜, 계시, 형통함, 기쁨, 평강 등을 이미 당신에게 주셨습니다.

영과 혼과 육체에 관한 나의 가르침은 이 진리를 더 깊이 있게 다루고 있습니다. 하나님의 말씀은 거듭난 당신의 영이 이미 얼마나 온전하고 완전한지, 그리고 하나님의 복과 능력으로 가득 차 있으며 영원토록 존재할 것이라는 것을 드러내 주고 있습니다. 당신의 구원의 삼분의 일은 이미 이루어졌습니다. 당신의 영은 완전히 구원받았습니다. 당신의 영은 예수님과 일치합니다. 당신의 영 안에 그의 기쁨, 그의 평강, 그의 지식, 그의 사랑, 그의 열매가 있습니다. 예수님께 해당하는 모든 것은 거듭난 영에 해당됩니다. 그 안에는 불완전한 것은 없습니다. 성장하는 과정 중에 있지 않습니다. 당신의 영 안에 그것들이 씨앗의 형태로 있어서 성숙해져야만 하는 것이 아닙니다. 그렇습니다. 그것들은 이미 당신의 영 안에서 이루어졌고 완전히 자랐습니다. 당신이 해야 할 일은 단지 마음을 새롭게 하여 그것들이 당신을 통해 드러나게 하기만 하면 됩니다. 만약 당신이 이 진리를 깨닫지 못했다면 당신은 제가 나누고 있는 것을 완전히 이해할 필요가 있습니다.

하나님께서 이미 이루셨습니다. 이것은 단순히 '원칙'이 아닙니다. 종이 한 장 어디엔가 기록된 것이 아닙니다. 당신이 거듭났던 바로 그 순간에 당신의 영 안에 실제적인 변화가 일어났습니다. 이제 당신은 사랑, 희락, 화평, 오래 참음, 자비, 양선, 충성, 온유와 절제를 갖고 있습니다(갈 5:22-23). 지금 당신의 영은 예수님과 동일합니다(요일 4:17, 고전 6:17). 그리스도를 사망에서 일으켰던 것과 같은 능력이 지금 당신 안에 거하고 있습니다(엡 1:19, 20). 당신이 갖고 있지 않은 것을 애써서 얻으려고 하는 것보다 이미 알고 있는 것을 드러내고 이미 갖고 있는 것을 믿는 것이 극히 쉽습니다.

만약 당신이 이미 갖고 있는 것을 확신하지 못한다면, 당신은 포기하든지 그것을 갖고 있지 않을 거라는 생각과 맞서 싸워야 합니다. 그러나 당신이 갖고 있는 것을 알게 되면, 이미 갖고 있는 것을 어떻게 의심할 수 있겠습니까? 이것은 단순하면서도 매우 심오합니다.

한계를 긋다

저와 제 아내가 처음 목회를 시작했을 때 우리는 참 가난해서 목회에 집중할 수가 없었습니다. 주께서 이미 재정적인 형통함의 복을 주셨지만 저는 그것을 드러내기 위하여 주의 법에 협력하지 않았습니다. 실제로, 저는 하나님의 말씀 안에 있는 몇 가지 지시들을 어기고 있었습니다. 그래서 제가 무언가를 깨닫고 거기에 맞춰 바꿀 때까지 우리는 참으로 곤란을 당해야만 했습니다. 하나님께서는 우리를 사랑하셨습니다. 그래서 우리는 굶어 죽지 않습니다. 그러나 하나님의 나라가 어떻게 역사하는 지를 깨닫고 그것에 협력하기 시작했을 때까지 우리는 형통하지 못했습니다.

당시에 저는 온전한 성경책 하나도 없었습니다. 저는 베트남에 갔을 때 성경책을 갖고 갔었습니다. 성경책은 닳아지고 표시를 많이 해 둔 탓에 대부분의 성경구절을 거의 읽을 수 없었습니다. 뿐만 아니라 성경 전체가 떨어져 나가서 어떤 책은 없어지고 말았습니다. 저는 온전한 성경책도 없이 텍사스 주 세고빌에 있는 작은 교회를 목회하고 있었습니다!

옳든 그르든 저는 결심했습니다. "아버지, 당신의 능력이 어딘가에 드러나고 있는 것을 보기 시작해야만 합니다. 만약 제가 새 성경책을 살 충분한 돈에 대해 당신을 믿지 못한다면, 어떻게 사람을 구원으로 이끌고 그들에게 치유를 보게 하며 구원을 얻게 하고 성령세례를 받는 것을 보기 위한 충분한 돈에 대해 당신을 믿겠습니까?" 저는 "하나님, 이 믿음이 역사하든지 아니면 제가 여기에서 당장 죽겠습니다. 이 투쟁의 결과가 제가 계속해서 목회를 할 것인지 아니면 안 할 것인지를 결정짓게 됩니다."라고 말하면서 문제를 쟁점화 했습니다. 저에게 있어서 이 문제는 협상될 수 없었습니다.

그래서 저는 새 성경책에 대해 하나님을 믿기 시작했습니다. 결말을 말하자면, 새 성경책을 살 만한 충분한 돈을 갖는 데 6개월이 걸렸습니다. 새 성경책이 저의 우선순위가 아니었다는 것은 아닙니다. 우리의 재정 상태가 아주 힘들었던 것입니다. 먹을 것이 없었기 때문에 아내와 저는 음식 없이 2, 3주를 지내야만 했습니다. 아내가 임신 8개월이었는데도 말입니다. 성경책을 구입하기 위하여 여분의 25불을 갖게 되는 데 6개월이나 걸렸다는 것은 과장된 것이 아닙니다. 어떤 사람들에게는 재정적인 문제가 은행 계좌에는 1,000불 밖에 없는데 갚아야 할 액수는 1,100불 일수도 있습니다. 하지만 우리는 은행 계좌도 갖고 있지 않았습니다. 우리 호주머니에 단 1센트도 없었을 때도 있었습니다. 저는 자동차에 기름을 넣기 위해 콜라병을 모으기까지 했습니다.

의심을 다루어라!

사탄은 우리에게 많은 시간동안 재앙을 내렸습니다. 저는 끊임없이 의심과 싸웠습니다. 저는 6개월 동안 이런 생각들을 하지 않았습니다. '안 될 거야. 넌 그것을 결코 갖지 못할 거야. 넌 성경책조차도 없어. 너는 하나님의 하찮은 사람이야.' 나는 이런 생각들을 던져버리면서 말했습니다. "아니야! 예수님의 이름으로 말하노니 나는 내 성경책을 갖고 있어!" 나는 6개월 내내 끊임없이 이런 가혹한 생각들과 싸웠습니다. 마침내 저는 충분한 돈을 갖게 되었습니다. 그래서 서점에 가서 성경책을 구입했습니다. 그리고 그 성경책 위에 이름을 새겼습니다. 새 성경책을 팔에 끼고 서점 문을 나선 후에 제가 가진 것을 다시는 결단코 의심하지 않았습니다.

"글쎄요. 물론입니다. 당신이 이미 갖고 있는 것을 갖게 되는 것을 왜 의심합니까?" 제가 말하는 것이 바로 그것입니다!

"오, 주님. 제발 저를 치유해 주세요."라고 기도 한 후에 곧바로 '나는 죽게 될 거야.' 하는 생각을 왜 가질 수밖에 없는지 아십니까? 그것은 당신이 이미 치유받았다는 것을 믿지 않기 때문입니다. 하나님께서 당신을 치유할 수 있는 것을 믿지만 당신은 하나님께서 그렇게 하도록 기다리고 있습니다. 그것은 잘못된 것입니다. 하나님께서는 이미 치유의 능력을 드러내셨습니다. 당신은 하나님께서 치유해 주시도록 기다리고 있는 중이 아닙니다. 오히려 하나님께서 그가 이미 이루신 것을 당신이 깨닫도록 기다리고 계십니다.

믿고 받으십시오!

그것은 텔레비전 신호와 같습니다. 신호는 이미 전파 중에 있습니다. 만약 당신이 화면을 보지 못하고 있다면 그것은 전송하지 않는 하나님 때문이 아니라 올바르게 작동하지 않는 당신의 수신기 탓입니다. 당신은 제품 설명서, 즉 하나님의 말씀을 취할 필요가 있습니다. 그리고 공부를 시작해야 합니다. 전원을 켜는 법, 주파수를 맞추는 법, 잡음을 제거하는 법, 그리고 최상의 수신을 위해 작동하는 법을 찾아야 합니다.

"나는 하나님을 기다리고 있습니다."라고 말하지 마세요. 그렇게 일이 되는 것이 아닙니다. "그가 채찍에 맞음으로 너희가 나음을 얻었나니"(벧전 2:24) 하나님께서는 당신이 그 말씀을 믿고 받기를 기다리고 있습니다!

제가 이 진리를 가르친 이래 많은 사람들이 병 고침을 받은 것이 늘어가고 있는 것을 보게 되었습니다. 그들은 더 이상 하나님께 구하거나 행할 것을 기다리지 않습니다. 대신에, 그들은 주님께서 이미 이루어 놓으신 것을 믿고 있습니다. 그들은 그들의 권세를 가지고 이미 제공된 것들이 드러나도록 명령하고 있습니다. 그 결과는 놀라웠습니다!

제 장남, 조슈아는 아파서 죽게 될 지경이 되었습니다. 아내와 저는 질병을 대적했고 싸웠습니다. 마침내 그는 좋아지게 되었습니다. 이 일이 여러 해 동안 죽 일어났습니다. 질병이 아들에게 재발한 것을 보고 그것에 대하여 주님을 구했습니다. 저는 기도했습니다. "주님, 무엇이 잘못된 것입니까?" 주님께서 대답하셨습니다. "문제는 네가 치유를 받았기 때문에 싸우는 것 대신에, 치유를 받기 위해 싸우고 있는 데에 있다. 너는 이미 갖고 있는 치유를 방어하는 대신에 치유를 얻고자 애쓰고 있다." 제가 이것을 깨닫게 되자 상황은 완전히 달라졌습니다.

치유를 받기 위해 싸우지 마세요. 당신이 이미 치유받았기 때문에 싸우십시오. 치유를 얻으려고 싸우지 마세요. 그리스도 안에서 이미 당신에게 주어진 치유를 방어하기 위해 싸우십시오.

당신이 주님으로부터 받고 있는 모든 것에 대하여 이 계시가 당신 안에 스며들어서 당신의 태도를 변화시키도록 해야 합니다!

제 3 장

용납과 깨달음

> 곧 창세 전에 그리스도 안에서 우리를 택하사[과거 시제]…
>
> 엡 1:4

당신이 구원을 위해 주님께 부르짖어야 주님께서 그분의 열망을 당신 위에 두시는 것이 아닙니다. 하나님께서 당신의 부르짖음을 듣고 갑자기 "그래 좋다! 내가 반응을 보이고 내 아들을 보내마."라고 말씀하시지 않았습니다. 그렇습니다. 하나님께서 이미 당신을 택하셨습니다. 준비가 이미 이루어져 있었습니다. 구원은 이미 완성된 일이었습니다. 당신이 믿음으로 나가서 그것을 이해하기까지 구원이 당신을 기다리고 있지 않습니다. 비록 당신이 믿고 받기 위하여 그 어떤 선택을 해야 할지라도 하나님께서는 당신이 필요로 하기 전에,

당신이 태어나기 전에 그리고 당신이 죄를 짓기 전에 이미 모든 준비를 마치셨습니다!

> 사랑 안에서 그 앞에 거룩하고 흠이 없게 하시려고 그 기쁘신 뜻대로 우리를 예정하사 예수 그리스도로 말미암아 자기의 아들들이 되게 하셨으니 이는 그가 사랑하시는 자 안에서 **우리에게 거저 주시는**accepted, 과거시제 바 그의 은혜의 영광을 찬송하게 하려는 것이라 엡 1:4-6

대부분의 그리스도인들은 그들이 하나님께 용납되기 위해 무엇인가(거룩한 삶, 성경 읽기, 십일조, 금식 등등)를 하면서 애를 쓰고 있습니다. 그것은 사람들의 등 뒤에 막대기를 묶어 놓고 그들 앞에 당근을 매달아 놓는 것과 같습니다. 그들은 아무데도 가지 않는 러닝머신 위에 있는 것입니다. 그들이 뻗쳐서 목표를 붙잡으려고 할 때마다 그 목표는 움직여버립니다. 하나님께서 그들을 용납할 때를 끊임없이 고대하고 있는 그리스도인들이 있습니다. 그들은 하나님께서 이미 사랑하는 자 안에서 그들을 용납했다는 진리(엡 1:6)를 깨닫지 못하고 있습니다.

여기 "사랑하는 자 안에서 용납된"으로 번역된 헬라어는 누가복음 1:28에 나오는 "은혜를 받은"에 사용된 단어와 똑같습니다. "그에게 들어가 이르되 은혜를 받은 자여 평안할지어다 주께서 너(마리아)와 함께 하시도다 하니" 신약에서 그 단어가 사용된 곳은 바로 이 두 구절입니다. 그러므로 "사랑하는 자 안에서 용납된" 것은 "은혜를 받은" 것을 의미합니다.

이루어진 사실

대부분의 그리스도인들은 그들에 대한 주님의 용납, 호의, 사랑이 이미 이루어진 사실이라는 것을 믿지 않습니다. 그들은 그것을 얻고자 갈망하고 소망하지만 그들이 이미 그것을 갖고 있는 것을 이해하지 못합니다. 진실은 하나님께서 당신을 사랑하고 있다는 것입니다. 그리고 하나님께서는 이미 행하시고 있는 것보다 더 당신을 사랑할 수 없습니다. 하나님께서 당신을 더 사랑하도록 혹은 덜 사랑하도록 당신이 할 수 있는 것은 절대로 아무것도 없다는 것입니다.

이것은 오늘날의 종교적인 가르침과는 대조적입니다. 종교는 "하나님께서 당신의 성과에 비례하여 사랑하신다."고 말합니다. 그것은 사실이 아닙니다. 당신은 예수님께서 하신 것 때문에 용납됩니다. 에베소서 1:6은 "사랑하는 자 안에서 용납된" 것이라고 선포하고 있습니다. 누구를 가리킵니까? 예수님을 가리킵니다. "우리는 그리스도 안에서 그의 은혜의 풍성함을 따라 그의 피로 말미암아 속량 곧 죄 사함을 받았느니라"(엡 1:7)

당신은 이미 완전한 죄 사함을 받았습니다. 예수님께서는 당신이 고백한 과거의 죄만을 다루신 것이 아니었습니다. 예수님께서는 십자가에서 당신의 과거 죄, 현재 죄 그리고 미래 죄까지도 지불하셨습니다. 이것이 히브리서 9:12이 밝히고 있는 "영원한 속죄"입니다("영원한 속죄"라는 제목의 제 설교가 히브리서 9장을 심도 있게 다루었습니다. 그 설교는 『영혼육』이라는 책의 두 번째 부분입니다).

만약 당신이 지금으로부터 2,000년 전에 살았던 그리스도인들이 읽을 수 있고 유익을 얻을 수 있는 기도문을 작성해 달라고 부탁을 받았다면 어떤 기도를 하시겠습니까? 수천 명을 통한 제 경험에 의하면 보통 그리스도인은 "오, 하나님! 그 세대 위에 당신의 영을 부어주시기를 간구합니다. 강력한 부흥을 일으켜주시옵소서. 오, 주님, 그 날에 이 땅 위에서 새로운 일을 하옵소서!"라고 기도합니다. 기본적으로 그들의 전반적인 기도는 "하나님, 무언가를 해 주세요!"입니다.

사도 바울은 반대의 기도를 드렸습니다!

우리 주 예수 그리스도의 하나님, 영광의 아버지께서 지혜와 계시의 영을 너희에게 주사 하나님을 알게 하시고 너희 마음의 눈을 밝히사 그의 부르심의 소망이 무엇이며 성도 안에서 그 기업의 영광의 풍성함이 무엇이며 그의 힘의 위력으로 역사하심을 따라 믿는 우리에게 베푸신 능력의 지극히 크심이 어떠한 것을 너희로 알게 하시기를 구하노라   엡 1:17-19

"오, 하나님, 가서 이 사람을 만져주세요."라는 우리의 기도와 "주님, 그들이 이미 갖고 있는 것을 그들이 보도록 도와주세요."라는 바울의 기도에는 엄청난 차이가 있습니다. 하나님께서 이미 하신 것을 알게 될 때 당신은 확신을 가지고 기도하게 될 것입니다.

누가 누구에게 반응을 보이고 있습니까?

예수님은 당신이 중보하고 있는 사람을 사랑하는 것보다 훨씬 더 그들을 사랑하십니다. 예수님이 그들을 사랑하며 그들의 삶 속에서 역사하시는 것은 당신의 기도 때문이 아닙니다. 그는 당신이 할 수 있는 것보다 그들을 수백만 배로 사랑하십니다. 당신은 당신이 중보하고 있는 사람들에 대하여 갖고 있는 하나님의 사랑에 감히 따라갈 수 없습니다. 그러나 당신은 어느 누군가를 위해서 얼마나 많이 이렇게 기도를 드렸고 동감했습니까? '주님, 만약 당신이 제 사랑의 절반만이라도 이 사람을 사랑하신다면 그들의 삶을 만져주세요.'

저는 30년 전에는 그런 식으로 기도를 했습니다. 우리 도시를 위하여 중보기도를 하는 동안 하나님께서 부흥을 위해 무언가를 해야 한다고 생각하면서 울었고 통곡했고 애걸했으며 호소했습니다. 저는 점차로 광란 상태가 되어 벽을 치고 울부짖었습니다. "하나님, 당신이 내가 사랑하는 것의 절반만큼 텍사스 알링턴 사람들을 사랑하신다면 부흥이 일어났을 것입니다." 그러나 그 기도가 제 입에서 나오자마자 신학적으로 무엇인가 매우 잘못되었다는 것을 알게 되었습니다.

저는 하나님께서 제 기도에 응답하시고 있다고 생각했습니다. 제 중보기도가 동기 유발을 가져왔고 하나님께서 무엇인가를 하시도록 감동시켰다고 믿었습니다. 저는 하늘에서 팔짱을 끼고 계신 하나님께서 참으로 경건치 못했던 우리들에 대하여 당황하시고 있다고 믿었습니다. 하나님께서 그의 영과 복들을 거두셨고 우리는 하나님께서 우리를 향해 그의 마음을 돌이키도록 하소연을 하지 않으면 안 될 것 같았습니다. 많은 사람들은 이것이 부흥을 위해 기도하는 법이라 믿지만 그것은 절대적으로 틀린 것입니다.

오해하지 마시길 바랍니다. 저는 부흥과 부흥의 유익들을 지지하고 있습니다. 저는 다만 우리가 거기에 이르는 법에 동의하지 않는 것뿐입니다.

잠기고, 끌어내고, 풀어 놓으세요!

부흥은 그분의 영을 부어달라고 주님께 애걸한다고 오지 않습니다. 하나님께서 역사하셔서 새로운 일을 해달라고 하소연한다고 해서 이루어지는 것도 아닙니다. 부흥은 하나님께서 이미 이루어 놓으신 것을 믿기 시작하고, 그의 강력하고 초자연적인 생명 안에 걷기 시작함으로써 오는 것입니다.

당신은 죽은 사람을 살립니다. 당신은 시각장애자의 눈을 뜨게 합니다. 당신이 사람들을 섬기기 시작할 때 그들은 자유롭게 됩니다. 그러면 당신은 당신이 다룰 수 있는 모든 부흥을 갖게 될 것입니다.

예수님께서는 하나님께 그분의 영을 부어달라고 구하지 않으셨습니다. 성령 충만을 입은 후에 그는 단순히 성령에 잠기고 끌어내고 풀어 놓으셨습니다. dip in, draw out, release 그리고 사람들에게 성령을 주었습니다. 우리가 "부흥"이라고 부르는 모든 것은 그리스도의 사역에서 이루어졌으나 하나님께서 무언가를 하시도록 구걸하거나 하소연을 한다고 해서 이루어지지는 않습니다. 예수님은 아버지께서 그에게 말씀하신 것을 단순히 행하셨습니다.

맞습니다. 우리 땅 위에 부흥이 일어나야 합니다. 그러나 부흥이 어떻게 옵니까? 다른 백만 명의 그리스도인들을 모아서 부흥을 위해 하나님께 기도하고 화합하고 일주일에 하루 금식기도하는 것을 통해서요? 아닙니다. 부흥은 우리가 전심으로 하나님을 구하고 그가 이미 하신 것을 믿고, 끌어내고, 흘러들어가도록 할 때 일어납니다. 만약 당신이 하나님을 위해 불을 일으키면 사람들이 와서 당신이 불타고 있는 것을 주의 깊게 보게 될 것입니다.

보고 깨달으십시오

바울은 하나님께서 새로운 일을 해 달라고 기도하지 않았습니다. 대신에 이렇게 기도했습니다. "이로 말미암아 주 예수 안에서 너희 믿음과 모든 성도를 향한 사랑을 나도 듣고 내가 기도할 때에 기억하며 너희로 말미암아 감사하기를 그치지 아니하고 우리 주 예수 그리스도의 하나님, 영광의 아버지께서 … 너희에게 주사"(엡 1:15-17) 무엇입니까? 새로운 일?

또 다른 부어짐? 새로운 물결? 아닙니다! "하나님을 알도록 지혜와 계시의 영을"(17절) 주시도록 구했습니다.

바울은 새로운 것을 구하지 않고 하나님께서 이미 하신 것에 대한 계시를 구했습니다. 그리고 그 계시는 지금 우리 안에 거하여 드러나기 시작합니다.

"이는 그가 모든 지혜와 총명을 우리에게 [이미] 넘치게 하사 그 뜻의 비밀을 우리에게 알리신 것이요"(엡 1:8-9)

다른 말로 표현하자면, 바울이 기도하고 있었던 이 지혜와 계시는 모든 믿는 자에게 이미 주어졌습니다. 단지 모든 그리스도인들이 받지 않고 있을 따름입니다. 왜냐하면 그들은 그들의 영적인 플러그를 꽂지 않고, 켜지 않으며, 주파수를 맞추지도 않기 때문입니다. 바울은 "너희 마음의 눈을 밝히사 그의 부르심의 소망이 무엇이며 성도 안에서 그 기업의 영광의 풍성함이 무엇인지 너희로 알게 하시기를 구하노라"라고 기도했습니다(엡 1:18-19). 당신은 하나님의 새로운 일을 필요로 하지 않습니다. 당신이 필요한 것은 그가 이미 하신 것을 보고 깨닫는 것입니다.

거듭난 성도로서 지금 당신은 그리스도로 말미암아 정복자 이상입니다(롬 8:37). 당신은 그리스도 안에서 죄악과 불의함과 경건치 못함으로부터 의롭고 경건함으로 이미 변화되었습니다(고후 5:17, 엡 4:24). 당신은 어두움의 왕국에서 하나님의 사랑하는 아들의 왕국으로 옮겨졌습니다(골 1:13). 예수님께서 갖고 계시는 것과 같은 능력(엡 1:19-20), 생명(갈 2:20), 지혜(고전 1:30), 승리(고전 15:57), 기름부음(요일 2:20), 그리고 믿음(갈 2:20)이 지금 여러분 안에 있습니다. 당신은 다른 것을 더 필요로 하지 않습니다.

당신은 이미 당신이 갖고 있는 것에 대한 계시를 필요로 합니다. 바울이 기도하고 있었던 것이 바로 그것입니다. 그는 당신의 마음의 눈이 밝혀지도록, 부르심의 소망이 무엇인지 알도록, 그리스도 안에서 당신의 잠재력에 대한 온전한 계시를 갖도록, 당신 안에 있는 그의 기업의 영광의 풍성함이 무엇인지 알도록 기도했습니다.

집중하세요!

대부분의 사람들은 하나님의 영광이 멀리 떨어져 있다고 상상합니다. 그들은 하늘의 광채를 진주 문, 황금 길, 저택 등으로 묘사합니다. 그러나 에베소서 1:18은 하나님의 기업의 영광의 풍성함이 성도 안에 있다고 말씀하고 있습니다. 하늘에 있는 것은 이미 당신 안에 있는 것과 비교하면 무색합니다!

아마도 당신은 '그럴 리가 없어!'라고 생각하고 있을지도 모릅니다. 왜 그렇습니까? 당신은 거울을 통해 여드름, 흰머리, 불룩한 배 등을 보기 때문입니다. 당신의 감정적인 영역을 살펴보면 평강이나 기쁨을 느끼지 못하고 있음을 알게 되기 때문입니다. 그래서 당신은 결론짓습니다. "이곳은 하나님의 영광이 있는 곳이 될 수가 없어. 확실히 여기에는 없어!" 하나님의 영광은 당신의 몸이나 혼에 있는 것이 아니라 거듭난 영 안에 있습니다.

당신의 자연적인 오감은 당신의 영을 이해하지 못합니다. 당신의 혼(당신의 인격-마음, 의지, 감정, 양심)으로 영을 느낄 수 없습니다. 당신은 당신이 누구인지를, 영적인 영역에서 무엇을 갖고 있는지를 하나님의 말씀을 통하여 알게 되고 믿음으로 그것을 믿게 됩니다. 대부분의 그리스도인들은 이것을 알지 못하지만, 하나님의 영광은 이미 그들의 영 안에 있습니다.

만약 당신이 이 계시를 갖고 있다면 당신은 의기소침할 수 없습니다. 참으로 당신의 부르심의 소망이 무엇인지 알고 있을 때, 그리고 하나님의 기업의 영광의 풍성함이 지금 당신 안에 있다는 것을 깨닫고 있을 때, 어떻게 침체 속에 머무를 수가 있겠습니까? 계속 의기소침하게 살고자 한다면 당신은 계시를 닫아버리고 육체적인 영역에 있는 환경과 다른 부정적인 것들을 보기만 하면 됩니다. 그러나 만약 당신이 이미 다루어지고 영원토록 경험할 영광이 이미 당신 안에 있음을 인정하면서 그리스도 안에서 당신이 누구이며, 무엇을 갖고 있는지에 대하여 집중하면 의기소침은 떠나가며 아울러 당신은 승리를 즐기게 됩니다. 그것은 확신에 찬 외침일 것입니다!

제 4 장

당신 안에 있는 하나님의 능력

바울은 당신이 깨달을 수 있도록 이런 기도를 했습니다.

그의 힘의 위력으로 역사하심을 따라 믿는 우리에게 베푸신 능력의 지극히 크심이 어떠한 것을 너희로 알게 하시기를 구하노라 그의 능력이 그리스도 안에서 역사하사 죽은 자들 가운데서 다시 살리시고 하늘에서 자기의 오른편에 앉히사 모든 통치와 권세와 능력과 주권과 이 세상뿐 아니라 오는 세상에 일컫는 모든 이름 위에 뛰어나게 하시고 또 만물을 그의 발 아래에 복종하게 하시고 그를 만물 위에 교회의 머리로 삼으셨느니라 교회는 그의 몸이니 만물 안에서 만물을 충만하게 하시는 이의 충만함이니라   엡 1:19-23

하나님께서는 믿는 우리에게 베푸신 지극히 큰 능력을 당신이 보기 원하십니다. 그것은 죽은 자들로부터 예수 그리스도를 다시 살리는데 사용하신 동일한 능력입니다.

당신은 주님께 더 많은 능력을 달라고 구했던 적이 있으십니까? 주님의 능력이 어디에 있다고 생각하십니까? 에베소서 1:19-20은 죽은 자들 가운데서 예수 그리스도를 다시 살리신 동일한 능력이 당신 안에 있다고 선포하고 있습니다. 그것은 전에 없었던 하나님의 가장 강한 능력의 나타남이었습니다. 죽은 자들 가운데서 예수님을 다시 살리는 것은 우주를 창조하는 것이나 홍해를 가르는 것이나 하나님께서 이전에 행하셨던 다른 어떤 것보다 더 많은 능력을 요구했습니다. 만약 당신이 얼마만큼 많은 능력이 드러났는지 하나님의 능력을 측정할 수만 있다면, 장담하건데 그리스도께서 죽은 자들 가운데서 일어나셨을 때 그 능력이 최고점에 달했을 것입니다. 왜 그렇습니까? 사탄과 모든 그의 악한 영들은 예수의 부활을 막기 위해 그들이 할 수 있었던 모든 것들을 다 행하였습니다. 그러나 그들은 실패하고 말았습니다.

멸망했습니다!

제가 참석한 대형교회는 멋진 부활절 성극을 펼쳤습니다. 성극에서 사탄은 시험산에서 예수님을 조롱했습니다. 또한 사탄은 "십자가에 못 박아라!"라고 계속해서 소리치는 군중들 속에 나타났습니다. 그리고 예수님께서 죽고 돌무덤에 장사되었을 때 사탄과 그의 추종자들은 무덤 돌을 밀면서 무덤 밖에 서 있었습니다. 비록 그들이 있는 힘을 다하여 부활을 막아보려고 했지만 그들은 할 수 없었습니다. 갑자기 폭발이 일어났습니다. 바위가 사탄의 머리 위에 떨어지자 연기가 솟구쳐 나왔습니다. 예수님께서 무덤 밖으로 의기양양하게 나오셔서 바위 위에 서 계셨습니다.

비록 이 성극이 실제라고 기록된 일은 아니지만 영적인 진리를 정확하고 상징적으로 드러내 주고 있습니다. 사탄은 자기가 할 수 있는 힘을 다 했습니다. 그러므로 그의 권세는 하나님의 것과 비교하면 아무것도 아닙니다. 예수 그리스도의 부활은 이전에 없는 하나님의 가장 큰 능력의 나타남이었습니다.

그리고 죽은 자들 가운데서 다시 살리신 동일한 능력이 당신 안에 있습니다. 천국 어딘가에 있는 것이 아닙니다. 그것은 거듭난 당신의 영 안에 있습니다. 당신은 더 큰 능력을 필요로 하지 않습니다. 당신은 당신이 이미 갖고 있다고 믿기만 하면 됩니다. 그리고 그것이 어떻게 역사하는지를 발견하기만 하면 됩니다. 하나님의 능력이 어떻게 역사하는지를 보여주는 법칙을 발견하십시오. 그리고 그것을 행동에 옮기십시오.

당신이 이 계시를 받아들이면 오늘날 기독교로 가장되고 떠돌아다니는 대부분의 종교적인 전통이 파멸될 것입니다.

구걸하는 자가 아니라 명령하는 자

이 계시는 분명히 당신의 기도하는 법을 바꾸어 줄 것입니다. 당신은 "오, 주님! 저는 아무것도 아닙니다. 저는 아무것도 없습니다. 그러나 당신이 무엇인가를 할 수 있음을 믿습니다. 오셔서 역사해 주세요."라고 말하면서 하나님께 구걸하는 것을 멈추게 될 것입니다. 그 대신에 당신은 담대한 자세로 말할 것입니다. "본질적으로 저는 아무것도 아닙니다. 저의 인간적인 능력에 근거해서는 어떤 덕이나 가치도 없습니다. 그러나 아버지, 저는 당신과 언약을 맺었습니다. 저는 새로운 피조물입니다. 거듭난 제 영 속에 죽은 자들 가운데서 예수님을 다시 살리신 동일한 능력이 있습니다. 병든 자에게 손을 얹은 즉 병이 나을 것이라고 하나님의 말씀을 통해 말씀하셨습니다. 제가 그것을 믿습니다!" 당신은 일어서서 권세를 갖고 명령을 내리기 시작하고 그리고 하나님의 능력을 드러낼 것입니다.

베드로가 성전 문에 있었던 앉은뱅이를 보았을 때 이것을 행하였습니다. 하나님의 능력이 자기 안에 있는 것을 깨닫고 베드로는 선포했습니다. "내게 있는 이것을 네게 주노니 나사렛 예수 그리스도의 이름으로 일어나 걸으라"(행 3:6) 그리고 나서 그는 손을 뻗쳐 그 사람을 붙잡고 일으켜 세웠습니다. 그 사람의 발과 발목이 즉시 힘을 얻어 그는 걷고 뛰며 하나님을 찬양했습니다(행 3:7-8).

베드로가 "내게 있는 것으로"라고 말했습니다. 그가 언급한 것은 그 자신의 힘이 아니라 거듭난 영 안에 있던 죽은 자들 가운데서 다시 살리는 하나님의 능력이었습니다. 오늘날 대부분의 교회는 그 같은 말을 하는 당신을 쫓아낼지도 모릅니다. 그들은 반박합니다. "당신은 아무것도 할 수 없어!" 맞습니다. 당신의 육체로는 아무것도 할 수 없습니다. 그러나 진정한 당신 안에, 거듭난 영 안에 하나님의 부활의 생명이 주어졌습니다!

이 진리를 깨달을 때 당신은 명령하는 자로 변하게 될 것입니다. 더 이상 하나님께 이렇게 구걸하지 않을 것입니다. "의사가 말하길 제가 죽는다고 합니다. 저는 아무것도 할 수 없습니다. 오, 하나님, 제발 저를 좀 도와주세요!" 이처럼 무기력하게 가만히 앉아서 주님께서 무언가를 해 주시기를 하소연하고 있지 않을 것입니다. 그 같은 기도는 예수 그리스도를 다시 살리신 동일한 능력이 지금 당신 안에 거하고 있다는 계시를 깨닫지 못할 때 하는 것입니다. 당신이 그 계시를 깨달을 때, 불평하고 불만을 드러내고 한탄하고 투덜대는 자가 아니라 하나님의 권세를 가지고 서서 하나님께서 주신 것을 사탄이 훔치지 못하도록 명령하는 믿음의 사람으로 바뀌게 됩니다. 그것은 완전히 다른 태도입니다!

한쪽 구석진 곳에 숨어 망연자실하게 "하나님, 마귀를 쫓아주세요!"라고 기도하는 대신에 당신은 서서 말하게 될 것입니다. "그가 어디에 있느냐? 나는 감히 사탄에게 그의 못난 얼굴을 보이라고 도전한다. 나는 권세와 능력이 있기 때문에 죽기까지 그와 싸울 것이다!" 단지 감정의 차이가 아닙니다. 결과가 드러나게 될 것입니다.

우월한 화력

제가 베트남에 군인으로 처음 갔을 때, 우리는 적들로부터 심한 공격을 받았습니다. 게릴라전이 아니라 잘 무장되고 공산당으로 훈련된 군인들과의 싸움이었습니다. 5,000명의 적군들이 산꼭대기에 머물고 있었던 120명의 우리 미국 군인들을 포위하고 있었습니다. 우리는 '적색경보' 상황에 있었던 것입니다. 그것은 모든 군인들이 평소대로 교대로 보초를 서는 것이 아니라 밤새 잠을 자지 않고 참호를 지켜야 하는 것을 의미합니다.

첫날 밤 저는 혼자 참호를 지켰습니다. 저와 함께 참호를 지키기로 된 다른 사람들은 잠이 들었습니다. 제가 적색경보라고 언급했지만 그들은 그 경보를 무시했습니다. 그래서 저 혼자 밤새 지켜야 했습니다. 그 다음 날 저는 너무 졸려서 참호를 지킬 수 없었습니다. 그래서 저는 그들이 저와 함께 참호를 지켜야 한다고 약간 더 세게 강요를 했습니다.

마침내 그들 중 하나가 제게 말했습니다. "너, 신참이지?" 제가 그렇다고 하자 그들은 웃어댔습니다. 그들이 아군의 화력이 적군의 화력과 비교해서 얼마나 뛰어난지를 말해 주었습니다. 만약 적군들이 구멍으로부터 기어 나오면 우리는 말 그대로 몇 분 안에 그들을 없애버릴 수 있다고 말했습니다. 또한 그들은 제게 우리가 가진 다양한 종류의 무기들과 그 무기들의 강력함을 설명해 주었습니다. 적색경보가 발령되면 전투 헬리콥터가 밤새도록 우리 머리 위를 맴돌았습니다. 헬리콥터에 있는 50구경 소형 총 하나가 미식 풋볼 경기장 크기 지역에 6인치 간격으로 총알을 뿌려 놓을 수 있었습니다. 50구경 총알의 충격은 만약 적들의 머리가 6인치 안에 오게 되면 사람을 죽일 수 있습니다. 우리 무기의 막강한 화력이 저를 압도했습니다. 그래서 짧은 시간 동안에 저는 다른 사람들과 잠을 잤습니다.

제 지식의 부족함이 그 상황 속에서 저를 염려하게 만들었습니다. 우리가 가진 것을 알게 되었을 때 두려움은 떠나가고 확신이 왔습니다. 물론 저는 여전히 경각심과 신중함과 지혜를 사용했습니다. 그러나 이제 저는 쉴 수가 있었습니다. 전쟁광은 아니지만 우리가 싸워야 한다면 이와 같은 조건으로 싸워야 한다고 생각했습니다. 적들이 공격을 감행해보라는 배짱을 갖게 되었습니다.

그러므로 투덜대고 불평하고 한탄하고 하나님께 구걸하는 것을 멈추어야 합니다. 예수님께서 무엇을 이미 하셨는지를 발견하고 그것을 드러내는 법을 배우십시오. 그러면 두려움 대신에 확신이 들어와 여러분을 명령하는 자가 되기 위해 거듭난 자로서 행하게 만들어 줄 것입니다.

다수가 다스립니다

바울의 기도를 여러분의 기도로 바꾸어보세요. "아버지, 저는 어렴풋이 알고 있습니다. 하지만 계시를 필요로 합니다.

제 마음의 눈을 열어주셔서 당신 안에 있는 부르심의 소망이 무엇인지 알도록 도와주세요. 기업의 풍성함과 저의 거듭난 영에 두신 죽은 자들 가운데서 다시 살리신 지극히 크신 능력을 깨달을 수 있도록 저를 깨우쳐 주시옵소서. 아버지, 제가 이미 갖고 있는 것에 대한 계시를 제게 주시옵소서."

반대로 이런 기도는 드리지 말아야 합니다. "오, 하나님! 제가 갖고 있는 것보다 더 많은 것을 주시옵소서. 충분하게 갖고 있지 못합니다. 당신께서 무언가를 할 수 있다는 것을 알고 있지만 저는 아무것도 할 수 없습니다."

그것은 거듭난 영이 아닌 육체적인 영역에 있어서는 사실입니다. 하지만 당신은 육체적인 것만을 갖고 있는 것이 아닙니다. 당신의 일부분은 거듭났으며 이미 그 안에 그리스도의 생명, 승리, 능력이 들어 있습니다.

지금 당신의 영은 예수님과 같습니다! 바로 이 순간 당신의 영은 영원히 똑같습니다.

당신은 하나님께서 새로운 무언가를 하실 것을 필요로 하지 않습니다. 당신에게는 이미 당신이 갖고 있는 것에 대한 계시가 필요합니다.

당신은 영과 혼과 육이라는 세 가지 분명한 요소로 구성되어 있습니다(살전 5:23). 당신의 거듭난 영은 정확히 하나님과 같으며 그리고 항상 하나님을 위하여 존재합니다(엡 4:24,

고전 6:17, 요일 4:17). 만약 당신의 혼, 즉 당신의 정신적이고 감정적인 부분이 새롭게 되어 하나님께서 말씀하신 것이 당신의 영 안에 있다고 믿는다면 당신은 영과 혼(즉 함께 육에 대항하는 둘) 안에서 하나님의 생명과 능력을 경험하게 될 것입니다. 반면에 당신의 혼이 육체적인 몸과 동의를 하게 되면 당신 안에 있는 하나님의 생명과 능력은 자연적인 영역(혼과 육, 즉 함께 영에 대항하는 둘)에서는 드러나지 않게 될 것입니다. 언제나 단순 다수simple majority가 다스립니다.

만약 당신의 감각 지식이 당신을 지배하게 되면 당신의 혼은 당신의 몸과 동의하게 될 것입니다. 따라서 당신 안에 있는 하나님의 생명과 능력의 흐름은 멈추게 됩니다. 만약 오로지 시각과 미각과 청각과 후각과 촉각만으로 당신의 생각을 통제하게 두면 당신은 이렇게 말하게 됩니다. "만약 내 안에 부활의 능력이 있다면 내가 그것을 느낄 텐데. 내가 아무것도 느낄 수 없는 것을 보니 나는 그런 능력을 갖고 있지 않는 것이 분명해." 바로 그것이 당신의 부활된 영 안에 있는 하나님의 초자연적인 능력을 드러내지 못하게 하는 것입니다.

눈물을 닦으십시오

"생각하건대 현재의 고난은 장차 우리에게(in us, 우리 **안에**) 나타날 영광과 비교할 수 없도다"(롬 8:18)

영광이 우리를 향해 드러나는 것이 아니라 우리 안에 있는 것에 주의를 기울여야 합니다. 우리가 천국에 이를 때 갑자기 하나님께서 그의 영광을 우리에게 주시는 것이 아닙니다. 우리가 천국에 이를 때 우리는 더 이상 육체적으로 생각하지 않게 됩니다. 우리는 우리 안에 이미 있었던 것을 온전히 보게 될 것입니다.

하나님께서 우리의 눈물을 닦아주시게 되는 이유가 바로 그것입니다. 많은 사람들이 단지 천국에 가는 것 때문이 아니라, 우리가 천국에 이르면 우리가 이미 가진 것에 대한 온전한 계시를 받기 때문입니다. 우리는 마귀가 우리에게서 빼앗아 가게 내어준 우리의 처사 때문에 울고 통곡하고 이를 갈 것입니다. 마귀의 거짓 협박으로 인하여 우리는 하나님께서 이미 이루어 놓으신 것을 해 달라고 구걸하고 하소연을 합니다. 하나님께서 이미 이루어 놓으신 것을 우리가 믿지 않기 때문에 우리는 그리스도 안에 있는 우리의 특권에 비하면 너무나 낮은 삶을 살아가며, 합당한 이유도 없이 마귀에게 맞으며 살아갑니다. 우리가 천국에 가게 되면 처음엔 울고 통곡하게 될 이유가 바로 그것입니다. 주님께서 거기에서 우리가 즐거워하도록 초자연적으로 우리를 위로하지 않으면 안 될 것입니다.

  이것은 전적으로 다른 마음가짐입니다. 저는 제가 나누는 것에 대하여 공격적인 태도를 취하는, 낙망하며 낙심하고 패배한 사람들을 끊임없이 만나고 있습니다. 그들은 제가 무감각하고 무정하며 아픔을 당하는 것이 무엇인지 모른다고 생각합니다. 저는 제 문제들을 열거함으로써 마귀를 기쁘게 만들고 싶지는 않지만, 솔직히 제가 갖고 있었던 문제들로 인하여 너무나 힘들어서 밤새 저는 살 수 있을 거라고 생각하지 않았습니다. 저는 제 역량으로 도저히 다룰 수 없는 많은 문제들을 경험했습니다. 하지만 지금 저는 잘 살고 있습니다. 제가 당신과 나누었던 그 진리들이 지금의 저를 인도했습니다.

  말을 조심스럽게 하고, 기분을 좋게 해주는 세상 철학이 오늘날 기독교에 스며들어 왔습니다. 많은 사람들이 고통을 극복하기 보다는 고통 속에서 주저앉아 뒹굴고 있습니다. 그들은 고통으로부터 벗어나오려고 하기 보다는 다른 사람의 동정, 자기를 안아주며 등을 두드려주며 "참 안됐군요!"라는 말을 듣기를 더 좋아합니다. 어떤 사람들은 그들을 오랫동안 자유하게 할 해결책을 찾는 것 보다는 일시적인 위로를 더 찾고 있습니다.

해결책

제가 나누고 있는 것은 무관심이 아니라 해답입니다. 당신을 자유하게 하는 유일한 진리입니다(요 8:32). 당신이 하나님의 말씀에 무지할 때 마귀는 계속해서 당신을 속박합니다. "내 백성이 지식이 없으므로 망하는도다"(호 4:6) 당신의 무지가 당신을 죽이고 있습니다.

저는 사람들이 문제들을 갖고 있다는 것을 알고 있습니다. 모든 사람이 완전치 못하며 완전하게 행할 수 없습니다. 저는 문제에 빠진 사람에 대한 동정심을 가질 수 있습니다. 그러나 당신이 그런 문제들을 들었을 때 바른 반응은 이것입니다. "아버지 하나님, 그것이 사실입니다. 예수 그리스도의 죽음과 장사됨과 부활을 통하여 당신은 제가 필요한 모든 것을 이미 공급해 주셨습니다. 그것들이 바로 지금 제 거듭난 영 안에 있습니다. 그러므로 예수 그리스도의 이름으로 제가 일어나서 당신을 믿겠습니다. 제가 제 것을 올바르게 이해하고 시시한 일들로부터 나오기로 결단합니다!" 이것이 지금 당신이 행해야 할 올바른 반응입니다!

만약 당신이 지속적으로 상처를 입으며 다른 사람의 동정을 받고자 한다면 당신은 입에 물고 있던 엄지손가락을 빼야 할 필요가 있습니다. 그리고 성장하십시오. 슬픈 얼굴로 거기에 앉아 있지 말아야 합니다. 예수님께서 당신을 위하여 이미 이루어 놓으신 것을 인정하기 시작하십시오.

저의 목적은 돕는 데 있지, 당신의 기분을 상하게 하는 데 있지 않습니다. 그러나 소위 오늘날 수동적인 기독교는 이 진리와 반대로 행하고 있습니다. 그래서 많은 사람들이 제가 말하는 것들로 인하여 기분 나빠합니다. 그러나 제가 말하고 있는 바를 주의 깊게 고려해 보셔야 합니다. 이 실체를 이해했을 때 저는 자유롭게 되었으며 그 어느 때보다 더 높은 수준의 승리의 길을 걸어가게 되었습니다.

저는 단순히 인간의 능력 이상의 것들을 행하였습니다. 저는 35년 넘게 낙심하지도 절망하지도 좌절하지도 않았습니다. 저는 죽음으로부터 일어난 사람들, 시력을 회복한 사람들, 말기 질병으로부터 치유를 받은 사람들을 보아 왔습니다. 이런 모든 일들은 내 안에 있는 하나님의 능력과 함께 일할 때 이루어졌습니다.

당신의 눈을 하나님에게서 자신에게로 돌리십시오!

제 설교는 효력이 있습니다. 제 주변에 있는 모든 것이 부서져 내려가는 것처럼 보일 때 그것은 저를 견고하게 지탱해 주고 있습니다. 만약 당신이 이 계시를 받으면 그것 또한 당신에게 효력이 있을 것입니다.

그러므로 에베소서 1:17-23에 있는 기도를 취하여, 에베소서 3:16-21에 있는 기도와 조합하여 당신 자신의 기도를 만들도록 권면합니다. 그 기도문으로 기도하고, 기도하고, 또 기도하십시오. 하나님께서 새로운 일을 해 달라고 기도하지 말고, 당신 마음의 눈을 열어 주사 그가 이미 이루어 놓으신 것들을 온전히 알게 해 달라고 기도하십시오. 믿으시길 바랍니다. 하나님께서는 당신이 갖고 있는 것보다 이 계시를 더 많이 갖기를 원하십니다. 단순히 당신의 마음을 열어서 찾기 시작하십시오. "하나님, 당신이 이미 이루어 놓으신 것에 대한 계시 없이는 더 이상 살 수 없습니다. 하나님께서 이미 행하신 일들을 해 달라고 계속해서 구하고, 구걸하고, 하소연하는 것을 거절합니다. 저는 이런 깨달음을 갖지 않으면 안 됩니다."라고 기도하면서 긍정적인 길을 찾아야 합니다. 당신이 전심으로 하나님을 찾으면 이 진리들이 당신의 삶을 완전히 바꾸어 놓을 것입니다.

이 계시는 한번 받으면 다시 받지 않아도 되는 것이 아닙니다. 이런 종류의 계시는 매일 그리스도인으로서 당신의 삶의 일부분이 되어야 합니다. 이 책의 나머지 부분은 이 진리를 발전시키고 더 깊게 설명할 것입니다. 당신에게 꼭 도움이 될 것입니다. 그러나 궁극적으로 당신은 이 진리가 당신에게 개인적인 것이 되도록 성령님을 필요로 합니다. 이것은 단순히 지적 수준의 지식을 뛰어넘어서 하나님으로부터 당신에게로 옮기는 계시 지식이 되도록 할 필요가 있습니다!

  당신이 이미 가진 것들에 대한 이 계시를 받는데 제가 나눈 것들이 도움이 되도록 주님께 합심하여 기도합니다!

제 5 장

믿음을 통하여 은혜로써

에베소서는 하나님께서 이미 이루어 놓으신 일을 보여주기 위하여 기록되었습니다. 에베소서에 나오는 기도는 하나님께 새로운 것을 달라고 청하는 것이 아닙니다. 오히려 당신이 이미 갖고 있는 것을 보기 위하여 마음의 눈이 열리게 해 달라는 기도입니다(엡 1:17-18).

모든 것이 과거 시제로 되어 있음을 유의하십시오.

"그는 허물과 죄로 죽었던 너희를 살리셨도다"(엡 2:1)

"너희가 믿거나 구하거나 하나님께 청하면, 살리심을 받을 것이다"가 아닙니다. 그것이 아닙니다! 이미 이루어진 관점에서 기록되어 있습니다. 당신은 이미 갖고 있습니다! 하나님께서 이미 당신을 살리셨습니다.

살았습니다!

당신이 그리스도를 영접했으면 당신에게는 생명이 있습니다. 비록 주님의 살리시는 능력이 모든 사람, 즉 그리스도인과 비그리스도인들 모두를 위해 값을 치르셨지만, 불신자는 아직 받아들이지 않았고, 살아나지 못했습니다. 그러나 거듭난 그리스도인으로서 당신은 생명을 받았습니다.

당신은 아마 당신 안에 있는 하나님의 생명을 드러내지 못했을지도 모르지만, 당신의 영은 살아 있으며 영원히 그러합니다. 비록 당신의 육체가 아픔을 당하고 있고, 당신의 혼이 여전히 낙심으로 씨름하고 있을지라도 당신의 거듭난 영은 예수님께서 살아 계시듯이 살아 있습니다. 당신은 당신 안에 하나님의 부활의 능력을 가지고 있습니다. 당신이 생명을 받기 위하여 애쓰고 있는 것이 아닙니다. 당신은 이미 영적 영역에서 생명을 받았습니다. 믿음을 통하여 당신은 당신의 영으로부터 혼과 육으로 생명을 끌어올 수 있습니다.

그리스도 안에서 당신이 누구이며, 당신이 무엇을 갖고 있는지 깨달으면서 하나님의 말씀에 의지하여 기도하십시오. "하나님, 저는 죽어 있습니다. 제 삶 속에 좋은 것은 하나도 없습니다. 저는 생명이 없습니다."라고 말하면서 하나님의 말씀에 반대하고 불신하는 위치에서 하나님께 청원하는 것을 멈추어야 합니다. 대신에 이렇게 기도하십시오. "아버지, 제 안에 부활의 생명이 있음을 감사드립니다. 의사는 제가 죽어가고 있다고 말합니다. 제 육체에는 죽음이 일하고 있습니다. 그래서 제 안에 있는 당신의 생명을 끌어오고 있습니다. 이루어진 것에 대하여 감사드립니다. 이제 제게 주신 권위를 가지고 명령합니다. 예수님의 이름으로 아픔은 물러가고 치유될지어다." 그것이 적절한 태도입니다. 당신은 이미 생명을 받았습니다.

"그 때에in time past;과거에 너희는 그 가운데서 행하여 이 세상 풍조를 따르고 공중의 권세 잡은 자를 따랐으니 곧 지금 불순종의 아들들 가운데서 역사하는 영이라"(엡 2:2)

사탄을 추종하며 사탄에게 지배당하던 것은 지난 과거였다는 것이 중요합니다. 당신은 어쩌면 '나는 그리스도인이지만 여전히 마귀의 지배를 받고 있어.'라고 생각할지도 모릅니다. 만약 그렇다면 에베소서 2:1 말씀이 당신에게 실재가 아니기 때문입니다. 당신은 이미 생명을 받았고 허물과 죄로부터 구원받았다는 것을 이해하지 못하고 있는 것입니다. 당신이 이미 살아 있음을 진실로 이해한다면, 죄의 권세는 깨어지고 따라서 당신은 승리 가운데 사는 것입니다.

당신의 삶은 패배가 아니라 승리가 될 것입니다. 당신이 죄 없이 완벽함에 이른 것도 아니며 전혀 실수하지 않은 것도 아닙니다. 그리스도께서 이미 이루어 놓으신 것, 즉 당신은 이미 부활 생명을 갖고 있으며, 당신이 영으로 예수님과 같은 것을 깨닫고 인정하고 있는 것입니다. 승리는 당연한 부산물입니다.

"이로써 네 믿음의 교제가 우리 가운데 있는 선을 알게 하고 그리스도께 이르도록 역사하느니라"(몬 1:6)

당신의 믿음은 역사합니다. 당신이 그리스도 안에서 당신에게 있는 모든 선한 것을 인정할 때 당신은 물리적으로, 재정적으로, 감정적으로, 그 외 모든 분야에서 승리를 보게 됩니다.

새 본성 / 새 자리

"전에는 우리도 다 그 가운데서 우리 육체의 욕심을 따라 지내며 육체와 마음의 원하는 것을 하여 다른 이들과 같이 본질상 진노의 자녀이었더니"(엡 2:3)

다시 말씀드리지만 모든 것이 과거 시제로 기록되어 있습니다. 어떤 사람은 "그러나 이것이 여전히 제 안에서 작용하고 있습니다!"라고 말합니다. 만약 그렇다면, 당신은 영 안에 이미 모든 것을 갖고 있는 것을 이해하지 않았기 때문입니다. 당신은 앞으로도 그렇듯이 완전합니다. 당신이 그리스도 안에서 당신에게 있는 선한 것들을 깨닫지 못하고 인정하지 않았기 때문에 당신은 여전히 육체의 지배를 받고 있는 것입니다.

진실은 당신의 본성이 이미 변했다는 것입니다. 당신은 당신을 죄 가운데 끌고 가는 옛 본성을 갖고 있지 않습니다. 당신이 그리스도를 영접한 순간, 옛 본성은 죽었고 장사되었습니다. 당신의 새로운 본성, 즉 거듭난 영이 의와 진리의 거룩함으로 지음을 받았습니다(엡 4:24). 당신이 여전히 죄를 좇는 옛날 욕구로 인하여 갈등을 일으키는 이유는 새롭게 되지 못한 마음 때문입니다. 하나님의 말씀이 당신의 마음을 변화시킬 때 당신은 점점 옛 욕구를 버리고 새로운 본성을 좇아가는 경험을 하게 될 것입니다(다시 말씀드리지만, 저의 저서 『영혼육』에서 아주 깊게 다루고 있습니다).

"긍휼이 풍성하신 하나님이 우리를 사랑하신 그 큰 사랑을 인하여 허물로 죽은 우리를 그리스도와 함께 살리셨고 (너희는 은혜로 구원을 받은 것이라)"(엡 2:4-5)

과거 시제로 기록된 것을 다시 주목하십시오. 당신은 이미 생명을 받았습니다. 하나님께서 당신을 사랑하십니다. 그가 이미 이것을 이루셨습니다.

"또 함께 일으키사[과거 시제] 그리스도 예수 안에서 함께 하늘에 앉히시니"(엡 2:6)

이것은 찾고 있거나 얻으려고 애쓴 것이 아닙니다. 그것은 선물로 받은 것입니다. 이미 이루어진 것입니다. 당신은 하나님과 이미 관계를 맺고 살아가고 있습니다. 당신은 이미 영적으로 죽은 자들 가운데서 다시 일어났으며 지금 천국에서 예수님과 함께 앉아 있는 것입니다.

나트륨과 염화물

"이는 그리스도 예수 안에서 우리에게 자비하심으로써 그 은혜의 지극히 풍성함을 오는 여러 세대에 나타내려 하심이라 너희는 그 은혜에 의하여 믿음으로 말미암아 구원을 받았으니 이것은 너희에게서 난 것이 아니요 하나님의 선물이라 행위에서 난 것이 아니니 이는 누구든지 자랑하지 못하게 함이라"(엡 2:7-9)

이것은 성경의 강력한 구절입니다. 또한 매우 친숙합니다. 그래서 많은 사람들이 이 구절을 이미 알고 있다고 생각합니다. 그들은 건너 뛰어버리고 이 구절에 시간과 노력을 들이지 않습니다. 그것이 그들로 하여금 그 말씀의 완전한 유익을 받지 못하게 하는 이유가 됩니다.

　당신은 믿음을 통하여 은혜로써 구원을 받았습니다. 당신은 은혜만으로 구원받은 것이 아닙니다. 또한 믿음만으로도 구원받지 않았습니다. 당신은 믿음을 통하여 은혜로써 구원을 받았습니다. 누군가에게 요점을 말하고자 할 때, 저는 가끔 다른 것을 제쳐두고 한 가지만을 강조합니다. 예를 들면 만약 누군가가 "내가 믿기론 당신은 거룩해야 하며, 십일조를 드려야 하며, 세례를 받아야 합니다."라고 주장한다면 저는 이렇게 대답할 것입니다. "아닙니다. 당신은 믿음으로써 구원을 받았습니다. 당신을 구원한 것은 당신이 주님을 위하여 무언가를 해서가 아니라 예수님께서 하셨다는 것을 믿는 믿음입니다." 이러한 요점을 말하기 위하여 "당신은 은혜로써 구원을 받았다" 또는 "당신은 믿음으로써 구원을 받았다"라는 것을 강조하는 것은 전혀 잘못된 것이 아닙니다. 그러나 기술적으로 말하자면, 당신은 은혜로써만 혹은 믿음으로써만 구원을 받지 않았습니다. 구원받은 것은 이 두 개의 조합으로 이루어졌습니다. 당신은 믿음을 통하여 은혜로써 구원을 받은 것입니다!

　은혜와 믿음은 마치 나트륨과 염화물 같습니다. 만약 당신이 둘 중에 하나만을 섭취하게 되면 그것은 독이 됩니다. 둘 중에 하나만 충분한 양을 섭취하게 되면 당신을 죽일 수 있습니다. 그러나 그 둘을 함께 섞으면 당신은 소금을 얻게 됩니다. 둘이 합쳐지면 당신은 그것 없이는 살 수 없는 "소금"이 되는 것입니다. 은혜와 믿음이 바로 그렇습니다.

은혜만으로 (믿음 없이) 당신을 구원하지는 못할 것입니다. 하나님의 은혜 가운데 그는 예수 그리스도의 죽음과 장사됨과 부활을 통해 모든 사람에게 구원을 제공하셨습니다. 하나님의 은혜는 모든 사람에게 동일합니다. 그러나 모든 사람이 구원을 받는 것은 아닙니다. 왜 그렇습니까? 비록 그들의 구원을 위한 제공이 이미 만들어졌지만(은혜) 각각의 개인이 독자적으로 믿음으로 하나님의 은혜를 받아들이지 않으면 안 되는 것입니다!

믿음만으로 (은혜 없이) 당신을 또한 구원하지 못합니다. 당신은 예수 그리스도를 믿어 그가 대속을 이루신 것(은혜)을 믿어야 합니다. 만약 당신의 믿음이 다른 것들이라면(거룩한 삶, 십일조를 드리는 것, 성경 읽기, 교회 출석 등등), 그것은 구원을 가져오지 못합니다. 당신의 믿음은 예수님과 그분께서 하신 일(은혜)에 있든지, 아니면 당신 자신과 당신이 하는 일(행위들)에 있든지 둘 중 하나입니다. 정말 둘 중 하나입니다. 성경적인 믿음은 항상 예수님을 믿고, 하나님의 은혜가 이미 제공한 것들을 활용합니다.

은혜 대 믿음

저는 은혜의 교사입니다. 저는 하나님께서 우리를 위해 행하신 것을 강조합니다. 이것 때문에 저는 많은 믿음의 사람들에 의해 거절을 당했습니다. 그들은 말하기를 제가 하나님의 은혜를 과장되게 강조하고 우리가 하나님을 위하여 하는 것을 덜 강조한다고 합니다.

저는 또한 믿음의 교사입니다. 저는 하나님께서 이미 행하신 일에 대하여 긍정적으로 반응을 보여야 하는 우리의 책임을 강조합니다. 그것 때문에 저는 은혜를 강조하는 사람들에 의해 거절을 당합니다. 그들은 제가 우리가 해야 할 일에 너무 강조를 한다고 생각합니다.

전반적으로 보면 그리스도의 몸은 일차적으로 믿음과 은혜라는 두 개의 다른 진영으로 나누어져 있습니다. 은혜를 강조하는 사람들은 믿음을 강조하는 사람들을 이해하지 못하고 비판합니다. 그리고 역으로 믿음을 강조하는 사람들도 은혜를 강조하는 사람들을 그렇게 대합니다. 둘 다 그들의 입장을 치우치게 취하는 경향을 갖고 있습니다.

은혜를 강조하는 사람들은 믿음에 관한 설교를 듣는 것을 좋아하지 않습니다. 왜 그렇습니까? 그들은 믿음을 우리가 해야만 하는 것으로 바라보기 때문입니다. 그래서 그들에게 믿음은 하나님의 은혜를 타협하게 하는 것입니다. 그들은 그리스도인의 삶은 전적으로 하나님의 은혜에 기초를 두고 있다고 가르칩니다. 당신의 믿음, 즉 당신이 믿은 것은 은혜와 아무런 상관이 없다는 것입니다. 이것이 은혜만으로는 당신을 해치는 이유입니다!

반면 믿음을 강조하는 사람들은 은혜에 관한 설교를 듣는 것을 좋아하지 않습니다. 왜 그렇습니까? 그들의 초점은 그들이 해야만 하는 것에 열중되어 있습니다. 그들은 믿음 안에서 당신을 어떻게 세워야 하는지, 믿음이 무엇을 이룰 것인지를 토론합니다. 믿음을 강조하는 설교가들은 하나님의 은혜를 언급하고 싶어 하지 않습니다. 왜냐하면 그렇게 하는 것이 사람들로 하여금 적극적이 되어서 어떤 일을 이루고자 하는 동기를 약화시킨다고 느끼기 때문입니다. 그러나 믿음만으로는 당신을 해칠 것입니다!

모든 실수는 하나님의 말씀의 진리를 다른 보조적인 진리들을 희생하면서 과장되게 강조하는 것으로부터 옵니다. (부주의로 혹은 의식적으로) 단순히 한 가지 진리를 택하고 다른 필요한 진리들을 배제하면서 그 진리를 높여버린다면, 오류가 될 것입니다.

균형이 있어야 합니다. 하나님의 말씀에 있는 모든 진리들은 함께 일치하며 조화를 이룹니다. 적절하게 이해할 때 은혜와 믿음은 서로 보충해 줍니다. 당신은 믿음을 통하여 은혜로써 구원을 받았습니다(엡 2:8). 구원은 둘 다 취하는 것이지, 이것이나 저것 하나만이 아닙니다!

저절로 굴러 들어온, 과분한, 공로 없이 얻은

은혜는 다양한 면을 갖고 있습니다. 베드로전서 4:10은 "하나님의 각양 은혜"를 말하고 있습니다. 그래서 은혜는 여러 가지 모양으로 정의를 내릴 수 있습니다.

대부분의 사람들은 은혜를 "공로 없이 얻은 호의"로 정의합니다. 그것은 확실히 사실이지만 그것만으로 불완전합니다. 이런 정의는 은혜가 저절로 굴러 들어오고 과분한 것이라는 진리에 초점을 맞추고 있습니다. 그것은 선물입니다. 만약 당신이 그것을 위해 일했다든지 지불했다든지 또는 그것을 받기 위하여 어떤 최소한의 요구에 응했다면 그것은 은혜가 아닙니다. 은혜는 저절로 들어온, 과분한 그리고 공로 없이 얻은 호의입니다.

하나님의 은혜의 다른 중요한 면은 하나님께서 당신이 구원을 필요로 하기도 전에 당신의 구원을 위해 무언가를 행하셨다는 것입니다. 예수님은 2000년 전에 당신의 죄들을 위해 죽으셨습니다. 당신이 태어나기도 전에, 당신이 죄를 범하기도 전에 말입니다. 당신 자신, 또는 당신이 얻을 수 있고 당신이 받을만한 것과 상관없이 그 이전에, 하나님은 당신의 구원을 준비하셨습니다. 그것이 공로 없이 얻은 호의입니다!

지속적인

은혜는 또한 지속적입니다. 은혜는 우리의 공로에 근거한 것이 아니고, 또한 우리의 어떤 가치나 진가나 공로와 상관없이 그 이전에 이루어진 것이기 때문에, 하나님께서는 "은혜로" 누구에게나 똑같이 대하십니다. 그리스도인에게나 불신자에게나, 하나님을 싫어하는 자에게나 사랑하는 자에게나, 하나님의 은혜는 정확히 똑같습니다.

"모든 사람에게 구원을 주시는 하나님의 은혜가 나타나"
(딛 2:11)

은혜는 예수님이 우리의 대속을 위하여 행하신 모든 것을 포함하고 있습니다. 성경은 하나님의 은혜가 은혜를 갖고 있는 사람과 갖게 될 사람들뿐만 아니라 "모든 사람"에게 나타났다고 말하고 있습니다. 그러므로 하나님의 은혜는 모든 사람에게 똑같습니다.

만약 은혜만이 당신을 구원했다면 누구든지 구원을 받습니다. 하나님의 은혜는 모든 사람들에 지속적이며 모든 사람에게 임했습니다만, 누구나 다 구원을 받는 것은 아닙니다. 예수님께서는 더 많은 사람들이 생명으로 이끄는 좁은 길을 찾기보다는 멸망으로 이끄는 넓은 길을 선택할 것이라고 매우 분명하게 지적하셨습니다(마 7:13). 왜 그렇습니까? 당신은 은혜만으로 구원을 받지 않았습니다. 당신은 믿음을 통하여 은혜로써 구원을 받았습니다. 당신은 구원을 받기 위하여 믿음으로 하나님의 은혜에 반응하지 않으면 안 됩니다.

하나님께서는 당신이나 제게 하셨듯이 아돌프 히틀러에게도 많은 은혜를 부어주었습니다. 그러나 우리가 아는 한 히틀러는 하나님의 은혜를 받지 않았습니다. 하나님만이 알고 계시겠지만, 히틀러가 마지막 순간까지 그의 마음을 바꾸지 않았다면 그는 주님을 거절한 채 그의 삶을 마쳤을 것입니다. 비록 그가 분명히 하나님을 싫어하는 자였을지라도 하나님의 은혜는 그를 향해 늘 지속적으로 남아 있었습니다. 그러나 우리가 알기로는, 히틀러는 은혜를 받기를 거절하였습니다.

하나님의 은혜만이 당신을 구원하지 않습니다. 하나님의 은혜만이 저절로 당신을 치유하지 않습니다. 하나님의 은혜만이 당신에게 복을 주지 않습니다. 하나님의 은혜만이 우리를 위해 어떤 것을 하지 않습니다. 그러나 당신이 믿음과 함께 은혜를 받아들인다면, 하나님의 능력이 나타나 구원이 당신의 삶 속에서 실제가 됩니다.

당신의 긍정적인 반응

믿음은 당신의 행동으로 하나님을 움직이게 만드는 것이 아닙니다. 성경공부, 말씀 고백, 말씀대로 행하는 것 등등이 모든 것이 믿음의 과정 속에 포함되었지만 그들 자체가 "믿음"은 아닙니다. 믿음은 하나님으로 하여금 무언가를 하도록 만들지 않습니다.

사람들이 주님으로부터 더 많은 것을 받지 못하는 중요한 이유들 중의 하나는 "믿음"은 그들이 행하는 무언가에 하나님께서 반응하는 것이라고 생각하기 때문입니다. 행하고 만들어내려고 하면 당신에게 짐이 됩니다. 당신은 어쩌면 '나는 완벽해져서 모든 것들을 할 거야. 그러면 하나님께서 낫게 해주실 거야.' 라고 생각하면서 잠시는 동기 유발을 일으킬지도 모릅니다. 궁극적으로, 어느 누구도 그 정도에 이를 수 없습니다. 어느 누구도 하나님을 감동시킬만큼 선하지 않습니다. 믿음이 하나님을 감동시키지 않습니다. 그분은 꽉 막히신

분이 아니십니다. 그분은 감동을 필요로 하는 분이 아닙니다. 믿음은 하나님께서 무언가를 하시도록 만들기 위해 당신이 사용하는 것이 아닙니다.

성경은 그런 "믿음"을 행위와 율법주의라고 부릅니다. 하나님께서 당신을 위하여 무언가를 하시도록 당신은 어떤 일들을 하고 있는 것입니다. 그것은 육적인 것입니다! 당신은 말씀을 취하고, 고백하고, 기도하고, 일어서서 고침을 받은 것처럼 행동하고 약을 던져버릴 수 있습니다. 그러나 결단코 당신의 그런 행위들이 하나님으로 하여금 당신을 치유하게 하지 않을 것입니다. 실제로, 수고와 율법주의는 하나님께서 이미 이루어 놓으신 것을 물리적으로 나타나게 하는 것을 막습니다. 왜 그렇습니까? 하나님께서는 강요를 받지 않으시기 때문입니다. 하나님께로부터 오는 모든 것은 믿음을 통하여 은혜로 오고 있습니다.

믿음은 하나님께서 은혜로 이미 이루어 놓으신 것에 대한 긍정적인 반응입니다. 만약 당신이 "믿음"이라고 부르고 있는 것이 하나님께서 이미 행하신 일에 대한 반응이 아니라면, 그것은 진실한 믿음이 아닙니다. 믿음은 하나님께서 여러분에게 긍정적으로 반응을 보이도록 애쓰는 것이 아닙니다. 진실한 믿음은 하나님께서 은혜로 행하신 것에 대한 당신의 긍정적인 반응입니다.

믿음은 오직 하나님께서 은혜로써 이미 이루어 놓으신 것을 받아들입니다. 만약 당신이 하나님으로 하여금 새로운 것을 하시게 하려고 애쓴다면 그것은 믿음이 아닙니다. 진실한 믿음만이 하나님께서 이미 이루어 놓으신 것을 받도록, 손을 뻗어 취하도록 합니다.

제 6 장

"내가 가진 것으로"

    은사 운동의 초창기는 격정적이었습니다. 성령 충만한 교회들이 아직 많이 세워지지 않았기 때문에 사람들은 성경 공부 모임, 가정 모임, 조찬 기도 모임들에 모였습니다. 사역자들을 포함하여 관련된 대부분의 사람들이 지난 1, 2년 안에 성령을 받았기 때문에 성숙한 영적 감독이 부족했습니다. 그래서 미성숙함이 많았습니다. 1970년대 초 영광스러운 일들이 많이 일어났습니다. 그러나 많은 무모함 역시 있었습니다!

    그 당시에 여러 뛰어난 성경구절들이 매우 유행했습니다.

하나님을 믿으라 내가 진실로 너희에게 이르노니 누구든지 이 산더러 들리어 바다에 던져지라 하며 그 말하는 것이 이루어질 줄 믿고 마음에 의심하지 아니하면 그대로 되리라 그러므로 내가 너희에게 말하노니 무엇이든지 기도하고 구하는 것은 받은 줄로 믿으라 그리하면 너희에게 그대로 되리라   막 11:22-24

"믿는 자에게는 능히 하지 못할 일이 없느니라"(막 9:23)
　이들 성경구절에 의하면 누구든지 무엇이든 그들이 바라는 것을 하나님께 구할 수 있고, 또한 어느 것이나 가능합니다! 만약 오직 믿음만이 하나님께서 은혜로 이미 이루어 놓으신 것을 사용할 수 있다는 것을 알지 못했다면, 얼마나 당신이 쉽게 실수에 빠져들 수 있는지 아시겠습니까?

당신이 무엇을 구할지라도

　제 고향, 텍사스 주 알링턴에서 한 여인이 이삼십 명의 학생들과 성경 공부를 시작했습니다. 그녀는 마가복음 11:22-24 말씀을 붙들고 케네스 코플란드와 결혼하고 싶은 자신의 바람에 적용했습니다. 그녀는 자신의 믿음을 드러내어 고백하기 시작했습니다. "제가 믿고 받아들입니다. 그리고 그것을 갖게 될 것입니다."
　그러나 케네스는 이미 글로리아와 결혼을 했습니다. 그래서 이 여인은 글로리아를 그녀의 산으로 간주했고 글로리아가 "들리어서", "바다에 던져지라"고 기도를 시작했습니다. 실제로 그녀는 글로리아가 죽어서 케네스와 결혼할 수 있도록 비켜나라고 명령했습니다. 그녀는 믿음의 행위로써 성경 학교 학생들을 초대하여 케네스 코플랜드와 영혼결혼식을 했습니다. 그리고서 그녀는 글로리아가 죽어서 하나님께서 케네스와 자신을 결혼시켜 주실 것을 계속 기다렸습니다.

35년이 지나갔지만 그런 일은 일어나지 않았습니다. 그리고 그 일은 일어나지 않을 것입니다. 하나님께서 "네가 구하는 것이 무엇일지라도"라고 분명히 말씀하고 있는데 왜 일어나지 않았습니까? 당신이 누군가를 저주하며, 그가 죽도록 명령하여, 배우자와 결혼할 수 없는 것은 어째서입니까? 당신은 은행 강도를 계획하며 "제가 마음으로 믿습니다. 백만 불을 훔치려고 합니다. 잡히지 않을 것입니다. 제가 믿고 받아들입니다. 그것이 제 것입니다!"라고 돈을 위해 기도할 수 없는 것은 어째서입니까? 왜 이런 기도들을 할 수 없습니까? 일단 알고 나면 아주 간단합니다. 하나님께서는 그리스도의 대속 안에 은혜로써 살인, 음행, 도둑질은 제공하지 않으셨습니다. 그러므로, 예수님께서 그런 것을 주시지 않았기 때문에 당신의 "믿음"은 아무것도 이룰 수 없습니다.

이미 주어진 것을 받으라

믿음이 하나님을 움직이지 않습니다. 하나님께서 우리가 "믿음으로" 하는 행동에 반응하여 움직이시는 것이 아닙니다. 하나님께서는 은혜로, 모든 것을 이미 주셨습니다. 주님은 당신의 기도나 고백이나 구걸이나 금식이나 다른 사람들과 동의하는 것이나 그 외 그분이 움직이도록 충분하게 보탬이 되게 하는 당신의 행위들을 보지 않으십니다. 그런 일들은 충분한 압력이 가해지면 '꽝' 하고 작동되듯이 하나님의 능력이 작동하게 하는 지렛대와 같은 것이 아닙니다. 주님은 당신의 믿음에 반응하지 않습니다!

만약 그것이 진실한 믿음이라면, 당신의 믿음은 하나님께서 이미 이루어 놓으신 일에 대한 단순한 반응입니다. 하나님께서 은혜로써 모든 사람을 치료하셨습니다. 그분은 전 세계의 모든 죄들과 아픔들을 십자가 위에서 자신에게 짊어지셨습니다. 그가 이미 그것들을 다루셨습니다. 이미 이루어졌습니다. 끝났습니다. 바로 그런 연유로 베드로전서 2:24이 증거하고 있습니다. "그가 채찍에 맞음으로 너희는 나음을 **얻었나니[과거시제]**" 이미 이루어졌습니다. 주님께서 오늘날 사람들을 고치고 계시는 것이 아닙니다. 그는 이천 년 전에 그리스도의 죽음과 장사됨과 부활을 통하여 치유를 제공하셨습니다. 사람들은 믿음으로써 그 치유를 끌어내고 있으며, 오늘날 치유의 나타남을 받고 있습니다. 그러나 하나님께서 오래 전에 치유를 주시기 위하여 필요한 것을 이미 하셨습니다.

치유는 이천 년 전 주 예수 그리스도의 대속을 통해 풀어졌고, 전송됐고, 퍼졌습니다. 당신이 거듭나면 하나님께서 죽은 자들로부터 예수님을 다시 살리신 것과 똑같은 부활의 능력을 당신 안에 두십니다. 더 이상 치유의 능력을 하나님께로부터 얻는 것이 아닙니다. 하나님께서 이미 주셨습니다. 문제는 당신이 믿음으로 손을 뻗어서 취하느냐 마느냐입니다!

당신이 치유를 필요로 할 때, 하나님께서는 그분의 새끼손가락도 들 필요가 없습니다. 사람들은 말합니다. "오, 하나님, 당신의 강한 손을 펼치소서!" 이것은 잘못된 것입니다. 주님께서 이미 치유를 이루셨고 그것을 거듭난 당신의 영 안에 두셨습니다. 치유가 바깥으로 드러나기 위해서는 당신은 그것을 받아야만 합니다. 하나님께서 당신에게 주시게 할 필요가 없습니다. 이미 하나님께서 당신의 영에 주신 것을 육신의 영역에 받아들이기만 하면 됩니다.

자발적인 기다림

제가 나누는 것을 당신이 깨닫게 되면 당신은 하나님으로부터 받는 방법에서 완전히 큰 변혁을 일으키게 될 것입니다! 제가 목회하는 대부분의 사람들은 하나님께서 그들을 치료하게 하려고 애쓰고 있습니다. 그들은 온갖 것을 하면서 기도하고, 수동적으로 앉아서 하나님께서 움직이기를 기다립니다. 그들은 자신을 정당화하기 위해 시편 27:14을 인용합니다.

너는 여호와를 기다릴지어다 강하고 담대하며 여호와를 기다릴지어다

그들은 엄지손가락을 만지면서 한숨을 쉽니다. "자, 이제 하나님 차례입니다!" 이런 류의 "기다림"은 하나님으로부터 효과적으로 받는 법이 아닙니다.

"하나님을 기다리는 것"은 식당의 종업원처럼 되는 것을 의미합니다. 그들은 당신이 뭔가를 하기 위해 기다릴 때 어디엔가 그냥 앉아 있지 않습니다. 그렇습니다! 그들은 당신을 시중들 때 당신에게 집중합니다. 좋은 웨이터는 당신의 음료수 잔이 줄어드는 것을 볼 때 곧바로 와서 채워줍니다. 그들은 자기들이 시중드는 대상과 사이좋게 하는데 매우 민감합

니다. 그들은 끊임없이 묻습니다. "제가 도와드릴 다른 것이 있습니까?", "모든 것이 괜찮습니까?", "뭔가 필요하십니까?" 그런 것이 바로 성경이 언급하고 있는 "기다림"입니다.

하나님의 말씀은 당신이 버스를 기다리는 식으로 주님을 기다리는 것을 주장하지 않습니다. 당신이 기도 중에 "글쎄, 이제 하나님의 법정에 있어. 될 대로 되겠지 뭐. 그분께 달려 있어. 하나님은 내가 한 것을 지켜봤어. 이제 그가 하실 것을 우리가 볼 차례야."라고 말하는 것은 성경적인 원칙이 아닙니다. 그렇습니다. 하나님께서는 그런 당신에게 반응하지 않으십니다!

문제가 일어났을 때 그것은 주님께 새로운 것이 아닙니다. 그분은 당신이 그 문제를 갖기 오래 전부터 당신의 문제들을 아셨습니다. 은혜로써 그분은 당신이 태어나기 전에 그 해결책을 미리 주셨습니다. 하나님께서는 당신이 아프기 전에 치유를 주셨습니다. 하나님께서는 비극과 슬픔과 아픔이 당신에게 오기 전에 기쁨을 주셨습니다. 하나님께서 피할 길을 이미 주셨습니다. 그분이 이미 모든 것을 이루셨습니다. 은혜로써 모든 것이 해결되었습니다! 하나님께서 새로운 일을 하시도록 당신이 기다리는 것이 아닙니다. 그가 이미 이루어 놓으신 것에 당신이 긍정적으로 반응을 보이기를, 하나님께서 기다리고 계십니다.

만약 당신이 "하나님, 제가 이것을 행하였고, 이것을 행하고 있습니다. 그리고 이런 일들을 고백하고 있으니 당신이 저를 고쳐주시도록 기다립니다."라는 식으로 믿어 오고 있었다면 바로 그것이 당신이 치유를 보지 못하는 정확한 이유입니다. 그것은 잘못된 태도입니다. 대신 당신의 생각을 바꾸어 이렇게 기도를 시작해야 합니다. "아버지, 당신께서 저를 이미 고쳐주신 것을 감사드립니다. 당신께서 채찍에 맞음으로 제가 치유를 받았습니다. 죽은 자들 가운데서 예수님을 다시 살리셨던 것과 같은 능력이 이미 제 안에 있음을 믿습니다. 당신께서 이미 주신 것들을 믿음으로 받습니다."

"나에게 명령하라!"

베드로는 성전 문에 앉아 있었던 남자를 하나님께 고쳐달라고 기도하지 않았습니다. 그는 단지 "내게 있는 것으로 네게 주노라!"라고 말했습니다. 그가 어떻게 그렇게 할 수 있었습니까? 베드로는 하나님께서 이미 행하셨다는 것을 알고 있었습니다. 하나님의 신유 능력이 이미 풀어놓아졌다는 것을 베드로는 알았습니다. 어린 양이 죽임을 당하였고 완전한 희생이 이미 이루어졌습니다. 은혜로써 하나님께서 이미 치유를 풀어 놓으셨습니다. 베드로는 '주님께서 그를 치유하실까?'

하며 의문하지 않았습니다. 그 이유는 하나님께서 이미 행하셨다는 것을 알았기 때문입니다.

오늘날 유일한 질문은 "당신은 믿고 받아들일 준비가 되어 있습니까?"하는 것입니다. 만약 당신이 누군가를 위하여 기도하고 있다면, 상대편에서도 어느 정도 믿음이 있어야 합니다. 50 대 50 같은 그런 것이 아닙니다. 만약 당신이 강한 믿음을 갖고 있으면, 당신은 누군가를 이끌 수 있습니다. 만약 그들이 중립에 있다면, 당신은 적어도 그 사람들을 밀고 갈 수 있습니다. 그러나 만약 그들이 막다른 처지에 있거나 또는 "난 하나님께서 치유를 원하신다고 믿지 않아요."라고 말하면서 당신의 반대편에 있다면, 당신은 아무것도 일어나게 할 수 없습니다.

베드로가 그 남자를 도와줄 때 그는 먼저 그 남자를 주목했습니다(행 3:4). 이는 베드로가 그 남자를 뚫어지게 쳐다본 것을 의미합니다. 바울이 사도행전 14:8-10에 나오는 앉은뱅이를 도와줄 때도 같은 행동을 보였습니다. 그렇게 했을 때 바울은 그 사람이 고침 받을만한 믿음이 있는 것을 알았습니다(행 14:9). 베드로가 했던 것이 정확히 바로 그것이었습니다. 베드로는 만약 그 남자를 도와주면 치유를 받을만한 믿음을 그가 갖고 있다는 것을 알았습니다. 그래서 베드로가 말했습니다. "내게 있는 이것을 네게 주노니"(행 3:6) 당신이 은혜를 깨달을 때, 즉 하나님께서 이미 모든 것을 행하셨다는 것을 알게 될 때, 당신은 담대해지며 권위를 갖게 됩니다. 당신은 말 그대로 하나님의 능력이 드러나도록 명령을 내릴 수 있습니다. 왜냐하면 당신은 하나님께서 손수 가셔서 무언가를 행하시도록 명령을 내리는 것이 아니기 때문입니다. 그 대신, 당신은 하나님께서 이미 이루어 놓으신 것을 물리적인 영역에서 드러나도록 명령하고 있는 것입니다.

믿음과 은혜가 어떻게 함께 일하는 지를 깨닫게 되면 당신은 구걸하는 자가 아니라 명령하는 자가 될 것입니다. 그 차이점은 아주 큽니다!

"이스라엘의 거룩하신 이 곧 이스라엘을 지으신 여호와께서 이같이 이르시되 너희가 장래 일을 내게 물으며 또 **내 아들들과 내 손으로 한 일에 관하여 내게 명령하려느냐(명령하라)**"(사 45:11)

그의 손으로 하는 일에 대하여 하나님께서 그의 자녀들에게 말씀하십니다. "내게 명령하라!"

스위치를 켜세요!

전력회사는 발전소에서 전기를 일으킵니다. 그리고서 그들은 전기를 당신 집으로 전달해 줍니다. 그러나 당신의 응접실 조명이 켜지고 안 켜지는 것은 전기를 일으키는 발전소와는 상관이 없습니다. 전력은 거기에 있습니다만 그것은 당신의 명령에 달려 있습니다. 당신은 가서 벽에 있는 스위치를 켜지 않으면 안 됩니다. 당신이 스위치를 켤 때 당신은 전력이 흐르도록 명령을 하고 있는 것입니다.

당신이 전력이 흐르도록 명령을 내리는 유일한 사람이기 때문에 그것이 당신을 발전소보다 더 강하게 만듭니까? 아닙니다! 전력회사가 당신이 그렇게 하도록 원하는 것입니다. 전력회사는 이미 전기를 일으켜서 그것을 당신 집에 전해주며 아울러 당신의 명령 하에 두고 있는 것입니다. 스위치를 켜는 것이 당신이 전력회사로 하여금 무언가 하도록 "강제하는 것"을 의미하지는 않습니다. 당신이 그들로 하여금 하게 "만들 수" 있는 것은, 오직 그들이 이미 동의했던 일들뿐입니다. 당신은 전력이 이미 하려는 목적을 가지고 흘러 들어왔던 그 일들 외에 다른 일을 하게 만들 수 없습니다.

당신은 하나님께서 은혜로써 이미 이루어 놓지 않으신 것을 억지로 하도록 하나님을 강요할 수 없습니다. 하나님(아버지와 아들 전력회사)께서는 이미 그의 역할을 다 하셨습니다. 그리스도의 속량(발전소)을 통하여 당신이 필요로 할 모든 것을 이미 일으켜 놓으셨습니다. 실제로 전력은 이미 당신 집(거듭난 영)에 전달되었습니다. 당신이 할 일이라고는 스위치를 켜는 것뿐입니다! "내 손으로 한 일에 관하여 내게 명령하려느냐" (사 45:11) 당신이 하나님께서 행하신 것을 믿고 믿음으로 그것을 인정하여 손을 뻗을 때 당신은 하나님께서 이미 이루어 놓으신 것이 나타나도록 명령하고 있는 것입니다.

  스위치를 켜는 책임이 당신에게 있습니다! 만약 당신이 응접실 조명을 켜고자 한다면, 전력회사에 "오늘 저녁에 사람들이 파티 모임을 위해 우리 집에 옵니다. 응접실 조명에 불을 켜 주시겠습니까?"라고 말하면서 전화할 수는 없습니다. 그들은 대답할 것입니다. "아닙니다! 전력은 이미 만들어져서 당신 집에 전달되었습니다. 우리는 당신 응접실 조명에 불이 들어오도록 사람을 보내지 않을 것입니다. 그것은 우리 계약에 있지 않습니다. 전력은 당신 명령에 달려 있습니다. 당신이 스위치를 켜십시오."

  전력공급원은 하나님이지 당신이 아닙니다. 당신의 능력이 아니라 그분의 능력입니다. 그러나 그분께서 그 능력을 거듭난 당신의 영 안에 두셨습니다. 당신이 능력을 만들지는 않았지만 그것은 당신 명령에 달려 있습니다.

  하나님께서 은혜로써 당신이 필요한 모든 것을 이미 제공해 주셨습니다. 그러나 당신의 명령에 달려 있습니다. 믿음은 하나님께서 이미 이루어 놓으신 것에 긍정적으로 반응하여 그것을 사용하는 것입니다. 믿음은 영적인 영역에 이르러서 하나님께서 이미 공급하신 것들을 끄집어내어 물리적인 영역에 두는 것입니다. 당신이 이것을 이해한다면, 당신의 삶에 혁명을 일으킬 것입니다!

변명, 변명

대부분의 사람들은 하나님께서 이미 이루어 놓으신 일을 해 달라고 하나님께 구하고 있습니다. 그들은 하나님께서 이미 이루어 놓으신 것을 그들에게 달라고 호소하고 있습니다. 그리고 불신의 방법으로 기도하고 나서 그들은 치유가 나타나지 않는 이유를 궁금해 합니다. 그들은 주님께서 그가 바라는 것은 어느 것이든지 할 수 있다고 생각하기 때문에 궁금해 합니다. "왜 그분이 나를 치료하시지 않지? 하나님께서 내가 좋아지는 것을 원하신다면 지금 당장 나를 치료하실 수 있는데." 그래서 그들은 갖가지의 변명, 예를 들면 "하나님께서 이 시련을 통하여 나를 온전하게 만들고 있구나."와 같은 것으로 결론을 짓습니다. 잘못된 것입니다!

이런 중요한 문제들을 더 조명하기 위해 저는 몇 가지 교육 자료들을 소개하고자 합니다. "영적 권세"를 이해하는 것은 참으로 당신이 이런 것들을 구분하도록 도와줄 것입니다. 또한 제 개인적인 가르침을 담은 『욥기The Book of Job』, 『하나님은 무죄God's Not Guilty』, 『하나님의 주권The Sovereignty of God』은 하나님께서 교훈을 주기 위하여 당신의 삶 속에 고통을 주고 있다는 것이 잘못된 가르침이라는 것을 확실하게 드러내 주고 있습니다. 그것은 전혀 사실이 아닙니다!

사람들은 그들의 실망스러운 경험을 이해하기 위해 잘못된 결론을 내립니다. 그들은 믿음이 하나님을 움직이기 위해 그들이 하는 무언가라고 생각하면서 기도를 합니다. 그들은 하나님께서 그들의 믿음을 평가한다고 믿습니다. 즉 그들이 충분히 정성스러운지 그리고 충분히 일을 했는지를 말입니다. 그리고서 그것에 따라서 그들에게 반응을 한다고 그들은 믿습니다. 그런데 분명한 반응이 보이지 않기 때문에 그들은 "하나님, 왜 제 기도에 응답하시지 않습니까?"하고 궁금해 합니다. 그리고서 그들은 여러 다른 변명들을 가져오기 시작합니다. "아마 그분이 뭔가를 가르치시려고 하나보다. 아마 내가 충분히 거룩하지 못하나보다. 아마 내가 충분히 기도를 하지 않았나보다. 아마 내가 삶 속에서 죄를 범했나보다. 아마 나는 이것저것 그리고 다른 모든 것들을 필요로 하나보다." 아닙니다. 하나님께서는 이미 그의 역할을 하셨습니다!

당신이 하나님께서 이미 행하셨다는 것을 깨닫게 될 때 정죄는 제거됩니다. 만약 하나님께서 모든 것을 이루셨다면 당신이 충분히 거룩하지 않다고 생각할 수 있습니까? 당신이 거듭나기 전에, 당신이 선한 일 혹은 악한 일을 하기 전에, 당신이 태어나기 전에 하나님께서는 당신이 필요로 하는 모든 것을 제공하셨습니다. 그는 당신과 관계없이 은혜로써 제공하셨습니다. 당신이 해야 할 일은 믿음으로 손을 뻗쳐 그것을 붙잡는 것입니다.

당신은 받을 수 있습니까?

그렇게 당신이 구원을 받았습니다! 누군가가 당신에게 만약 당신이 기도하고, 하나님을 찾고, 하나님의 자비를 구걸하고 하소연하며, 금식기도를 하고, 거룩하게 살고, 십일조를 드리고, 진지하고, 신실하고, 절박하게 살아가면 예수님께서 오셔서 당신의 죄를 위하여 죽으셨다고 말했다면 무슨 일이 일어나겠습니까? 만약 구원이 일어날 수 있었는데 아직 일어나지 않았던 것으로서 주어진다면, 마귀는 쉽게 "아마 하나님께서 하실 수 있을 거야. 그리고 그가 아마 다른 사람들을 위해 하셨을지도 모르지. 그러나 너는 너무 _____ (빈칸을 채우세요)하기 때문에 절대로 너를 위해서는 구원하지 않을 거야."라고 당신을 확신시킬 수 있습니다.

전능하신 하나님께서 사람이 되어주셔서 우리의 아픔과 죄를 짊어지시고, 우리의 징계를 당하시고, 지옥에 가시고, 살아나셔서 우리에게 선물로 구원을 주신다고 생각하니 어리둥절하게 됩니다. 그것은 너무 대단한 일입니다! 누군가가 그것을 믿을 수 있는 유일한 방법은 이미 모든 것이 이루어졌고 그리고 성령님이 그들에게 "그래, 내가 했다. 너를 위하여 한 것을 너는 단지 받아들이면 된다."라고 증언해 주는 것입니다. 만약 당신이 구원이 아직 이루어지지 않았다고 또는 구원이 당신이 선한 사람인지 아닌지에 기초를 둔다고 생각했다면 당신은 "구원은 나를 위한 것이 아니다."라고 확신하게 될 것입니다. 그러나 죄 용서가 이미 이루어진 것으로서 주어졌기 때문에 당신은 그것을 받을 수 있었습니다.

치유를 포함한 다른 모든 구원의 유익도 똑같습니다. 이미 제공되었습니다. 십자가 위에서 예수님께서 당신의 모든 죄를 짊어지심과 동시에 당신의 모든 아픔과 질병과 연약함을 짊어지셨습니다.

'하나님께서 나를 치유하실까?' 하고 궁금해 할 필요가 없습니다. 죄 용서처럼 치유도 이미 이루어졌습니다. 그것은 단지 당신이 믿음으로 손을 뻗쳐서 받느냐 받지 않느냐의 문제입니다. 만약 당신이 치유는 이미 이루어졌다는 태도를 가질 수 있으면 그것은 나타나게 될 것입니다. 주님을 찬양합니다!

제 7 장

하나님의 최선

2000년 초에 저는 텍사스 주 루이빌에 있는 교회에서 은혜와 믿음에 관한 목회를 했습니다. 그것은 제가 수천 번 가르쳐왔던 것과 같은 진리입니다(저서 『은혜와 믿음의 균형을 이루는 삶』에서 다룬 것입니다). 저는 믿음이 어떻게 역사하며 몇몇 잘못된 생각들(예를 들어, "믿음"은 하나님께서 장래에 어떤 일을 하실 것이라고 믿는 것이다)을 어떻게 반격해야 하는지에 중점을 두었습니다. 참된 성경적 믿음은 하나님께서 은혜로 이미 이루어 놓으신 것을 믿는 것이라고 가르치면서 저는 치유를 주된 예증으로써 사용했습니다.

크리스 오첸스키 씨는 그날 집회에 참석하여 설교 테이프를 그녀의 아픈 딸에게 갖다 주었습니다. 니키는 하나님을 사랑했고 그분과 친밀한 교제를 나누는 것을 즐겼습니다.

그러나 그녀는 19살 때부터 5년 동안 심한 병을 앓아 왔습니다.

잘못 가르쳐진 믿음

니키는 하나님께서 그녀를 치료하실 것을 믿고 있었지만 아직 그 치유를 받지 않았다고 믿고 있었습니다. 그녀는 하나님으로부터 환상을 받는데 그 환상 중에 그녀가 치료될 것이라고 하나님께서 말씀하셨습니다. 이 때문에 그녀는 믿음을 갖고 있었으며 행복해 했습니다. 매주 만나는 그녀의 의사가 결코 다시 살 수 있을 거라고 기대하지 않았음에도 불구하고 그녀는 하나님을 찬양했습니다.

비록 그녀는 믿음을 갖고 있었지만 그것은 잘못 가르쳐진 것이었습니다. 니키는 하나님께서 장차 그녀를 고쳐주실 것이라고 믿었습니다. 그녀는 하나님께서 무언가를 하실 때까지 수동적으로 기다리고 있었습니다. 그런데 그녀가 하나님께서 어떻게 다 이루셨는지와 믿음은 이미 주어진 것에 손을 뻗어서 사용하는 것이라는 제 설교를 테이프를 통해 들었습니다. "점차적인 기적은 하나님의 최상의 것이 아니다"라는 저의 진술은 처음에 그녀를 몹시 당황케 했습니다.

저는 점차적인 기적을 반대하지 않으며, 그것은 치유를 받는데 잘못된 방법은 아닙니다. 그러나 어떤 방법들이 분명히 다른 방법들보다 더 낫습니다. 모든 사람을 위한 하나님의 최상의 것은 즉각적인 기적입니다. 점차적인 기적이 일어나는 단 하나의 이유는 사람들이 그렇게 믿기 때문입니다. 그들의 생각하는 방식, 즉 그들의 신학은 기적을 점차적으로 드러나게만 합니다.

그녀가 점차적인 기적을 갖게 될 것이라고 하나님께서 말씀하셨기 때문에 니키는 제 설교에 대하여 적대적인 입장을 취했습니다. 그러나 그녀는 하나님과 좋은 관계를 맺고 있었기 때문에 하나님께 여쭈었습니다. 설교 테이프를 들을 때 자신에게 말했습니다. "하나님, 어떻게 생각하세요? 제가 점차적으로 나을 것이라고 말씀하시지 않았습니까?" 하나님께서 그녀에게 말씀하셨습니다. "니키, 그것이 네 믿음이었다. 네가 그렇게 믿어 왔지 않니? 네가 받을 수 있는 전부였어. 네가 있는 수준에서 난 너를 만나주고 있었다. 그러나 나의 최상의 것은 즉각적인 치유이다!"

깨닫게 되자 그녀는 5년 전에 치유를 얻을 수 있었다는 것을 알았습니다. 그녀는 수동적으로 하나님을 기다려 왔고, 즉각적인 치유에 대한 믿음이 없었습니다. 그녀는 믿음과 은혜가 어떻게 합력하여 하나님께서 이미 주신 것을 나타나게 하는지를 이해하지 못했습니다. 그녀의 병고침이 이미 이루어졌다는 것을 깨달았을 때 이것은 그녀에게 계시가 되었습니다.

고쳐진 믿음

그 다음 날, 저는 오첸스키 씨의 집에 갔습니다. 저는 그녀가 저돌적이고 격렬한 믿음으로 손을 뻗어 자신의 치유를 취하도록 기도했습니다(마 11:12). 그때까지 그녀는 혼자서 밥을 먹을 수도 화장실에 갈 수도 없었으며, 심지어 이를 닦지도 못했습니다. 니키는 마비는 되지 않았지만 너무나 약하고 무기력하여 손을 들 수도 없었고, 움직이거나 걷는 것은 물론 아무것도 할 수 없었습니다. 그런데, 제가 도착하자 니키는 일어서서 제 가슴에 손을 대고 밀면서 일어나 걸었습니다!

제가 했던 것은 그녀의 믿음의 초점을 바꾸어 주었을 뿐입니다! 니키는 "믿음"이란 그녀가 행하는 어떤 것이며, 그러면 조만간 하나님께서 반응을 보이사 그녀를 치료해 주실 것이라고 생각했습니다. 제가 그녀에게 확고하게 말했습니다. "아닙니다. 그것은 성경적인 믿음이 아닙니다. 하나님께서 이미 하셨다고 믿어야 합니다. 그리고 믿음으로써 영적인 영역에 들어가 당신의 것을 당당하게 취하십시오!" 니키가 그 계시를 받아들이자마자 치유가 일어났습니다!

이 사건은 저에게도 가르침이 되었습니다. 이 같은 깨달음이 다른 사람의 믿음의 방향을 얼마나 효과적으로 고쳐주는지를 알게 되었습니다. 그래서 할 수만 있으면 저는 많은 사람들에게 이 진리를 나누려고 애썼습니다. 니키의 치유가 이 진리를 드러내는데 너무나 극적이어서 우리는 비디오를 만들어 "니키 오첸스키: 기적의 이야기!"라고 명명했습니다. 이 능력 있는 비디오는 이미 수만 명의 삶에 영향을 미쳤습니다.

저는 근 몇 년간 예전보다 더 많은 사람들의 치유를 보게 되었습니다. 왜냐하면 사람들이 이 진리를 깨닫고 "하나님께서 나를 치료해주시도록 더 이상 구하지 않습니다. 저는 하나님께서 이미 주신 치유를 받고 있습니다."라고 단순하게 말하고 있기 때문입니다. 제가 사람들을 위하여 기도할 때 하나님께서 그들을 치료해 달라고 더 이상 구하지 않습니다. 그 대신에 저는 치유 사역을 합니다. 하나님께서 제게 두신 동일한 치유의 능력을 그들에게 주고 있습니다. 저 자신과 다른 사람들은 무한한 더 나은 결과를 보고 있습니다. 하나님께 영광을 돌립니다!

손을 뻗어서 받으십시오!

이 모든 것은 재정적인 부요에도 적용됩니다. 하나님께서는 당신이 부요해지도록 이미 복과 권능을 명령하셨습니다. 당신은 믿음으로 손을 뻗어서 받는 법을 배우기만 하면 됩니다.

하나님께서는 당신에게 부를 직접적으로 주시지 않습니다. 대신에 부를 얻는 권능을 주십니다. "네 하나님 여호와를 기억하라 그가 네게 재물 얻을 능력을 주셨음이라 이같이 하심은 … (그의) 언약을 오늘과 같이 이루려 하심이니라"(신 8:18)

거듭난 성도로서 당신은 이미 하나님의 부요의 기름부음과 형통의 권능을 갖고 있습니다. 그러나 당신이 이미 갖고 있는 것을 마음으로 믿고 믿음으로 그것을 행동에 옮겨야 합니다. 이 권능을 행동에 옮겨서 부가 드러나는 것을 보는 과정에는 많은 것들이 관련되어 있습니다. 당신은 전심으로 하나님과 그의 나라를 먼저 구하지 않으면 안 됩니다(마 6:33). 하나님을 신뢰하고 드리는 것을 시작해야 합니다. 씨를 뿌리는 것과 거두는 것 사이에 늘 시간이 걸린다는 것을 이해하는 것은 중요합니다. 또한 당신은 나가서 일해야 합니다. 당신이 부에 관한 하나님의 법칙과 적극적으로 협조할 수 있는 실제적인 것들이 많이 있습니다.

하나님께서 이 진리를 제 삶 속 깊숙이 일하게 하셨습니다. 아내와 저는 가난한 목회자로서 몇 번은 거의 굶어 죽을 뻔했던 상황에서부터 이제는 복음을 전하기 위해서 일년내내 매일 시간 시간마다 평균 1,200불을 지출하는 데까지 이르렀습니다. 저는 "주는 것의 은혜와 믿음", 즉 '재정적인 청지기 의식', '축복과 기적', '동역자됨의 능력' 등 당신이 부의 나타남을 더 잘 이해하고 받도록 도와줄 수 있는 여러 가지 가르침을 갖고 있습니다. 형통prosperity이란 한마디로 당신의 삶을 향한 하나님의 뜻을 온전히 이루기 위하여 하나님의 공급을 풍성하게 받는 것입니다. 당신이 이 계시를 붙잡아서 하나님 안에서 당신의 운명을 온전하게 이루기를 기도합니다.

하나님께서 이미 부를 제공해 주셨다는 것을 당신이 믿게 되면 당신은 믿음으로 손을 뻗어 그것을 취하게 될 것입니다. 당신은 거듭난 당신의 영 안에 이미 있는 부를 얻기 위한 권능과 기름부음과 협력하기 시작할 것입니다. 집에 앉아서 TV 드라마를 시청하는 동안 하나님께서 당신의 무릎에 돈다발을 쏟아주도록 기도하는 대신에, 당신은 일어나 나가서 일들을 하기 시작할 것입니다. 왜냐하면 하나님께서 당신이 손대는 모든 일에 복을 주신다고 약속하신 것을 알고 있기 때문입니다(신 28:8, 12).

부를 나타나게 하고 형통을 오게 하는 기름부음을 믿고

일들을 시작할 때, 당신은 그것을 보기 시작할 것입니다. 만약 당신이 집에 앉아서 하나님께서 당신의 지갑에 돈을 마술같이 집어넣어 주시도록 기도하고 기다린다면 당신은 결코 부를 받을 수 없을 것입니다. 하나님께서는 당신이 손대는 일에 복을 주시겠다고 말씀하셨습니다. 백 곱하기 영은 영입니다(100×0=0). 하나님께서 이미 그분의 역할을 마친 것을 믿고 무언가를 하십시오. "하나님, 제가 일한 것을 보셨습니까? 지금 당신의 능력을 드러내십시오."라고 하는 것이 아닙니다. 그렇습니다! 하나님께서 당신이 부요해지도록 기름부으셨음을 믿기 때문에 당신이 일하고 있는 것입니다. 그리고 하나님께서 이미 주신 형통을 드러내기 위하여 믿음으로 권능을 풀어 놓기 위해 행동하고 있습니다. 차이점을 아시겠습니까?

하나님은 이미 움직이셨습니다

고백이 하나님을 움직이게 하지 않습니다. "예수께서 채찍에 맞음으로 내가 나음을 입었다"라고 599번 암송하는 것이 하나님으로 하여금 당신을 치료하게 한다고 생각한다면 잘못된 것입니다. 당신은 하나님께서 무언가를 하도록 만들 수 없습니다. 믿음이 하나님을 움직이게 하지 못합니다. 하나님께서는 은혜로써 그가 하시려고 하는 만큼 많이 이미 움직이셨습니다. 그는 이미 모든 것을 제공하셨습니다. 당신이 필요로 하기 전에 이미 당신이 필요로 하는 것은 충분하게 공급되었습니다. 하나님께서 이미 하셨기 때문에, 당신의 마음에 격려를 주고 마귀를 몰아내도록 하나님의 말씀을 고백하는 것입니다. 당신이 정말로 믿기 위해서 하나님의 말씀을 599번 고백해야 될지는 모르겠습니다만(롬 10:17), 하나님께서는 움직이실 필요가 없습니다. 그분은 이미 움직이셨습니다. 고백은 당신을 믿음으로 인도하며, 당신이 원하는 것이 나타나도록 마귀를 쫓아냅니다(계 12:11).

하나님께서 당신을 사랑하도록 성경을 읽을 필요가 없습니다. 성경을 읽어보면 하나님께서 이미 사랑하신 것보다 더 사랑하거나 혹은 덜 사랑할 수 없음을 알게 됩니다. 그러나 당신이 성경을 읽으면 당신은 하나님을 더 사랑하게 되고, 그렇게 하지 않으면 하나님을 덜 사랑하게 됩니다. 그분의 사랑은 변하지 않습니다. 당신의 사랑이 변하는 것입니다. 하나님께서는 당신의 삶 속에 이미 두신 이 사랑과 모든 것을 끄집어내는 것들을 그분의 말씀 속에 두셨습니다.

거룩하게 사는 것이 하나님으로 하여금 당신을 더 사랑하게 하는 것이 아닙니다. 거룩한 삶이 부족하다고 해서 하나님이 당신을 덜 사랑하는 것도 아닙니다. 하나님은 은혜로써 모든 사람에게 동일하게 대하십니다. 그러나 당신이 거룩하지 않으면 당신은 그만큼 하나님을 사랑하지 않게 됩니다. 죄로 인하여 당신의 마음이 완악하게 되어 하나님의 일들에 대하여 죽은 자가 될 것입니다(히 3:13).

당신은 하나님의 말씀을 공부하며, 다른 성도들과 교제를 나누며, 선한 일들을 행할 필요가 있습니다. 그러나 하나님을 움직이게 하기 위하여 그런 것들을 행하지는 말아야 합니다. 하나님께서는 이미 움직이셨습니다. 하지만 당신은 믿음으로 영적 영역에 손을 뻗쳐서 받지 않으면 안 된다는 것을 인정해야 합니다. 예배에 참석하고, 성경을 읽고, 좋은 성경 가르침을 듣는 것이 하나님으로 하여금 당신의 삶으로 들어오게 하는 것이 아닙니다. 그것들은 당신의 믿음을 돕는 것입니다!

심지어 이 책을 읽는 것이 하나님으로 하여금 당신을 더 사랑하도록 만들지 않습니다. 하나님께서 당신을 내려다보시고 이렇게 말하지 않습니다. "네가 앤드류의 책을 읽었으니 별 세 개를 주마. 별 여섯 개를 받게 되면 한 가지 기도 응답을 받게 될 거야!" 아닙니다. 하나님께서는 그런 식으로 일하시지 않습니다! 하나님은 당신을 사랑하십니다. 그리고 당신이 이 책을 읽든지 안 읽든지 당신을 향한 그분의 은혜는 같습니다. 그러나 이런 계시가 없다면, 하나님과 그분의 은혜를 향해서 당신은 차이가 날 것입니다. 이런 계시가 없다면, 당신의 삶 속에 역사하는 믿음의 수준이 차이가 날 것입니다. 이런 가르침은 당신의 믿음을 도와줍니다. 하나님이 이미 하신 일에 대해 긍정적인 반응을 보이는 믿음을 갖게 해 줍니다.

성경을 읽는 것과 예배 출석이 당신을 도와줍니다. 성경 공부와 다른 성도들과의 교제가 하나님에 대한 당신의 사랑을 일어나게 합니다(히 10:23-25). 그러나 만약 당신이 결코 예배를 드리지 않거나 성경을 다시는 읽지 않는다 할지라도 하나님께서는 정확히 당신을 똑같이 사랑하실 것입니다. 그러나 그것은 어리석은 짓입니다. 왜 당신은 당신이 믿음으로 걸어가는 것을 돕기 위하여 하나님께서 당신에게 주신 것들로부터 스스로를 끊어놓으려고 하십니까?

믿음은 은혜에 반응합니다

비록 당신이 그런 것들을 한다 할지라도 당신의 행동이 하나님의 반응을 일으킨다고 절대 생각하지 말아야 합니다. 그분은 결단코 우리에게 반응하시지 않습니다. 하나님은 은혜로 이미 모든 것을 이루어 놓으셨습니다. 그리고 믿음이 그분에 대한 우리의 반응입니다. 육체, 행위, 율법주의는 하나님으로부터 긍정적인 반응을 구걸하기 위하여 많은 것들을 행하려고 애를 씁니다. 그러나 하나님은 어느 누구와도 그의 영광을 결코 나누지 않는다고 말씀하셨습니다. 당신은 하나님으로 하여금 당신을 구원하고 치료하고 번영케 하도록 "만들지" 않았습니다. 그분이 이미 하신 것입니다. 당신은 단지 믿음으로 손을 뻗어 그가 이미 주신 것을 사용하도록 긍정적인 반응만 보이면 되는 것입니다.

하나님이 이미 이루신 것을 나타나게 하려고 당신의 믿음을 사용하여 하나님으로 하여금 무언가를 하시도록 만들려고 시도하지 말아야 합니다. 당신은 하나님을 움직이게 할 수 없습니다. 그러나 당신은 믿음으로써 그가 이미 주신 것이 드러나게 할 수 있습니다. 그것은 큰 차이점입니다!

믿음은 단순히 하나님이 이미 하신 일에 대한 당신의 긍정적인 반응입니다. 당신은 영광을 얻지 못합니다. 당신이 무언가가 일어나도록 만들었다고 말할 수 없습니다. 그것은 하나님의 권능이지 당신의 권능이 아닙니다. 그분은 당신이나 당신이 한 일에 대응하신 것이 아닙니다. 당신은 단지 그분의 은혜에 반응한 것입니다!

다른 하나를 제쳐두고 믿음 또는 은혜만을 취하는 것은 당신을 해치게 됩니다. 그것들은 하나님께서 당신이 즐기도록 의도하신 풍성한 삶을 경험하도록 서로 보완해 주고 있습니다. "하나님을 움직이도록 무언가를 행하라"고 가르치는 믿음은 당신을 해칠 것입니다. 당신은 육체에 매여서 좌절하게 되고, 율법주의가 되며, 수고 지향적인 믿음으로 떨어지고 말 것입니다. 반면 지나친 은혜주의 역시 당신을 해칠 것입니다. 만약 그것이 "하나님께서 모든 것을 하시고, 당신은 아무것도 할 필요가 없다"라는 것이라면, 그에 따른 수동성은 하나님이 이미 이루어 놓으신 것을 당신의 삶 속에 드러나지 않게 할 것입니다. 그리고 당신은 하나님이 은혜 가운데 주시고 그의 말씀으로 분명히 약속하신 풍성한 삶을 경험하지 못한 이유에 대하여 별의별 변명을 늘어놓아야만 할 것입니다. 은혜와 믿음은 함께 일하지 않으면 안 됩니다.

"내가 더 많이 수고하였으나"

바울은 이 진리를 깨닫고 살았습니다. "그러나 내가 나 된 것은 하나님의 은혜로 된 것이니 내게 주신 그의 은혜가 헛되지 아니하여 내가 모든 사도보다 더 많이 수고하였으나 내가 한 것이 아니요 오직 나와 함께 하신 하나님의 은혜로라"(고전 15:10)

바울은 하나님의 은혜와 협력했습니다. 그는 그것을 얻으려고 수고하지 않았습니다. 그러나 은혜가 찾아오자 그는 믿음으로 수고하여 하나님이 이미 이루어 놓으신 것에 손을 뻗어 받았습니다. 그것은 놀라운 계시입니다!

하나님이 당신에게 깨달음과 지혜를 주사 은혜와 믿음의 이 계시를 조화시켜 그것을 당신의 매일 삶 속에 적용하도록 기도합니다. 이 책의 나머지 부분은 지금까지 만들어 놓은 기초 위에 쌓아올릴 것입니다. 제가 몇 가지 것들을 나누어 당신을 격려하며 성공적으로 이 진리대로 걸어가도록 도와주고자 합니다.

제 8 장

성령으로 보니

우리는 이미 복을 받았습니다(엡 1장). 하나님께서 이미 이루어 놓으셨습니다. 그분은 그리스도 안에서 모든 신령한 복들을 이미 우리에게 주셨습니다. 우리 안에는 죽은 자들 가운데서 그리스도를 다시 살리신 것과 같은 능력이 있습니다(엡 1:19-20). 우리가 필요로 하는 모든 것은 이미 주어졌습니다. 하나님께서 하시도록 요구하는 문제가 아니라 오히려 이미 이루어진 것이 드러나도록 풀어 놓는 믿음이 있어야 합니다.

하나님은 은혜로써 이미 모든 것을 이루어 놓으셨습니다. 믿음은 하나님을 움직이게 하기 위하여 우리가 무언가를 해야 하는 것이 아닙니다. 오히려 하나님께서 이미 하신 것에 대해 확신하는 반응을 가져야 합니다. 하나님께서 이미 이루어 놓으셨으니 믿음은 단순합니다. 그것은 투쟁이 아닙니다. 우리들은 하나님을 강요하기 위하여 이런 모든 것들을 할 필요는 없습니다. 믿음은 하나님께서 이미 하신 일에 대하여 확신하며 단순히 반응하는 것입니다.

"어떻게 이런 일이 일어날 수 있습니까?"

많은 사람들이 궁금해 합니다. '어떻게 이런 일이 일어날 수 있을까?' 그것은 그들의 회로에 과부하가 걸려서 폭발하기 시작한 것과 같습니다.

그들은 이렇게 말합니다. "난 비참하고 우울증과 싸우고 있습니다. 하나님은 하려고 하신 것을 이미 이루어 놓으셨고 내가 이미 치유되었다는 당신의 말을 이해할 수 없습니다. 그것은 맞지 않는 말입니다. 여기 의사 소견서가 있습니다. 이것이 잘못된 것을 증명하고 있습니다!" 또는 그들의 몸에 나타나는 고통과 다른 증상들을 느끼면서 결론을 내립니다. "아니야, 난 낫지 않았어." 많은 사람들에게는 이런 진리들이 단순히 믿음 밖의 것입니다. 왜냐하면 진리는 그들이 현재 육체적인 영역에서 경험하는 것들과 너무나 대조적이기 때문입니다.

그러나 성경은 하나님께서 이미 당신에게 복을 주셨다고 분명히 가르치고 있습니다. 당신은 죽은 자들 가운데서 예수 그리스도를 다시 살리신 것과 같은 능력을 갖고 있습니다. 모든 것들이 이루어졌고, 당신은 이미 그것을 갖고 있습니다. 영적 영역 안에서 말입니다!

하나님은 이미 움직이셨고 모든 신령한 복을 우리에게 주셨습니다. 우리가 필요로 하는 기쁨, 평안, 지혜, 계시, 지식 등이 이미 주어졌습니다. 그러나 그것은 모두 영적 영역에 속합니다.

만약 하나님께서 당신을 위하여 이미 주신 모든 것들이 영적 영역 안에 있다는 것을 이해할 수 없다면, 당신은 제가 말하고 있는 이 진리를 놓치게 될 것입니다. 왜 그렇습니까? 왜냐하면 육체적 영역은 영적 영역에서의 진리를 정확히 반영하지 못하기 때문입니다. 믿음은 영적 영역에서 참되고 실질적인 것을 물리적 세계로 가져오는 다리처럼 작용합니다. 아주 소수의 성도들만이 그들의 믿음이라는 다리를 통하여 하나님이 이미 이루어 놓으신 것을 자연적인 실재로 건너오게 합니다. 우리는 하나님께서 이루신 일들이 나타나는 것을 매우 많이 보지 못하고 있습니다.

나의 새로운 신분

하나님께서 제게 주신 분명한 첫 번째 계시들 중의 하나는 제가 의롭게 되었다는 것입니다. 저의 공로로 획득한 의로움이 아니라 그분의 사역을 토대로 제게 주신 선물이었습니다(고후 5:21). 그것은 제가 거룩한 삶을 살았거나 모든 것을 바르게 행동함으로써 온 것이 아닙니다. 제가 거듭 났을 때 예수 그리스도께서 저의 의가 되어 주셨습니다(고전 1:30). 제 거듭난 영은 의와 진리의 거룩함으로 새롭게 되었습니다(엡 4:24). 저의 새로운 본성은 의롭게 지음을 받았습니다. 제가 되어 가고 있거나 계발한 것이 아닙니다. 저의 영은 의롭습니다. 다른 거듭난 성도들 역시 마찬가지입니다.

저는 하나님의 말씀과 제 심령 안에서 이 진리를 보았습니다. 그러나 제 경험으로 그것을 이해할 수 없었습니다. 거울을 통해서 여드름, 주름, 불룩한 배를 보았습니다. 때때로 저의 감정과 생각 속에는 분노, 괴로움, 탐욕과 다른 많은 더러운 것들이 있었습니다. 이런 모든 것들을 고려해 볼 때 제가 예수님과 같지 않음을 알았습니다. 가끔 저는 성경이 의롭게 되는 것, 즉 하나님 앞에 바로 서는 것을 말할 때 그것은 생각, 감정, 행동 속에서 죄가 없는 완전함을 의미한다고 생각했습니다. 그래서 부지런히 육체적인 행동(몸)과 생각과 감정

(정신 감정적 영역, 혼)을 살펴보았지만, 저는 여전히 의 righteousness를 이해할 수 없었습니다. 저는 오랫동안 이것을 가지고 참으로 갈등을 했습니다. 그런데 하나님께서 제게 영, 혼, 육에 관한 계시를 주셨습니다(더 자세한 연구는 저의 책 『영혼육』을 보세요).

영, 혼, 육의 계시를 통하여 성경이 저를 의롭다고 말할 때 그것은 제 생각, 감정, 행동, 육체를 말하는 것이 아니라 제 거듭난 영을 말하고 있음을 알게 되었습니다. 제가 영으로 그것을 이해하기 시작하자 저는 완전히 변했습니다. 저는 새로운 피조물입니다. 새로운 제가 있습니다!

"그런즉 누구든지 그리스도 안에 있으면 새로운 피조물이라 이전 것은 지나갔으니 보라 새 것이 되었도다"(고후 5:17)

제 영으로 그것을 인식하기 시작하자 저는 완전히 새로운 사람이 되었습니다. 제가 거울로 들여다보는 것과 마음으로 생각하는 것, 제 행동으로 관찰하는 것을 멈추었을 때 그리스도인의 삶 속에서 승리를 경험하기 시작했습니다. 말씀에서 말하고 있는 영으로 저의 정체성을 바꾸면서 약속된 풍성한 삶이 드러나는 것을 즐기기 시작했습니다(요 10:10). 그것이 어떻게 일어났을까요? 하나님의 말씀을 통하여 일어났습니다!

"이 세상에 있는 우리 역시 마찬가지입니다"

하나님의 말씀만이 영적 세계의 유일하게 신뢰할 수 있는 정확한 진술입니다. 예수님이 선포하셨습니다. "살리는 것은 영이니 육은 무익하니라 내가 너희에게 이른 말은 영이요 생명이라"(요 6:63)

하나님의 말씀은 신령합니다. 성경은 진실로 영적 영역 안에서 일어나는 것을 말해주고 있습니다. 그런 이유로 어떤 사람들이 하나님의 말씀을 이해하는데 많은 곤란을 겪고 있습니다. 그들은 성경이 말하고 있는 영적인 것을 자연적 영역에서 이해하려고 합니다. 예를 들면, 요한일서 4:17에서는 말합니다. "…주께서 그러하심과 같이 우리도 이 세상에서 그러하니라" 당신의 육체적 행동(몸)이나 당신의 생각과 감정(혼)에 관하여 말하고 있는 것이 아닙니다. 왜냐하면 하나님의 말씀은 언젠가(미래, 당신이 천국에 도착할 때) 당신의 (썩게 되는) 몸과 혼이 (썩지 아니함을 입게 되는) 완전함에 이르는 변화 과정을 완성시킬 것이라고 분명히 계시하고 있기 때문입니다(고전 13:9-12, 15:50-54). 그러나 그리스도는 지금 이 순간 완전하십니다. 그렇다면 예수님처럼 이미 완전한 당신의 부분은 무엇입니까? 그것은 당신의 거듭난 영입니다!

지금 이 순간 예수님이 그러하듯이 이 세상에 있는 당신

역시 마찬가지입니다. 우리는 하늘에 이를 때에 관해 이야기하고 있지 않습니다. 지금 여기 이 땅에서의 일을 의미합니다. 당신은 예수님처럼 정확히 행동하고 있다고 말할 수 없습니다. 당신은 저보다 더 낫게 행동할지도 모릅니다. 또 전에 했던 것보다 더 낫게 행동할지도 모릅니다. 하지만 당신은 예수님께서 하신 것처럼 물리적으로, 정서적으로, 정신적으로 정확하게 모든 것을 드러내고 있지 않습니다. 요한일서 4:17을 이해하는 유일한 방법은 그것이 당신의 거듭난 영에 관하여 말하고 있음을 깨닫는 것입니다. 영 안에서 당신은 완벽한 새로운 사람입니다. 영원토록 있을 참된 당신은 그리스도 안에 있는 당신입니다. 그리스도 안에서 누군가로 사는 것은 성경이 말하는 "성령을 좇아 행하는 것"입니다(갈 5:16). 만약 당신이 그렇게 살기 시작하면 당신의 삶 속에 있는 하나님의 능력이 드러나는 것을 발견하게 될 것입니다.

영적 거울

하나님의 말씀은 영적인 거울입니다. 당신이 그것을 들여다볼 때 당신이 영 안에서 누구인지를 알게 됩니다(고후 3:18). 당신 안에 있는 그리스도, 영광의 소망(골 1:27)을 늘

비춰 줍니다. 이것이 야고보서 1:22-25에 있는 특별한 빛을 빛나게 합니다.

> 너희는 말씀을 행하는 자가 되고 듣기만 하여 자신을 속이는 자가 되지 말라 누구든지 말씀을 듣고 행하지 아니하면 그는 거울로 자기의 생긴 얼굴을 보는 사람과 같아서 제 자신을 보고 가서 그 모습이 어떠했는지를 곧 잊어버리거니와 자유롭게 하는 온전한 율법[신약 시대에는 말씀]을 들여다보고 있는 자는 듣고 잊어버리는 자가 아니요 실천하는 자니 이 사람은 그 행하는 일에 복을 받으리라

당신이 거울(하나님의 말씀)을 들여다보면서 그리스도 안에 있는 당신의 정체성(영 안에 있는 당신)을 발견하고 그 지식에 따라 믿음으로 행할 때, 당신 안에 있는 하나님의 생명이 드러나는 것을 보게 될 것입니다.

만약 당신의 머리모양이 엉망이라고 말했다면 당신은 그런지 안 그런지 어떻게 알겠습니까? 느낌만으로는 알 수 없습니다. 알 수 있는 유일한 방법은 거울을 들여다보는 것입니다. 그러면 당신이 그것을 믿게 되고 그것에 따라서 행동하게 됩니다. 만약 머리가 엉망이면 빗질을 할 것입니다. 당신은 진실을 말해주는 거울을 신뢰합니다.

그러나 거울로 보는 것은 단지 비춰지는 것뿐입니다. 실재가 아닙니다. 당신은 당신의 얼굴을 전에 진짜로 본 적이 없었습니다. 사실입니다. 생각해 보세요. 당신은 거울 속에 있거나 사진이나 그림에서 보이는 당신의 영상을 지켜봤던 것이지, 당신의 얼굴을 직접적으로 본 적은 결코 없었습니다. 당신 얼굴의 초상이 정확한 지를 어떻게 압니까? 서커스나 축제에서 볼 수 있는 우스꽝스러운 거울을 본 적이 있습니까? 잡지 속에 있는 사람들의 사진은 "손질되어" 있다는 것을 누구나 알고 있습니다. 그리고 캐리커처caricature조차 예술의 한 형태로 생각합니다. 그러므로 거울 속으로 보고 있는 이미지가 사실인 것을 신뢰하지 않으면 안 됩니다.

당신이 하나님의 말씀의 영적 거울을 들여다볼 때 이와 같습니다. 하나님의 말씀은 그리스도 안에서 당신이 누구인지 그리고 당신이 어떤 사람인지를 말해주고 있습니다. 그것은 영적인 진리와 영적 세계에서 일어나고 있는 것을 드러내 주고 있습니다. 만약 당신이 생명과 평강을 경험하고 싶다면 영적인 마음을 가진 자가 될 필요가 있습니다. "육신의 생각[반드시 범죄한 것은 아니지만 자연적인 생각]은 사망이요 영의 생각은 생명과 평안이니라"(롬 8:6)

자연적인 영역에서 보고, 맛보고, 듣고, 냄새 맡고, 느끼는 것으로 지배 받는 동안에는 당신은 결단코 하나님의 초자연적인 것들 속으로 옮겨가지 못할 것입니다. 만약 오감이 말해 줄 수 있거나 확인해 줄 수 있는 것이 아닌 것들을 믿을 수 없다면, 당신은 육신의 생각을 가진 자입니다. 만약 당신이 믿기 전에 과학적으로 실험하여 무언가가 증명되어야 한다면, 당신은 자연적인 영역에 잡혀 있는 것입니다. 하나님은 영이십니다. 그리고 그분은 영적 영역에서 일하십니다(요 4:24). 하나님과 함께 초자연적으로 흘러가고자 한다면 그리고 생명과 평안을 즐기고자 한다면 당신은 영적인 마음을 가진 자가 될 필요가 있습니다.

제 9 장

영적 세계는 실재합니다

　어떤 사람들은 성경 속에서 하나님께서 행하신 것을 보고 있지만 이런 벽에 부딪칩니다. "성경은 내가 이미 모든 것을 갖고 있다고 말하지만 나는 복을 받지 않은 것 같고 치유된 것 같지 않습니다. 그리고 능력과 하나님의 기름부음은 확실히 갖고 있지 않아요. 내 손이나 어느 것에도 전율이 없습니다. 그런데 당신은 내가 병을 고칠 수 있고 죽은 자를 살릴 수 있고 또 다른 것을 할 수 있다고 어떻게 말할 수 있습니까?" 그것은 물리적 영역이 아닌 영 안에서 입니다. 다른 두 세계가 있습니다.

　열왕기하 6장에 보면 아람 왕이 이스라엘 왕과 전쟁 중이었습니다. 그는 이스라엘의 군대를 무너뜨리기 위하여 복병을 보냈습니다. 그러나 그가 이런 조치를 할 때마다 이스라엘

복병이 거기에서 그를 기다리고 있었습니다. 그것은 마치 이스라엘 왕이 아람 왕의 전투 계획을 사전에 아는 듯 했습니다.

이런 일이 여러 번 일어나자 아람 왕은 매우 당황하였습니다. "이러므로 아람 왕의 마음이 불안하여 그 신복들을 불러 이르되 우리 중에 누가 이스라엘 왕과 내통하는 것을 내게 말하지 아니하느냐 하니"(왕하 6:11)

간단히 그는 "누가 반역자냐? 여기에 있는 누군가가 스파이임에 틀림없다!"라고 물었습니다.

"그 신복 중의 한 사람이 이르되 우리 주 왕이여 아니로소이다 오직 이스라엘 선지자 엘리사가 왕이 침실에서 하신 말씀을 이스라엘의 왕에게 고하나이다 하는지라"(왕하 6:12)

하나님의 말씀을 듣고 있었던 엘리사가 이스라엘 왕에게 돌아가는 상황을 계속 알려주었습니다. 왕은 선지자가 영으로 보고 들은 것을 신뢰했고, 따라서 그가 조언한대로 행동했습니다. 그래서 그는 매번 아람 왕의 군대를 물리칠 수가 있었습니다.

영적 진리 대 육적 진리

그래서 아람 왕은 엘리사를 잡으려고 마음 먹었습니다.

> 왕이 이에 말과 병거와 많은 군사를 보내매 그들이 밤에 가서 [엘리사가 있던] 그 성읍을 에워쌌더라 하나님의 사람의 사환이 일찍이 일어나서 나가보니 군사와 말과 병거가 성읍을 에워쌌는지라 그의 사환이 엘리사에게 말하되 아아, 내 주여 우리가 어찌하리이까 하니   왕하 6:14-15

사환이 그의 공포를 옛 영어 표현 방식으로 말했습니다. 이 사람은 군대를 보고 왜 그들이 거기에 있었는지를 알게 되자 공포에 빠졌습니다. 그의 주인 엘리사가 아람 왕의 전쟁 계획을 이스라엘 왕에게 알려왔던 것을 그는 알았습니다. 그러나 선지자의 반응에 주목하십시오.

"두려워하지 말라 우리와 함께 한 자가 그들과 함께 한 자보다 많으니라"(왕하 6:16)

인생에서 보고, 맛보고, 듣고, 냄새 맡고, 느끼는 것을 넘어서 다른 것이 더 있다는 것을 깨닫지 못하는 사람들은 엘리사를 보고 "그가 거짓말을 했다!"라고 말합니다. 그들에게는 육신의 영역 너머에는 어떤 실재가 없습니다. 그래서 그들은 믿음으로 살아가는 사람들을 이해하지 못합니다. 그들은 믿는 자들이 실제로 낫지도 않았는데 낫게 될 것이라는 바람으로 치유받았다고 말한다고 생각합니다. 한번은 이런 설교를 들었습니다. "당신은 그렇게 되기 위해선 그렇지 않을 때에 그렇다고 말해야만 합니다." 그것은 사실이 아닙니다! 그것은 거짓이요, 기만이요, 심리적인 조작입니다. 믿음의 사람은 영 안에서 사실이지만 육적 영역에서는 아직 드러나지 않은 것을 말하고 있는 것입니다.

당신은 영적 진리와 육적 진리가 언제나 같지 않다는 것을 인식할 필요가 있습니다. 그러나 당신이 영적 진리를 믿고 말하고 그에 따라 행동하면 육적 진리를 극복하게 됩니다. 하나님의 영원한 말씀에 대한 당신의 흔들리지 않는 믿음이 반대적인 일시적 영역을 변화시키는 것입니다. 이것이 바로 영적으로 이미 진리인 것이 물리적으로도 진리인 이유입니다.

진짜로 믿음대로 사는 사람은 하나님이 이미 하신 일을 영으로 고백합니다. 이것이 비록 은행 잔고가 없는 상태이지만 "나는 축복받았습니다! 내가 필요한 모든 것을 갖고 있습니다. 나는 부유한 사람입니다."라고 말하는 것이 진실인 이유입니다. 고통과 다른 증상들로 인해 무너져 내리고 있을 때 "그가 채찍에 맞음으로 나는 나음을 입었습니다. 나는 이미 치유를 받았습니다. 예수님, 감사합니다!"라고 선포할 수 있는 이유입니다. 그 일이 일어날 때까지 단지 '속이고' 있는 것이 아닙니다. 계속해서 믿으면 영적으로 사실인 것이 결국 육적 영역에서 드러나게 됩니다.

엘리사가 그렇게 했습니다. 그가 선포했습니다. "두려워 하지 말라 우리와 함께 한 자가 그들과 함께 한 자보다 많으니라"(왕하 6:16) 만약 모든 실재가 단지 보고, 맛보고, 듣고, 냄새 맡고 느끼는 물리적인 세계에만 있었다면 엘리사 선지자는 거짓말을 하고 있는 것입니다. 그러나 진짜 영적인 세계가 있습니다.

"여호와여 저의 눈을 열어 보게 하옵소서"

그러나 엘리사의 종은 그의 주인이 하던 대로 믿음을 사용하지 않았습니다. 분명히 선지자의 확신에 찬 대답은 그를 놀랍게 했습니다. 그래서 엘리사가 기도했습니다.

"여호와여 원하건대 그의 눈을 열어서 보게 하옵소서 하니 여호와께서 그 청년의 눈을 여시매 그가 보니 불말과 불병거가 산에 가득하여 엘리사를 둘렀더라"(왕하 6:17)

그 청년의 육신의 눈은 이미 넓게 열려졌습니다. 단언하건대 그의 두 눈은 접시만큼 커서 거기에 있는 아람 군대들을 보았습니다. 그러나 하나님이 그의 마음의 눈을 열리게 하시어 그는 영으로 볼 수 있었습니다. 그 까닭에 그는 그들 주위에 있는 불말과 불병거를 볼 수 있었던 것입니다.

당신은 보이지 않는 것을 보는 능력을 갖고 있습니다. 육신의 눈으로 이해할 수 있는 것으로 당신을 한계 짓지 말아야 합니다. 하나님의 말씀을 통해 단순히 육적 세계 너머에 있는 것을 봐야 합니다. 당신의 마음의 눈으로 영 안에서 볼 수 있습니다!

예수님께서 "귀 있는 자는 들을지어다"(마 11:15)라고 말씀하셨을 때, 바로 이와 같은 추론을 사용하셨습니다. 듣고 있던 모든 사람은 얼굴에 있는 물리적인 귀를 가지고 그분이 말씀하시고 있는 것을 들었습니다. 그러나 예수님께서는 심령으로 듣고 그의 말씀을 그들의 내면 깊숙한 곳으로 받아들이는 사람들을 언급하고 있는 것입니다.

하나님과 동행하고 위업을 얻고자 한다면 당신은 오감으로 이해할 수 없는 것을 심령 안에서 인식할 수 있어야 합니다. 엘리사가 그의 종을 위하여 기도한 것이 바로 이것입니다. 하나님께서 응답하시어 종의 영적인 눈을 열어주셔서 그들 주위를 둘러싸고 있는 천사들을 보게 했습니다.

종이 천사들을 보았을 때 그 천사들이 도착했던 것이 아니었습니다. 그들은 이미 거기에 있었습니다. 그가 몰랐던 것뿐입니다.

믿는 것이 보는 것이다

하나님의 말씀은 엘리사의 눈도 열려 있었다는 암시를 주고 있지 않습니다. 그는 그것을 보지 않았습니다. 왜냐하면 그럴 필요가 없었기 때문입니다. 그는 하나님의 약속을 토대로 그것을 믿었습니다.

하나님께서 그 때까지 이미 많은 약속들을 주셨습니다. 다윗은 그 당시에 선지자로 시편 91:11-12을 포함하여 많은 것들을 기록하였습니다.

"그가 너를 위하여 그의 천사들을 명령하사 네 모든 길에서 너를 지키게 하심이라 그들이 그들의 손으로 너를 붙들어 발이 돌에 부딪히지 아니하게 하리로다"(시편 91:11-12)

천사들에 관하여도 역시 다른 많은 약속들이 있었습니다. 게다가 엘리사는 이전에 불말과 불병거를 육체적으로 본 적이 있었습니다(왕하 2:11-12). 분명히 엘리사는 믿었습니다. 그는 볼 필요가 없었습니다.

믿는 자들로서 우리는 결코 이해하지 못했던 많은 영적 진리들과 실재들을 우리 내면과 주변에서 갖고 있습니다. 육체적인 성향에 의해 지배를 받게 될 때는 우리의 오감으로 이해할 수 있는 것만 믿으며 제한시킵니다. 우리는 육적인 영역을 뛰어넘어 진짜 영적인 세계가 있다는 것을 인정해야 합니다.

영 안에서 하나님께서 이미 당신을 치유하셨습니다. 그는 당신을 향한 그의 축복을 이미 명령하셨습니다. 기쁨, 평강, 사랑이 당신에게 주어졌습니다. 이런 모든 것들과 더 많은 것들이 당신의 거듭난 영 속에 풍성하게 들어 있습니다. 그러나 당신이 외면적인 것(물리적으로 드러나는 것)을 보기 전에 (당신의 마음의 눈으로) 내면적인 것을 보지 않으면 안 됩니다.

영적 세계는 허위가 아닙니다. 환상 세계가 아닙니다. 실재입니다. 실제로, 영적 세계가 물리적 세계를 지었습니다. 우리가 보고 만질 수 있는 눈에 보이는 모든 것은 보이지 않는 것들에 의하여 지음을 받았습니다. "믿음으로 모든 세계가 하나님의 말씀으로 지어진 줄을 우리가 아나니 보이는 것은 나타난 것으로 말미암아 된 것이 아니니라"(히 11:3)

하나님께서는 영적인 영역에서 실제로 있는 영적인 물체를 취하여 육적인 영역에 있는 모든 것을 지으셨습니다. 영적인 영역은 분명한 힘이며, 그 힘은 항상 더 위대합니다. 창조자는 피조물보다 항상 더 위대합니다. 하나님의 영원한 관점에서 보면 영적인 영역은 자연 세계보다 더 실재적입니다.

엘리사는 이것을 깨달았습니다. 그를 둘러싸고 있는 천사들의 보호를 믿었기 때문에 그는 담대하게 적들 중에 걸어 나가서 손을 들어 그들을 장님으로 만들어버렸습니다. 적들은 즉시 어둠 속에서 더듬거리기 시작했습니다. 엘리사는 그들에게 서로 서로 손을 잡도록 명령한 후 그들을 이스라엘 왕 앞으로 데리고 왔습니다. 그가 기도하자 그들의 눈이 열렸습니다(왕하 6:18-20). 엘리사는 영적 영역에 있는 권능을 믿었기 때문에 아람 군대 전부를 포로로 잡았습니다. 그는 영적 권세가 있음을 알았고 그것을 드러냈습니다. 엘리사는 이것을 이루기 위하여 단 하나의 자연적인 무기도 이용하지 않았습니다. 오직 영적인 무기만을 사용했습니다. 영적 세계는 실재합니다.

제 10 장

하나님께서 일하시는 곳

다니엘 역시 영적 세계의 실재에 관해 확실한 좋은 예가 되고 있습니다. 그는 당시 아직 이루어지지 않은 예레미야의 예언에 관하여 지식의 계시를 받고자 기도했습니다(단 9:2).

"이 모든 땅이 폐허가 되어 놀랄 일이 될 것이며 이 민족들은 칠십 년 동안 바벨론의 왕을 섬기리라"(렘 25:11)

이미 70년이 넘는 세월이 흘러갔습니다. 그러나 후에 하나님께서 이것은 실제적으로 칠십 년이 아니라 칠십 이레(490년)라는 것을 다니엘에게 보여주셨습니다(단 9:24). 그래서 다니엘은 이 계시를 위해 기도하기 시작했습니다.

"내가 금식하며 베옷을 입고 재를 덮어쓰고 주 하나님께 기도하며 간구하기를 결심하고 내 하나님 여호와께 기도하며 자복하여 이르기를…"(단 9:3-4)

그의 기도는 19절까지 이어집니다.

"주여 들으소서 주여 용서하소서 주여 귀를 기울이시고 행하소서 지체하지 마옵소서 나의 하나님이여 주 자신을 위하여 하시옵소서 이는 주의 성과 주의 백성이 주의 이름으로 일컫는 바 됨이니이다"

3분

내가 이같이 말하여 기도하며 내 죄와 내 백성 이스라엘의 죄를 자복하고 내 하나님의 거룩한 산을 위하여 내 하나님 여호와 앞에 간구할 때 곧 내가 기도할 때에 이전에 환상 중에 본 그 사람 가브리엘[눅 1:19, 26-28에서 사가랴와 마리아에게 나타났던 것과 같은 천사]이 빨리 날아서 저녁 제사를 드릴 때 즈음에 내게 이르더니 내게 가르치며 내게 말하여 이르되 다니엘아 내가 이제 네게 지혜와 총명을 주려고 왔느니라
단 9:20-22

다니엘이 이런 기도를 하는데 약 3분이 걸렸습니다(단 9:4-19). 그가 기도하고 있었을 때 천사 가브리엘이 나타나서 말했습니다. "네게 답을 가지고 왔다!" 만약 당신이 기도한

모든 것이 3분 안에 나타난다면 놀랍지 않겠습니까?

언제 하나님께서 정말로 응답하셨는지를 주목하세요.

"곧 네가 기도를 시작할 즈음에 명령이 내렸으므로 이제 네게 알리러 왔느니라 너는 크게 은총을 입은 자라 그런즉 너는 이 일을 생각하고 그 환상을 깨달을지니라"(단 9:23)

하나님께서 영적 세계에서 활동하셨습니다. 그리고 다니엘이 기도를 시작했을 때 명령을 내리셨습니다. 그런데 가브리엘이 나타나는 데는 약 3분 정도 걸렸습니다.

왜 즉각적인 나타남이 일어나지 않습니까?

대부분의 사람들은 하나님께서 그런 일들을 시간, 공간, 거리로서 다룰 필요가 없다고 추측합니다. 그러나 이 사건은 하나님께서 그의 천사들 중의 하나에게 명령을 내리시고 그 천사가 나타나는데 약 3분 정도 걸렸다는 분명한 예증입니다. 그것은 긴 시간은 아니지만 그것에 관한 물리적인 증거가 있기 전에 하나님께서 영적 세계에서 일하셨다는 것을 분명히 드러내고 있습니다.

대부분의 사람들은 하나님께서 생각하시자마자 그가 하시려고 하는 일이 일어난다고 믿습니다. 그것은 자연 세계에서는 즉각적으로 나타나는 것입니다. 사람들은 하나님께서 어떤 제한이나 한계를 다루어야 한다고 생각하지 않습니다. 그러나 이런 예는 하나님께서 명령을 내리시는 것이 약 3분 정도 걸린다는 것을 보여주고 있습니다.

성경은 그 짧은 시간동안 무슨 일이 일어났는지를 설명하고 있지 않습니다. 어쩌면 천사 가브리엘은 짐을 꾸릴 필요가 있었을지도 모릅니다. 어쩌면 그는 우주 반대편에 있었다가 수천억 광년을 날아오느라고 3분이 걸렸을지도 모릅니다. 무슨 일이 일어났는지 누가 알겠습니까? 그러나 그것은 물리적인 나타남이 있기 전에 하나님께서 영적 세계에서 명령하셨다는 원리를 확인시켜주고 있습니다.

다니엘은 10장에서 다시 기도했습니다. 9장에 나타난 강력하고 제법 빠른 기도 응답을 받은 후에 그의 마음은 더 격려를 받았을 것이며, 그의 믿음은 강해졌을 것입니다. 비록 같은 사람이 기도했지만 그 결과는 매우 달랐습니다.

마귀의 방해

하나님께서 어떻게 기도에 응답하시는지에 대하여 저는 다니엘을 예로 사용하는 것을 좋아합니다. 만약 제가 이 점을 제 인생을 예로 들어 설명하면, 당신은 "글쎄요, 앤드류 씨, 당신은 저와 다릅니다. 당신은 하나님의 특별한 사랑을 받은 사람들 중의 한 분임에 틀림이 없습니다. 하나님은 어떤 사람에게는 다른 사람들보다 더 나은 응답을 주십니다." 라고 말하면서 그것을 무시하고픈 마음을 갖게 될 것입니다. 하지만 당신은 다니엘에 관하여 그렇게 말할 수 없습니다. 같은 사람이 기도 했고, 그리고 전혀 다른 두 결과를 받았습니다.

이번에는 다니엘이 기도 응답의 나타남을 보는데 3분이 아니라 3주가 걸렸습니다.

"그 때에 나 다니엘이 세 이레 동안을 슬퍼하며 세 이레가 차기까지 좋은 떡을 먹지 아니하며 고기와 포도주를 입에 대지 아니하며 또 기름을 바르지 아니하니라"(단 10:2-3)

다니엘이 금식기도를 했지만 그 결과는 더 나은 것이 아니라 더 나빴습니다.

> 한 손이 있어 나를 어루만지기로 내가 떨었더니 그가 내 무릎과 손바닥이 땅에 닿게 일으키고 내게 이르되 큰 은총을 받은 사람 다니엘아 내가 네게 이르는 말을 깨닫고 일어서라 내가 네게 보내심을 받았느니라 하더라 그가 내게 이 말을 한 후에 내가 떨며 일어서니
>
> 단 10:10-11

왜 하나님께서 어떤 기도들은 3분 안에 응답하시고, 다른 기도들은 3주가 지나서 응답하십니까? 이 점에 대하여 궁금해 본 적이 있으십니까? 하나님께서 당신을 위하여 어떤 것은 빨리하시지만 다른 경우들에 대하여는 여러 주, 여러 달, 심지어 여러 해가 걸리는 것을 본 적이 있으십니까? 당신은 항상 궁금해 합니다. '하나님, 왜 이렇게 하십니까? 제 기도 응답이 왜 이렇게 오래 걸립니까?' 정말로 그것은 쓸모없는 질문입니다. 다음 구절이 그 이유를 보여주고 있습니다.

"그가 내게 이르되 다니엘아 두려워하지 말라 네가 깨달으려 하여 네 하나님 앞에 스스로 겸비하게 하기로 결심하던 **첫날부터** 네 말이 응답 받았으므로 내가 네 말로 말미암아 왔느니라"(단 10:12)

하나님께서 바로 첫 날에 명령을 내리셨고 응답하셨습니다만, 3주 후에야 그것이 나타났습니다. 왜 그렇습니까? 사탄의 방해가 있었습니다!

"그런데 바사 왕국의 군주가 이십일 일 동안 나를 막았으므로 내가 거기 바사 왕국의 왕들과 함께 머물러 있더니 가장 높은 군주 중 하나인 미가엘[다른 천사, 유다서 9절, 계 12:7을 보십시오]이 와서 나를 도와주므로"(단 10:13)

천사가 사탄의 방해를 깨뜨리고 다니엘의 기도 응답이

나타나는 데에, 3주라는 시간과 다른 천사의 특별한 도움이 필요했습니다.

방해 요소들

양쪽의 경우 모두 하나님께서는 즉시 움직이셨습니다. 하나님의 응답이 처음에는 3분 걸리고, 두 번째에는 3주가 걸린 것이 아니었습니다. 하나님께서는 다니엘의 기도에 모두 즉시 응답하셨습니다. 하나님께서는 변덕을 부리지 않았습니다. 그는 변하지 않았습니다. 하나님께서는 늘 한결같습니다. 구약의 다니엘은 예수님께서 하실 일을 믿음으로 고대하고 있었습니다. 오늘날 신약 시대 성도로서 우리는 그리스도를 통하여 하나님께서 이미 하신 것을 돌아봅니다. 그것은 이미 이루어졌습니다.

하나님은 어떤 기도에는 3분 만에 응답하시고, 다른 기도에는 3주가 지나서 응답을 하시는 분이 아니십니다. 하나님께서는 모든 기도에 즉시 응답하십니다! 이미 채워져 있습니다. 이미 이루어져 있습니다. 당신이 필요로 하기 전에 예비해 두셨습니다. 하나님은 각각의 사람들에 대해 다르게 역사하지 않으십니다. 오히려 하나님께서 이미 그의 역할을 끝낸 것을 사람들이 다르게 받습니다. 그러나 영적 세계에서 하나님께서 이루신 것이 물리적 세계로 들어오는 것을 방해하는 것들이 있습니다.

많은 사람들이 마귀는 전지전능하다고 잘못 추측하고 있습니다. 그들은 사탄이 하나님보다 더 신실하게 역사한다고 믿습니다! 그들은 모든 것을 바르게 행할지라도 하나님께서 자신의 기도를 응답하실지 응답하지 않으실지 확신하지 못합니다. 그들은 만약 자기가 단 한 가지 작은 것이라도 잘못 행하면 마귀가 그들을 삼켜버릴 것이라고 절대적으로 확신합니다. 마귀는 항상 거기에 있고, 결코 속지 않는다고 생각합니다. "적이 이것을 하고 있어. 사탄이 저것을 하고 있어. 그가 이것을 말하고 또 저것을 말하고 있어!"

당신은 오직 한 마귀만이 있고 그는 동시에 어디든지 있는 자가 아니라는 것을 인식할 필요가 있습니다. 그는 특정 시간에 한 장소에만 존재할 수 있습니다. 사탄이 우리 각자에게 개인적으로 매일같이 말하고 유혹했다고 모든 성도들이 말하는 것은 절대적으로 잘못된 것입니다. 확실히 어둠의 왕국은 우리를 대적하고 있습니다만 우리는 사탄에게 너무 많은 영향력을 주고 있습니다. 그는 전능하지 않습니다. 그는 항상 바른 것을 행하지 않습니다.

다니엘 9장에서 마귀가 실수를 했다는 추측이 충분히 가능합니다. 어쩌면 그는 그의 상처를 핥고 있었거나, 골이 나 있었거나, 토라지고 있었거나 또는 다니엘이 얼마나 위험한 존재인지 잘못 판단하고 있었을지도 모릅니다. 어쩌면 사탄이 휴가 중에 있었겠지요. 그가 너무 피곤해서 자고 있었을지도 모릅니다. 우리는 사탄을 너무 많이 인정해 주고 있습니다. 하나님을 대항하는 자는 확실히 총명하지 못합니다. 사탄이 어리석다고 말하는 것이 아니라 가끔 그는 실수한다는 말입니다.

변덕스러운 것들

9장에서 다니엘의 기도가 하나님께 상달되었습니다. 그래서 가브리엘은 3분 만에 응답을 가지고 나타났습니다. 사탄은 이유가 되지 않았습니다! 그러나 다니엘이 그런 강력한 계시를 받고 메시야에 관한 여러 가지 중요한 요소들을 예언하자 마귀는 다니엘이 다시는 저항 없이 기도하지 못하도록 그의 강력한 힘들을 모았습니다.

하나님이나 다니엘은 그렇지 않지만 사탄은 변덕스러웠습니다. 사탄은 때로는 우리와 싸우지만, 때로는 그렇지 않습니다. 저는 그 이유를 알지 못합니다만, 우리는 마귀에게 너무 많은 영향력을 주면서 그가 늘 일정하고 항상 바른 것을 행한다고 생각합니다. 그러나 사탄은 많은 시간을 허비하고 있습니다!

성경은 마귀들이 재생산하고 어린 마귀를 만들어내고 있다는 어떤 암시도 주고 있지 않습니다. 그러므로 이 땅 위에서 활동하는 악한 영들의 숫자가 수 세기와 수천 년에 걸쳐서 늘어나고 있지 않다고 말할 수 있습니다. 아담과 하와 당시에는 한 사람당 엄청난 수의 귀신들이 있었거나, 오늘날에는 귀신들이 부족하거나 둘 중의 하나입니다. 오늘날 지구상에는 적어도 60억의 인구가 있습니다. 만약 각자가 개인 마귀를 갖고 있다면 초기 시대에 60억의 마귀가 아담을 공격했던 것이 틀림이 없습니다. 개인적으로 저는 마귀가 자기가 하고 싶은 모든 것을 할 수 있다고 생각하지 않습니다. 우리와 싸울 때 마귀는 능력의 제한이 없는 것이 아닙니다. 저는 마귀의 숫자가 부족해서 그들이 어떤 사람들은 상관하지 않는 것이라고 봅니다.

그래서 9장에서는 다니엘이 어떤 이유에서든 방해 없이 하나님께 기도를 올리게 되었지만, 10장에서는 사탄이 다니엘의 기도를 방해했습니다. 대부분의 사람들이 오늘날 기도의 응답을 즉각적으로 보지 못할 때 하나님께 화를 내며 왜 그러는지 궁금해 합니다. "오, 하나님, 제가 기도했지만 아무것도 일어나지 않았습니다. 언제 응답을 주시렵니까?"라고 기도하는 대신, "아버지, 당신은 신실하십니다. 제 기도에 응답해 주시니 감사합니다. 곧 나타나게 될 것을 믿습니다!"라고 기도하십시오. 기도 응답을 보기 위해 3주 동안 기다린다는 이유로 당신의 믿음을 놓치지 마십시오.

다리

10장에서 만약 다니엘이 믿음을 접어서 20일째에 기도하는 것을 멈추었다면 어떻게 되었을까요? 그는 쉽게 판단할 수 있었습니다. '하나님께서 지난번에는 3분 만에 기도 응답을 하셨는데 이번에는 3주나 흘러갔어. 그만둬야지!' 다니엘이 그렇게 했다면 그의 기도의 응답은 나타나지 않았을 것입니다. 비록 하나님께서 이미 응답을 주셨고 사자가 오고 있었다 할지라도, 만약 다니엘이 그의 믿음을 포기했다면 마귀의 반대가 우세했을 것입니다.

하나님께서는 우리 안에서 역사하고 있는 능력에 따라 일들을 행하십니다(엡 3:20). 그것이 우리가 믿지 않으면 안 되는 이유입니다. 믿음은 하나님의 공급을 영적 세계로부터 물리적 세계로 건너오게 하는 다리입니다. 하나님은 영이십니다.

그리고 그분은 영적 세계에서 일하십니다(요 4:24). 영적으로 참된 것이 스스로 자연 세계에서 나타나든지, 그렇지 않은 것은 하나님의 기도 응답에 달려 있는 것이 아니라 우리가 믿음으로 영적 세계로 손을 뻗어 하나님께서 이미 주신 것을 물리적 세계로 가져오는 것에 달려 있습니다. 우리의 믿음은 하나님께서 물리적 세계로 건너오시도록 다리를 제공하는 것입니다.

하나님께서는 우리 없이는 일하시지 않으며, 우리는 하나님 없이 확실히 아무것도 할 수 없습니다. 하나님이야말로 가장 먼저 영으로 무언가를 주셔야만 하는 분이십니다. 그러나 하나님께서는 그것이 물리적 세계로 들어오도록 우리를 통하여 역사하십니다. 그것은 놀라운 계시입니다!

권세 + 능력 = 책임

다니엘은 인내를 가지고 기도했습니다. 그가 이런 모든 것들을 이해했는지 이해하지 못했는지는 모릅니다만 그는 하나님께서 응답하시는 것을 알았습니다. 그래서 응답이 나타날 때까지 기도하기를 멈추지 않았습니다. 성경은 다니엘이 자신이 기도할 때 영적 세계에서 무슨 일이 일어나고 있었는지 천사가 와서 설명하기 전에 이미 알고 있었다고 말하지 않습니다. 그의 관점에서는 하나님께서 완전히 침묵하고 계시며 그를 무시하고 있다고 보였을 것 같습니다. 그러나 다니엘은 인내했고 믿음으로 계속 기도했습니다. 비록 하나님께서 마귀가 응답을 가져오는 사자를 방해하고 있다는 것을 다니엘에게 보여주었을지라도, 그는 그것에 관하여 아무것도 할 수 없었을 것입니다. 왜 그렇습니까? 구약 시대의 성도들은 마귀를 대항하는 능력과 권세를 갖고 있지 않았습니다.

신약 시대의 성도인 당신에게는 하나님께서 권세와 능력을 주셨습니다. 그것은 책임을 수반합니다.

"그런즉 너희는 하나님께 복종할지어다 마귀를 대적하라 그리하면 너희를 피하리라"(약 4:7)

만약 당신이 마귀를 대적하지 않으면 그는 도망치지 않을 것입니다. 당신의 배후에서 그 일이 역사하도록 하는 것은 하나님의 능력입니다. 그럼에도 불구하고 마귀는 당신으로부터 도망칩니다. 하나님께서 마귀를 야단치도록 부탁할 필요가 없습니다. 하나님께서 당신에게 그 권세를 주셨습니다.

오늘날 많은 그리스도인들은 기도하고 수동적으로 서 있습니다. 서 있고 또 서 있습니다. 그들은 응답을 받는 마지막 순간까지 믿음으로 인내하며 기다리고 서 있습니다. 응답을 받게 되면 그것은 마치 그들이 뼈다귀를 좇는 개와 같기 때문입니다. 그들은 마귀가 그들에게 던지는 모든 고통, 환경, 박해를 거절하지 않고 거기에 그냥 서 있습니다. 그들은 마귀가 가장 나쁜 것을 던진 후에도 여전히 서 있기 때문에 부전승으로 응답을 받습니다. 이런 성도들은 마귀가 그들의 기도 응답이 나타나는데 방해하고 있다는 것을 인식하지 못하며, 그것에 관하여 무언가를 하도록 주어진 권세와 능력을 사용하지 못하고 있습니다.

거듭난 성도들은 구약 시대 성도들이 하는 식으로 기도할 필요가 없습니다. 예를 들면, 10장에서 다니엘이 거듭난 성도이며 신약 시대의 성도의 특권을 갖고 있다고 가정해 봅시다. 기도한 후 3분 안에 응답이 이루어지지 않았을 때 그는 이렇게 기도할 수 있을 것입니다. "하나님, 당신은 어제나 오늘이나 그리고 영원토록 동일하십니다(히 13:8). 만약 당신이 지난 제 기도에 처음 명령을 내리셨다면 이번에도 같은 일을 하시리라는 것을 알고 있습니다. 당신은 이미 응답하셨습니다. 아버지, 기도 응답이 오고 있음을 감사드립니다. 당신께서 이미 명령을 내리셨으므로, 왜 지연되고 있는지 말씀해 주시겠습니까?"

그러면 하나님께서 다니엘에게 "네 기도에 대항하는 마귀의 세력이 있다."라고 말씀하셨을 것입니다. 그러면 다니엘은 일어서서 그 마귀의 세력을 꾸짖을 수 있었을 것입니다.

다니엘이 거듭난 성도였다면, 마귀를 대적하는 권세를 취하여 물러나라고 그에게 명령할 수 있었을 것입니다. 이것은 "아멘"과 "기도 응답" 사이의 기간을 극적으로 짧게 만들었을 것입니다. 신약 시대의 성도였다면 다니엘은 그것을 할 수 있었을 것입니다. 그러나 구약 시대의 성도인 그는 할 수 없었습니다. 그가 할 수 있었던 것은 그냥 서 있는 것뿐이었습니다.

그러나 만약 당신이 이런 원리들을 깨닫는다면, 하나님께서 이미 하셨다는 것에 대해 큰 위안을 받게 될 것입니다. 하나님께서 이미 당신의 응답을 명령하셨지만 그것은 영적 세계로부터 물리적 세계로 오지 않으면 안 되는 것입니다. 그런 일이 일어나는 것을 방해하는 것들이 몇 가지 있습니다. 이 책에 하나님께서 제게 보여주신 모든 것들을 기록할 수는 없습니다만 이해를 돕도록 몇 가지 예를 들겠습니다.

제 11 장

응답은 영 안에 있습니다

많은 사람들이 공급해 달라고 기도하고 나서 하나님께서 그들의 응답을 즉시로 나타내 주실 것을 기대합니다. 그런 일이 이루어지지 않으면 의심하면서 말합니다. "하나님, 왜 아무것도 하시지 않았습니까?" 아닙니다. 하나님께서는 이미 그의 역할을 하셨습니다. 그분은 이미 모든 믿는 자들에게 재정적인 복을 명령하셨습니다(신 8:18). 하나님께서는 이미 모든 그리스도인에게 능력과 기름부음과 번창하는 능력을 주셨습니다. 시편 35:27은 "그의 종의 평안함을 기뻐하시는 여호와"를 드러내고 있습니다. 영적으로 모든 거듭난 성도에게 풍성한 공급이 있습니다(고후 8:9).

하나님께서 친히 당신에게 돈을 주시지 않습니다. 그는 당신이 부유하도록 능력을 주시지만 그가 직접적으로 당신의 지갑에 돈을 넣지는 않으십니다. 하나님께서는 기름부음, 즉 능력을 주십니다. 그러므로 당신은 나가서 무언가에 손을 대십시오. 많은 그리스도인들이 재정적인 복을 구하지만 그것이 응답받지 못하는 이유들 중의 하나는 하나님께서 돈을 직접 주실 것이라고 생각하기 때문입니다. 하나님께서는 당신의 손이 하는 일에 복을 주십니다. 하지만 먼저 당신이 행해야 합니다.

하나님의 공급은 사람들을 통하여 옵니다

하나님께서 영 안에서 이미 명령하시고 행하신 것들이 물리적 세계에 나타나는 것을 당신이 방해할 수 있습니다. 많은 사람들이 맥도날드 햄버거 가게에서는 많은 돈을 벌 수 없기 때문에 사회 복지의 도움을 받는 상태에 있습니다. 그들은 아무것도 하지 않고 하나님께서 그들의 무릎에다 공급을 부어 주시도록 계속해서 기도합니다. 하나님께서는 연금에 복을 주실 수 없으며 증식시킬 수 없습니다. 왜냐하면 당신은 그것을 얻기 위해 아무것도 하지 않기 때문입니다. 그러나 당신이 나가서 맥도날드 햄버거 가게에서 일하면, 비록 그렇게 하는 것이 연금을 줄이는 것이 된다 할지라도, 하나님께서 그것을 증식시킬 수 있습니다. 당신이 일하게 되면 하나님께서 당신을 형통하게 하시고 재정을 축복하십니다.

하나님께서는 당신을 복주시기 위하여 사람들을 사용하십니다.

"주라 그리하면 너희에게 줄 것이니 곧 후히 되어 누르고 흔들어 넘치도록 하여 너희에게 [**사람들이**] 안겨 주리라shall men give into your bosom"(눅 6:38)

하나님께서 사람들을 통하여 당신에게 재정적인 공급을 주십니다.

돈은 땅 위의 제도입니다. 하나님 자신은 돈을 사용하시지 않습니다. 하늘나라에 가면 우리 역시 사용하지 않을 것입니다. 확실히 하늘나라에는 금, 은, 보석들이 있지만 그것들은 교환을 위해 사용되지 않습니다. 돈은 이 땅 위에서 우리가 사용하는 인간의 발명품입니다.

하나님께서 당신 나라의 돈을 위조하여 주시지 않습니다. 돈은 하늘에서 비처럼 내리지 않습니다. 저는 어떤 사람이 당신이 10불을 그 사람에게 보내면 당신에게 파란 실을 보내주겠다고 말하는 것을 들었습니다. 그는 당신이 그 파란 실을 지갑에 넣고 있으면 하나님께서 그 실을 사용하여 돈을 만들어 주셔서 다시는 빈털터리가 되지 않을 거라고 했습니다. 그것은 속임수입니다! 그런 일은 일어나지 않습니다. 하나님께서는 그런 종류의 일을 하지 않으십니다. 그분은 사람들을 사용하십니다.

그러므로 재정적인 필요에 관하여 기도할 때 하나님께서는 사람들을 사용하셔서 당신이 필요로 하는 것을 채워주실 것입니다. 하늘로부터 그냥 떨어지는 것이 아닙니다. 만약 당신이 들어오는 배를 찾고 있지만 배를 내보내지 않는다면, 당신은 실망하게 될 것입니다. '하나님, 왜 제 기도에 응답하시지 않습니까?'라고 당신은 생각할 것입니다. 그분은 이미 하셨습니다. 그가 신령한 모든 것들로 당신을 복 주셨습니다. 하나님께서 당신에게 은혜를 베풀어주셨습니다. 당신이 부유하도록 능력을 주셨습니다. 이런 모든 것들은 영적 세계에서 실재합니다. 그러나 당신이 믿음으로 협조해야 할 필요가 있습니다.

팔렸습니다!

제 친구가 그의 집을 팔기 위해 내 놓았습니다. 그는 "주인이 직접 팝니다"라는 간판을 집 앞뜰에 두었으나 2년 동안 집을 팔 수가 없었습니다. 겨우 몇몇 사람들만이 그 집을 보기 위해 왔습니다. 우선 당장 그 당시 시장 상태가 좋지 않았습니다. 집들이 팔리지 않았기 때문에 이것은 그에게 중요한 문제가 되었습니다.

그가 제가 이 메시지를 가르치는 것을 들었습니다. 하나님께서 그에게 말씀하셨습니다. "네가 집을 내 놓았던 첫 날에 네 집을 사도록 어떤 사람을 감동했으나 사탄이 방해하고 있었다." 이 남자의 잘못이 아니었지만 마귀 세력이 기도 응답을 받는 것을 방해하고 있었습니다.

제 친구는 상황이 어떠했는지를 알지 못했기 때문에, 하나님께서 자신을 위해 중보해 주고 있는 것을 믿으면서 방언으로 기도했습니다. 이틀 후에, 그의 집이 팔렸습니다. 그들이 집 매매 계약을 마무리 짓고 있을 때 그 집을 산 사람이 제 친구에게 말했습니다. "당신의 집 뜰에 간판을 둔 바로 그 첫 날에 제 아내에게 '저건 우리 집이야.'라고 말했습니다. 제가 2년 동안 자금을 융통하려고 애써왔지만 이루지 못했습니다. 그런데 이상한 일이 일어났습니다. 이틀 전에 제 집을 사려고 하는 사람이 현금을 가지고 와서 집 매매를 끝내게 되었습니다. 모든 일처리를 하는데 하루가 걸렸고 이제 제가 여기에 와서 계약할 수 있게 되었습니다. 이제 됐습니다!"

하나님께서 제 친구가 그에게 일어났던 일을 보기 2년 전에 이미 그의 기도에 응답하셨습니다. 하나님께서 일하시지 않았기 때문에 지체된 것이 아니라 다른 사람들을 통하여 사탄이 방해했기 때문이었습니다. 당신이 이것을 깨닫지 못하면 당신의 집이 팔리도록 하나님께 기도하고 애걸할 것입니다. 그리고 집이 팔리지 않으면 이렇게 말할 것입니다. "하나님, 왜 제 기도에 응답하시지 않습니까?"

하나님께서 응답하셨습니다. 그분은 모든 기도에 응답하십니다. 이미 이루어졌습니다. 하나님께서 이미 사람들에게 말씀하셨습니다. 당신에게 복을 명하셨지만 그것은 영적 세계에서입니다. 당신은 믿음으로 그것을 영 안으로부터 꺼내어 눈에 보이는 세계로 가져오지 않으면 안 됩니다.

이루어진 것을 믿으십시오

당신이 이것을 깨달을 수 있으면, 하나님께로부터 받는 방법이 달라질 것입니다. 지금 치유를 위해 기도할 때 당장 응답이 보이지 않더라도 "하나님, 왜 당신은 아직 저를 치유하시지 않습니까? 왜 이 사람을 치유하시지 않습니까? 우리는 당신이 역사하기를 구하고 있습니다."라고 말하지 않습니다. 저는 금식하지 않으며, 다른 사람들을 모아서 하나님께서 역사하시도록 호소하며 저와 함께 하늘나라를 폭격하게 하지 않습니다. 그런 마음가짐은 모두 불신입니다. 당신은 기도할 때 응답받았다는 것을 믿지 않았습니다.

"그러므로 내가 너희에게 말하노니 무엇이든지 기도하고 구하는 것은 받은 줄로 믿으라 그리하면 너희에게 그대로 되리라"(막 11:24)

당신이 그것을 볼 때가 아니라, 기도하는 순간 받고 있는 것을 믿어야 합니다. 만약 당신이 당장 치유받은 것을 느끼지 못한다면 하나님께서 당신의 기도에 응답하셨다는 것을 어떻게 믿을 수 있습니까? 당신이 기도하는 그 순간 이미 영 안에서 이루어졌습니다. 당신의 응답은 영적 세계에 있는 실재입니다.

기도 응답이 나타나지 않았을 때도, 그가 하셨다고 말씀하신 것을 하나님께서 이루셨음을 의심하지 마십시오. 당신이 기도하는 순간 받았다고 믿어야 합니다. 그런 후에 계속 기도하십시오. 애걸하지 말고 당신의 권세를 취하여 응답이 오는 것을 방해하는 마귀 세력에 대항하여 그것을 사용하십시오. 혹시 당신이 해야 할 일이 있는지를 깨닫게 해달라고 하나님께 구하십시오. 만약 당신이 재정을 위해 기도하고 있으면 직업을 가져야 할 필요가 있든지 얼마의 돈을 심어야 할 것입니다. 그러나 하나님께서 역사하셨고 이미 하셨다는 것을 의심하지 마십시오!

하나님께서 당신이 필요로 하는 모든 것을 이미 주셨습니다.

그것은 영적 세계에 있습니다. 당신은 단지 그것이 이루어졌다고 믿기만 하면 됩니다.

한쪽 눈이 먼 소년

이 원리를 이해하게 되었을 때 제 기도는 완전히 달라졌습니다(이 원리를 기도에 적용하는 것을 특별히 더 알고자 한다면 저의 저서, 『더 좋은 기도 방법 A Better Way to Pray』을 추천합니다). 하나님께서 다니엘서 9장과 10장으로부터 이 진리들을 보여 주신지 얼마 되지 않아, 텍사스 주 차일드리스에서 모임을 가졌습니다. 그 때는 1977년이었고, 저는 "당신의 기도가 응답되는 것처럼 보이지 않을 때 무엇을 하십니까?"라는 제목으로 설교를 했습니다. 저는 하나님께서 그 일들을 어떻게 이미 이루셨는지, 그리고 하나님께서 병을 고치시도록 우리가 기다려야 하는 문제가 아니라 이미 영적 세계에서 이루어진 것이라는 것을 말했습니다. 그리고 어떻게 믿음이 영적 세계로 들어가 물리적 세계로 그것들을 가져오는지에 관하여 말했습니다. 그래서 우리는 얼마나 빨리 치유가 나타나는지를 통제할 수 있습니다. 하나님께서 이미 하셨기 때문에, 우리는 그의 치유의 능력이 나타나게 할 수 있는 것입니다.

약 백 명의 사람들에게 이 메시지를 설교한 후에 "우리 함께 실제로 해 봅시다. 여기 누가 아프신 분이 있습니까?"라고 말했을 때, 한쪽 눈의 시력을 잃은 열일곱 살의 소년이 앞으로 나왔습니다. 저는 제가 아는대로 그에게 손을 얹고 기도하고 꾸짖었고, 그가 보도록 요구했습니다. 그리고 말했습니다. "너의 정상적인 눈을 가리고 다른 쪽 눈으로 보려무나. 내가 손가락 몇 개를 세우고 있니?" 제가 그 소년 앞에서 제 손을 들어 올렸으나 그는 제 손이나 빛이나 어떤 것도 볼 수 없었습니다. 아무 일도 일어나지 않았습니다. 저는 심지어 그의 얼굴을 붙잡아서 제 손 쪽으로 향하게 해야 했습니다. 왜냐하면 그는 올바른 방향조차도 보지 않고 있었기 때문이었습니다.

많은 사람들이 이것을 보고 즉시 '이 일은 이루어지지 않을 거야'라고 생각했습니다. 저는 불신의 신음 소리와 한탄 소리를 들을 수 있었습니다. 저는 돌아서서 청중들에게 말했습니다. "보십시오. 제가 가르치고 있는 것이 참된 것임을 저는 믿습니다. 우리가 그것이 나타나는 것을 보지 않았지만 이것은 하나님께서 그를 치유하시지 않았기 때문이 아닙니다. 하나님께서 무언가를 하시도록 우리가 기다리고 있기 때문이 아닙니다. 우리가 그것을 영적 세계로부터 물질 세계로 가져오는데 어려움을 겪고 있기 때문입니다. 이것은 우리의 잘못이지, 하나님의 잘못이 아닙니다. 여러분이 원한다면 떠나셔도 됩니다. 그러나 제가 가르친 것을 믿고 남아서 저와 함께 기도하셔도 좋습니다." 약 25명 정도가 남았습니다.

그래서 우리는 소년의 주위에 모여서 그를 위해 기도하기 시작했습니다. 우리는 "오, 하나님, 당신은 처음에는 치유하시지 않았습니다. 하지만 지금 그를 고쳐주세요!"라고 기도하지 않았습니다. 그 대신에 우리는 이렇게 기도했습니다. "아버지, 그것이 참된 것임을 우리는 믿습니다. 당신께서 이미 그를 치유하셨습니다. 당신의 능력이 이미 방출되었습니다. 이것이 겉으로 드러나는 것을 방해하는 모든 것을 결박합니다. 저희들에게 지혜를 주시고 무슨 일이 일어나고 있는지를 보여주시옵소서." 우리는 또한 유다서 20절에 따라서 믿음을 세우도록 방언으로 기도했습니다. 이렇게 30분 정도 지났습니다. 5분 정도마다 저는 기도를 멈추고 그 소년의 정상적인 눈을 가리게 하고 다른 눈으로 보게 했습니다. 그는 결코 제 손을 볼 수가 없었습니다. 저는 참으로 하나님의 지혜를 구하고 있었습니다.

치유인가, 기적인가?

갑자기 하나님께서 말씀하셨습니다. "그는 치유를 필요로 하지 않는다. 그는 기적을 필요로 한다." 그 감동이 오자 바로 다음에 제게 든 생각은 '차이가 무엇인가?' 였습니다. 저는 둘 사이에 어떤 다른 점이 있다고 생각해 본 적이 없었습니다. 저는 어떤 면을 이해하고는 있었지만, 그것은 여전히 제가 배우고 있는 영역이기도 합니다. 그러나 그것에 관하여 생각해 본 것은 처음이었습니다. 겉으로 저는 방언으로 기도하고 있었지만 안으로는 궁금해 하고 있었습니다. '참으로 하나님이신가? 치유와 기적 사이에 무슨 차이점이 있는가? 그것이 우리가 기도하고 있는 방법에 어떤 영향을 미치고 있는가?'

그런데 저와 함께 있었던 부목사 돈 크로우가 일어나서 말했습니다. "앤드류 목사님, 그 소년이 치유가 필요하지 않는다고 하나님께서 말씀하셨습니다. 그는 기적을 필요로 하고 있습니다!" 그것은 하나님께서 제 마음에 말씀하셨던 그대로였습니다. 그래서 우리는 기도하는 것을 멈추고 그 소년에게 물었습니다. "네 눈이 어떻게 잘못됐니?"

"제가 아이였을 때 눈에 염증이 생겼습니다. 의사들이 수술을 해서 수정체와 망막을 제거 했습니다. 저는 보는 데 필요한 그 어떤 기관도 없습니다!"

그가 말하자마자 저는 "너는 치유가 필요한 게 아니야. 너에게는 기적이 필요해! 하나님께서 창조적인 기적을 주셔서 기관들을 만들어내는 것을 필요로 하고 있어."라고 말했습니다. 그리고 제 손으로 그의 얼굴을 받쳐 들고 선언했습니다.

"수정체와 망막아, 예수님의 이름으로 명령하노니 이 눈 속에 들어오라!"

그리고 저는 그의 정상적인 눈을 가리게 하고 다른 눈으로 보게 했습니다. 제가 물었습니다. "내가 몇 개의 손가락을 세우고 있니?" 그가 대답했습니다. "하나, 둘…" 그가 볼 수 있었습니다. 하나님께서 그의 눈을 열어주셨습니다!

하나님께서는 그 소년이 태어나기 전부터 이미 그 능력을 방출하셨습니다. 예수님을 통하여 그것이 주어졌고 영적 세계에서 손에 넣을 수 있었습니다. 우리가 기도하는 바로 그 순간, 하나님의 능력이 움직여 이 기적이 물리적으로 드러나게 하였습니다. 그러나 몇 가지 방해물이 있었습니다.

끝까지 견디라!

저는 아직 모든 것을 이해하지는 못하고 있습니다. 저는 치유가 아니라 기적이었다는 계시를 왜 받아야 했는지를 확실히는 알지 못합니다. 다만 저를 위한 것이었다고 믿습니다. 부목사님이 그것을 확인해 주었을 때 제 믿음은 활기를 띄고 치솟아 올랐습니다. 그때 저는 권세를 취하여 산에게 명령했던 것입니다(막 11:23). 대부분의 사람들은 그들의 문제에다 직접 말하지 않습니다. 그 대신 그것에 관하여 하나님께 말씀드립니다. 그러나 하나님의 말씀은 산에다 말하라고 하고 있습니다!

문제는 이 소년에게는 볼 수 있는 수정체와 망막이 없다는 것이었습니다. 그러므로 저는 그것들을 향해 명해야 했습니다.

"죽고 사는 것이 혀의 힘에 달렸나니 혀를 쓰기 좋아하는 자는 혀의 열매를 먹으리라"(잠 18:21)

이런 모든 것이 일어났을 때 제 믿음은 활기를 띄었고 그래서 저는 수정체와 망막이 소년의 눈에 오라고 명령했습니다. 그러자 그는 볼 수 있었습니다!

만약 우리들이 끈질기게 기도하지 않았다면 이 소년의 눈은 결코 보이지 않았을 것입니다. 하나님께서 하지 않으셨기 때문에 그런 일이 일어나지 않았던 것이 아닙니다. 그분은 이미 기적을 공급해 주셨고, 그것이 영적 세계에서 유효한 것입니다. 그러나 대부분의 사람들은 일정한 시간 안에 그것이 나타나지 않으면 실망하고 의심하며 불신함으로 포기해 버립니다.

우리는 다른 사람들의 치유를 위해 기도하지만, 결과가 나타나기 전에 그들을 돌아가게 내버려두는 우를 범합니다. 저에게는 치유 사역을 하고 있는 좋은 친구들이 있는데 그들은 줄을 서서 기다리는 사람들을 위해 기도하고는 다시는 돌아다보지 않습니다. 그들은 불신으로 미끄러져 내려가는 것을 원치 않기 때문에 그 점에 관하여 생각조차 하지 않습니다. 이것은 어느 정도 효과가 있고 몇 가지 좋은 일들이 일어납니다만, 그 방법은 여러 문제들로 가득 차 있습니다. 왜냐하면 대부분의 사람들의 믿음은 시간이 지나 역사함이 없으면 약해지지, 더 강해지지는 않기 때문입니다.

제 12 장

하나님께서 이미 주셨습니다

하나님께서 이미 행하셨습니다. 그가 이미 주셨습니다. 우리가 필요로 하는 모든 것이 이미 다루어졌습니다. 우리들이 믿고 그의 능력이 어떻게 역사하는지를 배우기 시작하자마자 우리는 그것들을 나타나게 할 수 있습니다!

수많은 위대한 치유 사역 부흥사들은 이 개념을 깨닫고 있었습니다. 그들은 같은 성경구절로부터 배우지 않았고 같은 용어로 표현하지는 않았지만 그것을 믿었습니다.

잔 G. 레이크 목사님은 확인되고 기록된 치유 사역 사례가 십만 개 이상 있었습니다. 실제적으로 워싱턴 주 스포케인에 있는 병원들이 문을 닫았습니다. 왜냐하면 얼마 동안 병원 서비스를 필요로 하는 사람들이 거의 없었기 때문이었습니다. 그와 그의 치유 사역 팀은 그만큼 영향력을 미쳤습니다.

우리는 그렇게 열매 맺는 사역을 하셨던 레이크 목사님의 의견을 고려해야 합니다. 그는 사람들이 그들의 삶 속에서 치유가 나타나는 것을 보지 못하는 주된 이유가 그들이 받는데 있어서 수동적이기 때문임을 느꼈습니다. 그들은 하나님께서 이미 이루셨다는 것을 깨닫지 못하면서 기도하고 구하고 하나님께서 그들을 치유하도록 수동적으로 기다립니다. 그들의 권세를 취하여 지금 치유가 나타나도록 명령하는 대신에 여러 날, 여러 주, 여러 달, 여러 해에 걸쳐 질질 끌도록 놔두었습니다. 그들은 하나님을 믿는 법과 그분이 영 안에서 이미 이루신 일을 물리적 세계로 가져오게 하는 법을 깨닫지 못했습니다. 잔 G. 레이크 목사님의 판단으로는 그것이 첫 번째 문제였습니다.

하나님께서 이미 이루셨습니다. 이미 주어진 것을 믿으십시오. 그리고 믿음으로 받으십시오. 만약 당신이 기도한 것이 지금 당장 물리적으로 나타나는 것을 보지 못한다면, 당신은 당신 자신의 불신 속에 들어가 싸움을 시작해야 할 필요가 있습니다. 당신이 무언가 해야 할 필요가 있는지 지혜를 받으셔야 합니다. 만약 거기에 마귀의 세력이 개입되어 있으면 깨뜨려야 합니다. 그러나 성경은 하나님께서 이미 이루셨다는 원리를 분명히 세우고 있습니다.

불신의 분위기

예수님께서도 이와 같은 깨달음 속에서 일하셨습니다.

[예수께서] 벳새다에 이르매 사람들이 맹인 한 사람을 데리고 예수께 나아와 손 대시기를 구하거늘 예수께서 맹인의 손을 붙잡으시고 마을 밖으로 데리고 나가사 눈에 침을 뱉으시며 그에게 안수하시고 무엇이 보이느냐 물으시니 쳐다보며 이르되 사람들이 보이나이다 나무 같은 것들이 걸어 가는 것을 보나이다 하거늘 이에 그 눈에 다시 안수하시매 그가 주목하여 보더니 나아서 모든 것을 밝히 보는지라 예수께서 그 사람을 집으로 보내시며 이르시되 마을에는 들어가지 말라 하시니라   막 8:22-26

이것은 이례적인 치유의 예입니다. 이것은 성경에서 예수님께서 기도하신 후에 그 사람에게 "어떠하냐?"라고 물어보신 유일한 곳입니다. 또한 이것은 예수님께서 물리적 필요를 위하여 두 번이나 기도하신 유일한 곳입니다. 이것은 매우 독특한 상황이었습니다.

우선 예수님께서 벳새다에 계셨다는 것을 주목하십시오. 그분은 소경의 손을 붙잡고 마을 밖으로 데리고 나가셨습니다.

어떤 사람들은 우리가 균형을 잃도록 하기 위해서 예수님께서 이상한 일을 행하셨다고 생각합니다. 그들은 말합니다. "당신은 결코 하나님을 이해할 수 없습니다. 그는 규칙없이 무턱대고 행하십니다. 그는 이례적인 방법으로 일하시는 것을 좋아하십니다!" 사실이 아닙니다! 그분은 모든 일에 세심하게 다루시는 우주의 창조자이십니다. 모든 것이 완벽하고 조화 속에 움직이고 있습니다. 하나님께서 계시므로, 당신은 지금으로부터 수백 년, 수천 년 후에 별들이 어디에 있을지 예측할 수 있습니다. 왜냐하면 그것들은 질서가 있기 때문입니다. 질서의 하나님께서 완전히 마구잡이식으로 일들을 행하셨다고 생각하는 것은 터무니없는 것입니다. 분명하게 진실이 아닙니다!

벳새다는 예수님께서 계셨던 곳들 중에서 가장 형편없는 곳이었기 때문에 그분은 이 남자를 마을 밖으로 데리고 나오셨습니다.

"화 있을진저 벳새다야! 너희에게 행한 모든 권능을 두로와 시돈에서 행하였더라면 그들이 벌써 베옷을 입고 재에 앉아 회개하였으리라"(눅 10:13)

예수님께서 그들의 불신으로 인하여 벳새다에 심판을 선포하셨습니다. 주님은 그의 고향인 나사렛에서도 역시 이런 일을 겪으셨습니다.

"거기서는 아무 권능도 행하실 수 없어 다만 소수의 병자

에게 안수하여 고치실 뿐이었고 그들이 믿지 않음을 이상히 여기셨더라"(막 6:5-6)

예수님께서는 그곳들에서 더 많은 일들을 행하시려 하셨지만 할 수 없었습니다. 그 사람들은 믿음이 없었습니다. 그래서 몇 가지 작은 일 말고는 그들을 위해 기도할 수 없었습니다.

예수님은 100퍼센트의 믿음으로 일하셨습니다. 그래서 그에겐 아무 문제가 없었다는 것을 우리는 알고 있습니다. 그러나 받아들이는 쪽에서 어느 정도의 믿음이 있지 않으면 안 됩니다. 그런데 저는 그것이 너무 과장되었다고 믿습니다. 우리는 때로 치유가 나타나지 않았을 때, 받아들이는 사람을 탓하며 이것을 변명으로 사용합니다. 그것은 너무 단순화한 것입니다! 많은 경우, 받아들이는 사람만큼 기도하는 쪽에 잘못이 있을 수도 있습니다. 그러나 지금까지 말한 모든 것을 토대로, 치유를 받아들이는 사람에게 어느 정도의 믿음이 작용해야 하는 것은 여전히 사실입니다.

"어떠하냐?"

사람들의 불신을 알고서 예수님은 이 소경의 손을 붙잡고 마을 밖으로 데리고 나가셨습니다. 주님은 저보다 무한히

분주하셨습니다. 만약 당신이 오늘 치유를 필요로 한다면, 저는 당신에게 가서 기도할 수 없습니다. 저는 여러분의 손을 잡고 기도하기 위해 시골 쪽으로 한 시간 정도 걸어갈 시간이 없습니다. 예수님께서는 그저 산책을 하신 것이 아닙니다. 그의 목적은 벳새다의 불신이 치유를 가져오는 하나님의 능력을 방해하는 것을 알고 이 사람을 그것으로부터 멀리 떨어지게 하고자 함이었습니다.

비록 예수님께서 이 사람을 마을 밖으로 데리고 나오셨지만, 이 마을의 모든 것을 그 사람으로부터 없애지 못했음을 예수님은 아셨습니다. 예수님은 그가 여전히 불신의 분위기에 의하여 영향을 받고 있다는 것을 분별하셨습니다. 그래서 기도하신 후에 물으셨습니다. "무엇이 보이느냐?"

지금 예수님께서 "하나님께서 내 기도에 응답하셨느냐? 무슨 일이 일어났느냐?"라고 묻지 않으십니다. 그것은 불신입니다. 하나님의 말씀은 당신이 기도할 때 받는다는 것을 믿으라고 선포하고 있습니다. 예수님께서 "이루어졌느냐?"라고 물으시는 것은 그의 가르침을 어기는 것이 되는 것입니다. 예수님은 하나님께서 이미 이루셨다는 것을 아셨습니다. 하나님의 능력이 임재하였으나 그것을 영적 세계에서 물리적 세계로 가져올 필요성을 예수님은 아셨습니다. 예수님께서는 그 마을이 불신하고 있다는 것과 그 불신이 하나님께서 이미 이루어 놓으신 것이 즉각적으로 완전하게 나타나는 것을 방해하며 그 사람에게 영향력을 끼치고 있다는 것을 간파하셨습니다. 그래서 주님께서 물으셨습니다. "어떠하냐?" 그 사람이 대답했습니다. "나무 같은 것들이 걸어가는 것을 보나이다" (막 8:24) 다른 말로 하자면 하나님의 능력이 어느 정도 나타난 것입니다. 그 사람은 이전에 완전히 장님이었습니다. 그러나 지금 그는 약간 볼 수 있었습니다. 그래서 예수님께서 다시 이례적인 일을 행하셨습니다. 그분은 손을 그 사람에게 얹고 두 번째 기도를 하셨습니다.

"그러나 무언가를 위하여 두 번 기도하는 것은 불신입니다!" 만약 당신이 두 번 기도하면 그렇습니다. 적어도 두 번 중의 한 번은 당신은 불신 중에서 기도했습니다. 기도할 때 받는다는 것을 믿지 않으면 안 됩니다. 하지만 당신의 권세를 취하여 그가 이미 이루어 놓으신 것이 나타나도록 계속하여 기도하는 것은 불신이 아닙니다.

앞에 있는 장애물을 대적하라!

만약 하나님께서 그의 능력을 이미 방출하셨다는 것을 깨닫고 있다면 기도를 계속하는 것은 잘못된 것이 아닙니다.

영적 세계에서는 이루어진 것입니다. 당신은 그것이 영 안에서 머물러 있는 것을 원치 않습니다. 그것이 물리적으로 나타나는 것을 원하고 있습니다. 그래서 당신은 하나님께서 이미 이루셨다는 것을 의심하지 않고 마귀를 꾸짖으면서 다시 기도합니다. 당신은 당신이 해야 할 무언가가 있을 경우 지혜와 계시를 받기 위해 기도해야 합니다. 당신은 믿음을 세우고 자신을 격려하기 위해 기도해야 합니다. 한 번 기도하고 그것을 잊어버리는 대신에 당신은 당신의 믿음을 공격적으로 드러내어 방해물을 다루면서 하나님께서 주신 것을 물리적인 세계로 끌어와야 합니다.

예수님은 앞에 있는 방해물을 대적하셨습니다. 그는 아버지의 신실함은 의심하시지 않았지만 이 사람의 신실함을 의심하셨습니다. 그것은 이 마을의 불신이 그가 치유를 받는 것을 여전히 방해하고 있다는 것입니다. 그래서 주님은 그 사람에게 이런 질문을 하셨으며 치유의 나타남이 여전히 지체되고 있는 것을 보셨습니다. 그 사람을 그냥 보내지 않으시고 그가 완전히 치유될 때까지 예수님은 계속적으로 그를 돌보셨습니다. 당신이 갖고 있지 않는 것을 얻고자 하는 것보다, 이미 갖고 있는 것을 지키는 것이 훨씬 더 쉽습니다.

그래서 예수님은 그 사람을 위해 두 번 기도하셨습니다.

사탄이나 불신이나 어떤 방해물이든지 성령의 역사에 대적할 수 있는 것은, 다시 날려 버리십시오! 같은 능력으로 다시 치는 것입니다. 그러자, 그의 눈이 치유를 받았습니다. 그래서 그는 모든 사람을 또렷이 보았습니다.

그런데 예수님께서 그 사람에게 마을에도 들어가지 말고 아무에게도 말하지 말라고 하셨습니다. 주님께서는 그 사람에게 집에 가라고 지시하셨는데, 그가 어디에 살고 있었다고 생각하십니까? 이 사람은 직업, 가족, 친구들을 갖고 있었을 것입니다. 그러나 예수님께서 아무에게도 말하지 말고 벳새다 마을로 들어가지 말라고 명하셨습니다. 그것은 매우 엄격한 요구였습니다! 왜 그렇습니까? 비록 이 사람이 치유의 나타남을 받았다 할지라도 그가 즉시 모든 불신의 주변으로 돌아가면 치유를 잃을 수도 있다는 것을 예수님께서 아셨던 것입니다.

치유를 유지하는 것은 자동적으로 보장되는 것이 아닙니다. 예수님께서 벳새다 연못가에서 치유를 받았던 사람에게 경고하셨습니다. "더 심한 것이 생기지 않게 다시는 죄를 범하지 말라 하시니"(요 5:14). 마귀는 "도둑질하고 죽이고 멸망시키려고" 옵니다(요 10:10). 마귀는 당신의 치유의 나타남을 없애버리고, 당신의 믿음을 죽이고, 당신의 간증을 망가뜨리는 것을 좋아합니다. 당신은 믿음으로 당신의 치유를 유지해야 합니다. 바로 그것 때문에 예수님께서 그 사람에게 불신의 상황으로 돌아가지 말라고 말씀하신 것입니다.

예수님은 하나님께서 이 사람을 완전히 치유하셨다는 것을 아셨습니다. 이미 이루어졌습니다. 그러나 주님은 그것이 영적 세계로부터 물리적 세계로 옮겨지는데 방해물이 있다는 것을 인식하고 계셨습니다. 그래서 이 사람이 그 방해물을 이겨내도록 하기 위해 두 번째로 그와 함께 기도하셨습니다. 그리고 그가 받은 치유를 유지하는 법을 말씀해 주셨습니다.

저는 가끔 이와 같은 일을 만납니다. 사람들이 집회에 오면 우리는 치유가 나타나도록 도와줍니다. 그러면 그들은 불신하는 교회로 돌아가서 제게 받았던 것과는 전적으로 정반대 되는 가르침을 따라가버립니다. 그러면 그들의 아픔이나 질병이 되돌아옵니다. 그 이후에 제가 다시 그 도시에 오면 그들은 제게 와서 묻습니다. "어떻게 된 것입니까?" 하나님은 그들에게서 치유를 거두어서 다시 아프게 하시는 분이 아닙니다. 그들이 믿기를 중단했기 때문입니다. 그들은 그들 안에 믿음의 뿌리를 갖고 있지 않습니다. 그래서 잠깐 견디었던 것입니다(막 4:17).

협조하라 그리고 명령하라

하나님께서 이미 행하셨습니다. 당신은 이미 복을 받았고, 치유를 받았고, 형통함을 입었습니다. 당신은 이미 기쁨, 평강, 지혜를 갖고 있습니다. 당신이 필요로 하는 모든 것은 이미 영 안에 있습니다. 당신에게 필요한 일은 단지 믿고 받기만 하면 되는 것입니다.

즉시 나타나는 것을 보지 못한다고 해서 하나님께서 이미 이루셨다는 것을 의심하지 마십시오. 하나님은 영이시며, 영적 세계에서 일하시고 있음을 깨달아야 합니다(요 4:24). 그가 하신 것은 이미 영 안에서 사실입니다. 그것이 물리적 세계로 드러나기 위해서는 사람들의 협조를 필요로 합니다. 믿음은 하나님의 공급하심이 영적 세계로부터 물리적 세계로 건너가게 하는 다리입니다. 때때로 우리가 받을 수 있을 때까지 믿음으로 우리 자신을 세우는 데에는 시간이 좀 걸리지만, 하나님은 주고자 준비하시는데 어떤 시간도 걸리지 않으십니다. 왜냐하면 하나님은 이미 주셨기 때문입니다.

때로는 마귀의 반대가 하나님께서 이미 주신 것이 나타나는 것을 방해합니다. 다른 사람들이 우리의 기도 응답에 연관이 되기도 합니다. 그러므로 우리는 사탄이 어떻게 방해하고 있는지에 관한 지혜를 받아야 합니다. 그리하여 우리는 산더러 옮겨지라고 명령할 수 있습니다.

우리는 하나님의 법칙을 배워서 협조해야 합니다. 마귀를 대적하십시오. 문제를 향해 직접 말하십시오. 하나님께서 당신에게 주신 권세와 능력을 사용하십시오. 바람직한 결과를 얻기 위하여 당신의 기도가 적절하게 인도함을 받는 것은 중요합니다. 하나님께서는 이미 이루셨지만, 믿고 그의 공급하심을 자연 세계로 끌고 오는 것은 당신의 책임입니다. 당신이 믿음 속으로 들어가서 그 방법을 배우자마자 당신은 하나님께서 이미 이루신 것이 나타나게 할 수 있습니다.

거지, 구걸하는 자, 호소하는 자, 투덜대는 자, 불평하는 자가 되지 말고 명령자가 되어야 합니다. 하나님께서 이루어 놓으셨다고 말씀하신 것을 믿으십시오. 당신의 권세를 취하고 나타나도록 명령하십시오. 병을 고쳐 달라고 단순히 기도하기보다는 치유를 명령하십시오. 복을 달라고 기도하는 대신에 복을 명령하십시오. 그것은 엄청난 차이입니다!

다리가 되십시오!

당신은 진짜 영적 세계가 있다는 것을 이해할 필요가 있습니다. 하나님의 말씀의 창문을 통하여 당신은 영적 세계를 볼 수 있고 정확하게 이해할 수 있습니다. 다른 사람들이 했던 것과 배후에 이루어진 것들을 발견하고 묵상할 때, 그와 똑같은 일이 오늘날 당신 주변에 일어나고 있음을 확신하게 됩니다. 비록 물리적 감각으로 볼 수 없고 느낄 수 없어도 당신은 심령의 눈으로 그것을 인식할 수 있습니다.

하나님의 말씀으로 당신의 생각을 새롭게 하십시오. 당신 자신을 다리가 되게 하십시오. 그러면 하나님께서 영적 세계로부터 물리적 세계로 흘러가실 수 있습니다!

제 13 장

전쟁터

하나님은 영이십니다. 그래서 그는 영적 세계에서 일하십니다(요 4:24). 하나님께서 은혜로 주신 모든 것은 영적 세계에서는 이미 실재입니다. 그러나 물리적 세계에서 그것들이 나타나거나 나타나지 않는 것은 하나님께서 주신 것에 달려 있는 것이 아니라 받는 우리의 능력에 달려 있습니다.

우리가 기도 응답이 나타나는 시간을 단축시키기 위하여 할 수 있는 일들이 있습니다. 또한 그것이 지체되도록 하는 일들도 있습니다. 하나님께서 이미 주신 것들이 나타나도록 마귀를 다루는 것과 방해를 극복하는 것을 일반적으로 "영적 전쟁"이라고 부릅니다. 최근 이 주제가 강조되고 있기 때문에 다음 몇 장들은 이 책 전체에 있어서 큰 논란이 있을 수 있습니다.

영적 전쟁

사탄은 존재합니다. 이 세상에는 악한 영이 있습니다. 마귀 세력이 하나님과 그의 나라에 대항하여 싸우고 있습니다. 최근 20년 이전에는 대부분의 그리스도인들은 사탄의 간계를 매우 무시해 왔습니다. 많은 성도들이 모든 마귀들은 아프리카나 미개발된 나라들에 있다고 믿었습니다. 그들은 개발되고 문명화된 일부 서방 국가들에서는 마귀의 활동들이 있었다는 것을 믿지 않았습니다. 하지만 지난 20년 동안 그런 생각은 산산이 부서졌습니다. 특별히 은사주의 그리스도인들 가운데서 말입니다. 여전히 그것을 깨닫지 못한 몇몇 복음주의적 주류 교단들이 있지만 매우 많지는 않습니다.

하나님의 말씀을 진실로 믿는 사람은 사탄이 실제적인 적이라는 것을 인정하지 않으면 안 됩니다. 마귀는 예수님을 유혹했으며, 예수님께서 사역하시는 내내 주님을 대적했습니다. 성경은 주님께서 악한 영들을 쫓아냄으로써 사람들을 치유하신 많은 사례들을 기록하고 있습니다. "하나님이 나사렛 예수에게 성령과 능력을 기름 붓듯 하셨으매 그가 두루 다니시며 선한 일을 행하시고 마귀에게 눌린 모든 사람을 고치셨으니 이는 하나님이 함께 하셨음이라"(행 10:38).

하나님은 병이나 질병이 마귀에게 눌린 것이라고 매우 분명하게 말씀하십니다.

그리스도인들이 전반적으로 사탄이 존재하며 오늘날 그의 마귀 세력들이 활동하고 있다는 사실을 인식하고 있는 것은 좋은 일입니다. 그러나 이러한 과정 중에 많은 그리스도인들이 무지로 인해 매우 이상한 극단에 흔들려 왔습니다. 이런 까닭에 오늘날 많은 "영적 전쟁"의 가르침과 경험들이 마귀가 실제로 갖고 있지 않은 능력과 권세가 마귀에게 속한 것으로 보고 있습니다.

사탄은 우리를 방해하는 요소입니다. 그는 영적 세계에서 하나님께서 이미 하신 것을 물리적 세계로 나타나는 것을 방해합니다.

마귀를 대적하는 법과 그에 대항하여 권세를 취하는 법을 배워야 합니다. 그러나 저는 사탄이 이미 패배한 적이라는 것을 매우 분명하게 알리고자 합니다. 그가 뭔가를 할 수 있는 이유는 오직 우리들의 무지, 불신, 두려움 때문입니다. 오늘날 그리스도인들이 마귀의 존재를 알게 되었다 할지라도 그들은 대부분 사탄의 진짜 무기들에 대하여 여전히 모르고 있습니다(고후 2:11).

당신의 머리 속에서

다시 말씀드리지만 에베소서는 모든 것이 이미 이루어졌다는 관점에서 기록되었습니다. 문제는 하나님께서 이미 이루신 것을 소유하는 것이지, 하나님께서 무언가 새로운 것을 주시는 것을 얻고자 하는 것이 아닙니다. 이 점을 염두에 두고 바울이 마지막 장에서 이 편지를 어떻게 끝마쳤는지 살펴보겠습니다.

> 끝으로 너희가 주 안에서와 그 힘의 능력으로 강건하여지고 마귀의 간계를 능히 대적하기 위하여 하나님의 전신 갑주를 입으라 우리의 씨름은 혈과 육을 상대하는 것이 아니요 통치자들과 권세들과 이 어둠의 세상 주관자들과 하늘에 있는 악의 영들을 상대함이라   엡 6:10-12

이런 구절들은 우리가 전쟁 중에 있는 것을 매우 분명하게 드러내고 있습니다. 그리고 그것을 믿지 않는 자들은 지게 되어 있습니다!

전쟁은 당신 귀 사이에 있습니다! 하늘나라 어디에 있는 것이 아닙니다. 바로 당신의 생각mind 안에서입니다.

이제, 당신이 반대하기에 앞서 제가 말씀드리는 것을 끝까지 들어주시기를 권면합니다. 독자적으로 성경을 보시고 나서, 오늘날 그리스도의 몸에서 현재 가르치고 있는 것과 조장된 일반적인 예증들로부터가 아니라, 하나님의 말씀으로부터 당신이 결론을 내리시길 바랍니다.

우리는 전쟁 중에 있지만 하늘나라 어딘가가 아닙니다. 우리는 마귀 세력들과 싸우고 있습니다. 그리고 그들은 하늘에 존재합니다. 그러나 전쟁터는 당신의 생각입니다.

속임수와 거짓

11절을 주목하세요.

"마귀의 간계를 능히 대적하기 위하여 하나님의 전신갑주를 입으라."

간계는 거짓이요 기만이요 책략입니다. 이런 모든 단어들은 사탄의 유일한 능력이 속임수라는 것을 의미하고 있습니다. 그는 다른 사람에게 무언가를 하도록 강요하는 그만의 실제적인 능력을 가지고 있지 않습니다. 우리가 먼저 그에게 항복하면 안 됩니다. 그러므로 마귀는 실제적으로 그 진리를 알고 깨닫고 있는 자들에게는 힘을 쓰지 못합니다.

제가 이러한 것들을 많은 성경구절을 통해 확증할 것이지만,

우선 몇 가지 부가적인 설명을 하도록 하겠습니다. 다시 말씀 드리지만, 제가 이런 것을 입증하는 구절들을 보여드릴 때까지 당신이 저를 따라와 주시길 바랍니다. 오늘날의 '일반적인 신학'과 배치된다고 해서 이 책을 치우지 마시길 바랍니다. 그리스도 안에 있는 성도로서 당신은 이 진리를 깨달을 필요가 있습니다.

사탄은 절대적으로 패배한 적입니다! 그는 무언가를 할 수 있는 능력을 전혀 갖고 있지 않습니다. 그가 할 수 있는 것이라고는 궤계, 기만, 술책, 거짓을 통해 당신을 속이는 것밖에 없습니다. 그리고 그 능력들을 사용하여 당신이 그에게 항복하게 만듭니다. 그러므로 무지는 너무 비싼 대가를 치릅니다. 마귀의 목표는 당신으로 하여금 진리에 대하여 무지하게 만들고 그의 거짓말을 믿게 하는 데 있습니다.

바울은 모든 종류의 이상한 일들에 빠진 고린도교회 사람들을 호되게 꾸짖은 후에, 털어 놓았습니다.

"뱀이 그 **간계**로 하와를 **미혹**한 것 같이 너희 마음이 그리스도를 향하는 진실함과 깨끗함에서 떠나 **부패**할까 두려워하노라"(고후 11:3)

속이는 행위를 나타내는 모든 단어들인, "간계", "미혹", "부패"에 주목하세요. 사탄은 그리스도 안에 있는 명료함으로부터 우리의 마음을 부패케 함으로써 우리에게 대항합니다.

다른 말로 하면, 그는 우리로 하여금 복음은 실제보다 더 어려운 것이라고 생각하도록 만들고자 합니다.

유혹받은

창세기에서 마귀는 왜 호랑이를 선택하지 않았을까요? 그는 한두 번의 포효 소리로 하와를 협박할 수 있었을 것입니다. 왜 그는 털이 덥수룩한 매머드가 되어 발을 하와의 머리에 두고 이렇게 요구하지 않았을까요? "이 과일을 먹어. 그렇지 않으면 네 골을 부숴버릴 거야." 왜 그는 하와를 대적하기 위해 지상에서 가장 간교한 뱀을 선택했을까요? 왜냐하면 마귀는 자신이 아담과 하와를 강요하거나 협박하는 능력을 결코 갖고 있지 않은 것을 알았기 때문입니다. 대신에 그는 그들을 속여야만 했습니다(창 3:1).

사탄은 질문으로 속임수를 시작했습니다. "하나님께서 정말 그렇게 말씀하시더냐?"(창 3:1) 그는 하나님의 말씀에 도전했습니다. 우리로 하여금 하나님을 찾고 그분께 복종하며 마귀를 대적하게 할 수 있게 하는 것은 하나님의 말씀의 진리입니다. 만약 사탄이 하나님의 말씀에 도전함으로써 그들로 하여금 의문을 갖게 하거나 잘못 생각하게 하지 않았다면,

그의 유혹이 이루어지지 않았을 것입니다. 뱀은 강요하거나 협박하려고 오지 않고, 속이기 위해 왔습니다(저의 저서, 『기독 철학Christian Philosophy』은 이 주제에 대하여 더 깊게 다루고 있습니다. 그것은 기본적으로 창세기 3장에 대한 철저한 연구입니다.)

사탄은 그들이 이미 가지고 있는 것으로 아담과 하와를 유혹했습니다. 그는 "하나님처럼 되고 싶지 않니?"라고 물었습니다. 진실은 그들이 이미 하나님과 같았다는 것입니다. 실제로, 그들은 선악을 알게 하는 과실을 먹은 후보다 그 전에 더욱 하나님 같았습니다.

마귀는 "오, 그래, 확실히 하나님은 세상을 사랑하시지. 그런데 너는 왜 그분이 너를 사랑한다고 생각하니?"라고 말합니다. 그리고 그는 몇 가지 물리적이고 자연적인 방법을 통해, 하나님께서 당신을 사랑하시는지 사랑하지 않으시는지를 구별하는 느낌과 시도 속으로 당신을 몰고 갑니다. 거기에서 당신은 이미 이루어진 영적 세계에 있는 하나님의 말씀을 근거로 이해하지 않고 물리적인 세계에 있는 마귀의 영역에 서게 됩니다. 당신은 사랑받고 있다고 느끼지 않기 때문에 또 그 사랑으로 인해 소름이 돋지도 않기 때문에 "오, 하나님, 제 삶 속에 제발 당신의 사랑을 부어주세요."라고 기도합니다. 그것은 사실 불신의 기도입니다!

사탄은 사람들이 주님께로 오는 것을 방해하는 것을 좋아하나 그의 유일한 "능력"은 속임수와 거짓입니다. 마귀는 당신이 무언가를 하지 못하도록 막을 수 없습니다. 만약 그가 할 수 있었다면, 그는 당신이 거듭나지 못하게 했을 것입니다. 당신은 최악의 상태와 가장 연약한 상태에 있었을 것입니다. 당신은 예배, 금식, 기도, 성경 공부, 십일조를 하지도 못하고, 바르게 살지도 못했을 것입니다. 당신은 심지어 음란한 자, 마약 중독자, 야비한 자, 이기적인 자 등이 되었을 것입니다. 그러나 그러한 비참한 상태에서도 당신은 부름을 받아 모든 것들 중의 가장 큰 기적인 거듭남을 받았습니다. 만약 사탄이 그가 주장하는 대로 진짜 강력하다면, 그는 당신이 구원을 받지 못하도록 했을 것입니다. 그가 할 수 있는 것은 오직 "넌 얻지 못했어. 넌 얻지 못했어!"라고 말하면서 당신을 조롱하는 것뿐입니다. 그는 당신이 하고자 하는 것을 막을 수 없습니다. 사탄은 당신의 승낙과 협조없이는 당신에게 어떠한 일도 할 수 없습니다.

마귀는 당신이 거듭나지 못하기를 바랐지만, 당신이 구원을 받은 지금에는 차선책으로 "그래. 확실히 하나님은 이런 일들을 하실 수 있지만, 아직 그것들을 이루시지는 않으셨어."라고 말하면서 당신을 설득합니다.

엉덩방아를 찧지 마세요!

어렸을 때 줄다리기 시합을 했던 것을 기억합니다. 큰 진흙 구덩이 위로 긴 밧줄의 반대 끝을 잡고 두 팀이 당깁니다. 우리 팀은 상대방을 진흙 구덩이로 빠뜨리기 위해 최선을 다했습니다. 그러나 만약 그들이 이기고 있어서 진흙 구덩이가 더 가까워지게 되는 것을 보게 된다면, 우리는 그냥 밧줄을 놔버립니다. 우리가 이기지는 않았지만 적어도 상대팀은 엉덩방아를 찧고 말았습니다.

사탄은 오늘날 그와 똑같은 일을 합니다. 그가 당신이 승리하는 것을 막을 수 없다면, 그는 기어를 바꿔서 당신을 방심하게 만들어 함정 속에 빠뜨립니다. 근본적으로, 그는 성도에게 와서 "네가 참으로 그렇게 위대한 그리스도인이라면 왜 이것도 하지 않고 저것도 하지 않니?"라고 말합니다. 마귀는 당신이 하지 않는 것을 정죄할 것입니다. 그래서 당신이 물리적인 세계에만 집중하도록 만들 것입니다.

그러나 당신이 영 안에 모든 것을 이미 갖고 있다는 것이 진리입니다. 당신이 영 안에서 이미 갖고 있는 것을 삶 속에서 나타나게 하는 열쇠는 그것을 믿고 인정하는 것입니다.

"이로써 네 믿음의 교제가 우리 가운데 있는 선을 알게 하고 그리스도께 이르도록 역사하느니라"(몬 1:6)

당신의 믿음이 역사하도록 하는 방법은 그리스도 안에서 당신 안에 선한 것들을 인정하기 시작하는 것입니다. 그러나 대부분의 그리스도인들은 "내 속에는 좋은 것이 아무것도 없어!"라고 말하면서 로마서 7장을 가리킵니다.

"내 속 곧 내 **육신에** 선한 것이 거하지 아니하는 줄을 아노니"(롬 7:18)

당신은 이 구절을 적절하게 해석하기 위하여 강조된 부분을 이해할 필요가 있습니다. 만약 바울이 "곧 내 육신에"를 빼버렸다면 이 구절은 진실한 진술이 아닐 것입니다. 왜냐하면 그의 속에는 하나님께서 거하시고 계시고, 하나님의 모든 것과 그분이 이미 주신 모든 것은 선한 것이기 때문입니다. 그러나 바울은 그의 육체를, 거듭난 자아가 아니라 육체적인 것, 육신적인 것, 자연적인 것이라고 언급했습니다. 그리스도인이 그리스도를 떠나서 육신적으로는 아무것도 아님을 이해하는 것은 좋습니다. 그러나 그리스도 안에서 그들은 모든 것을 할 수 있으며, 많은 좋은 것들이 그 안에 거하고 있습니다. 승리의 삶을 위해서는 그리스도 안에서 당신이 누구인지에 초점을 맞출 필요가 있습니다!

사탄은 여기에다 그의 전쟁을 노리고 있습니다. 그는 특별히 그리스도 안에서 당신이 누구이며 무엇을 가지고 있는지에 대한 당신의 이해와 인식을 겨누고 있습니다. 그는 오직 속임수와 거짓으로 가득합니다. 마귀는 삶의 어떤 분야에서든지 아담과 하와를 실패하게 한 것보다 더 강력하게 당신을 실패하게 만들지 못합니다. 그는 당신을 속이지 않으면 안 됩니다.

그리스도 안에서 충만함

만약 당신이 아담과 하와를 속이고자 하는 마귀라면 당신은 어떻게 하시겠습니까? 그들은 결코 죄를 범하지 않았고 어떤 문제도 갖고 있지 않았습니다. 풍부한 먹거리가 있었으며 낙원에서 살고 있었습니다. 기본적으로 그들은 완벽한 환경 속에서 완벽한 삶을 살고 있는 완벽한 사람들이었습니다. 당신이 그와 같은 사람들을 어떻게 유혹할 수 있겠습니까?

그는 돈으로 그들을 유혹할 수 없었습니다. 그 때 그런 것은 없었습니다. 모든 필요한 것들이 풍성하게 공급되었습니다. 그는 간음으로 그들을 유혹할 수 없었습니다. 간음할 만한 다른 사람이 없었습니다. 그는 아픔과 고통과 과거 경험에 대한 괴로움으로 그들을 유혹할 수 없었습니다. 그들에게는 붙잡을 만한 의기소침, 실망이 아무것도 없었습니다. 완벽한 장소에서 완벽한 삶을 살아가는 사람은 돈, 섹스, 권세, 영광 등등으로 유혹될 수 없습니다. 그렇다면 그들은 무엇으로 유혹될 수 있겠습니까?

사탄은 "너희들은 다 갖고 있지 않아. 이것이 좋은 만큼 더 좋은 것들이 많다."라고 말하면서 그들에게 거짓말을 했습니다. 진실은 그들이 모든 것을 갖고 있었다는 것입니다. 그러나 마귀는 그들을 유혹하여 무엇이 될 것인가, 무엇이 될 수 있을것인가에 관하여 추측하게 했습니다. 그것을 통하여 완벽한 환경에서 완벽한 삶을 살아가는 사람들을 실패하도록 했습니다.

뱀이 아담과 하와가 충분하게 갖고 있지 않았다는 확신을 심어주었기 때문에 그들은 그 모든 것들을 던져버렸습니다. 오늘날 대부분의 사람들은 그런 완벽한 환경 속에서 살기 위하여 무언가를 주고자 합니다. 만약 당신이 아무런 물리적 문제들 없이 낙원에서 완벽한 삶을 살아가는 사람들로 하여금 모두 다 갖고 있지 않다고 생각하게 하고 하나님의 말씀을 의심하도록 하고 그의 선하심을 의심하도록 설득할 수 있다면, 장담하건데 당신은 타락한 세상의 어디를 보든지 고통, 비극, 부족함, 모든 것을 갖고 있지 않는 결핍을 보고 있는 사람들 또한 설득할 수 있습니다.

그러나 진실은 거듭났다면 당신은 모든 것을 갖고 있다는 것입니다. 당신은 그리스도 안에서 충만합니다(골 2:10). 당신이 필요로 하는 모든 것은 이미 당신에게 주어졌습니다. 당신은 뛰어난 능력과 권세를 갖고 있는 마귀의 실체와 대항하기 위해 서 있거나 싸우고 있지 않습니다. 대신, 당신이 하고 있는 일은 오직 아담과 하와에게 사용했던 것과 똑같은 그의 거짓말과 속임수를 상대로 싸우는 것입니다(저의 '믿는자의 권세The Believer's Authority'라는 강의가 이 문제를 더 깊게 다루고 있습니다).

혼의 진행

마귀와의 싸움은 당신의 생각 속에서 벌어지고 있습니다. 이것이 바로 하나님의 말씀이 그렇게나 필수적인 이유입니다. 사탄의 유일한 능력은 속임수입니다. 그는 거짓말하고, 자신을 본래보다 더 강력한 자인 것처럼 나타내고 있습니다. 그러나 그 속임수에 대한 대책은 진리입니다.

"진리를 알지니 진리가 너희를 자유케 하리라"(요 8:32)

만약 당신이 진리를 알면 진리가 당신을 자유케 할 것입니다.

우리가 육신으로 행하나 육신에 따라 싸우지 아니하노니 우리의 싸우는 무기는 육신에 속한 것이 아니요 오직 어떤 **견고한 진도** 무너뜨리는 하나님의 능력이라 모든 **이론**을 무너뜨리며 하나님 **아는 것**을 대적하여 높아진 것을 다 무너뜨리고 모든 **생각**을 사로잡아 그리스도에게 복종하게 하니

고후 10:3-5

우리의 전쟁은 생각과 이론과 견고한 진과 하나님의 말씀을 대적하는 지식을 대항하는 것임에 주목하십시오.

사탄은 당신이 그의 거짓을 믿지 않고 그의 속임수에 빠지지 않으면 아무런 힘이 없습니다. 대부분의 그리스도인은 마귀가 육체적인 인간인 우리보다 막대한 능력과 권세를 갖고 있다고 믿고 있습니다. 그것은 확실히 맞지 않습니다. 사탄은 패배한 적입니다. 그는 패배한 상태에 있지만, "우는 사자처럼 삼킬 자를 찾으며" 걸어 다닙니다(벧전 5:8). 마귀는 진짜 사자가 아닙니다. 그는 단지 그리스도의 몸을 협박하고자 애쓰며 포효하며 다닙니다. 그러나 실상 그의 이빨은 다 빠졌고 그가 할 수 있는 일이라고는 당신을 속이는 것뿐입니다. 당신이 그의 거짓말을 믿음으로 당신의 능력을 뺏기지 않는 이상, 사탄은 당신으로부터 어떤 것도 훔칠 수 없습니다. 그는 억누르고 멸망시키기 위해 무지와 두려움과 불신을 이용합니다.

제 14 장

마귀를 쫓아내다!

마귀는 우리를 방해하는 요소입니다만 그가 뛰어난 능력과 권세를 갖고 있어서가 아닙니다. 그는 사람을 속여서 두려움을 통해 그에게 항복하게 만듭니다. 이것이 실제적으로 그에게 능력을 주는 것입니다. 사탄은 각 개인들의 두려움을 취하며 그것을 사용하여 그들을 대적합니다.

영적 세계에 대한 자각은 1968년, 제가 처음 주님께로 회심했을 때 극적으로 증가되었습니다. 저는 하나님께서 살아계실 뿐만 아니라, 이 세상에서 일어나는 많은 일들이 마귀들 때문인 것을 알게 되었습니다. 제가 성장했던 교단에서는 모든 마귀들이 아프리카에 있다고 믿었습니다. 여기 미국에는 귀신같은 것이 있다고 생각하지 않았습니다. 그것은 논쟁거리가 되지 않았습니다. 심지어 그것에 관하여 말하는 것은 실제적이 아니었습니다. 그러나 제가 성경을 읽기 시작하면서 이 진리가 제게 뛰어나왔습니다. 성령님께서는 아픔, 질병, 정신적 문제와 같은 많은 것들이 근본적으로 마귀에 의한 것임을 제게 보여주셨습니다. 그래서 저는 사람들을 위해 기도하기 시작했습니다. 그리고 그들이 마귀로부터 벗어나게 된 것을 보게 되었습니다!

우리는 많은 것을 알지 못했지만 하나님께서 놀라운 일들을 행하셨습니다. 우리는 마약 중독자들이 주저함 없이 마약으로부터 벗어나는 것을 보았습니다. 또한 동성애자들이 완전히 자유하게 된 것을 보았습니다. 우리들이 몇 가지 큰 성공을 경험했다고 해도 우리는 여전히 사탄에 대하여 매우 무지했습니다. 영적 전쟁이 있다는 것을 알고 있었습니다만 우리는 그것이 정확히 어떻게 일어나는지를 알지 못했습니다. 그것은 마치 한쪽 눈을 감고 허공을 치면서 마귀와 싸우는 것과 같았습니다.

실수들

그러나 몇 가지 나쁜 일들이 있었습니다. 저는 거의 독점적으로 이 분야의 사역에 집중했던 한 사람이 쓴 축사(귀신을 쫓는 사역)에 관한 책을 읽었습니다. 제가 한번 모임에서 그의 이름을 언급했는데, 후에 여러 해 동안 그의 교회의 교인이었던 한 여인이 제게 왔습니다. 그녀는 그녀가 그 교회에 출석했을 때 마귀가 그녀와 그녀의 가정을 망가뜨렸다고 말했습니다. 그녀는 그 목사님과 그의 목회가 마귀의 세력에 의하여 어떻게 괴롭힘을 당하게 되었는지에 대한 자신의 개인적인 경험을 토대로, 제가 나누는 사탄의 실체에 관한 하나님의 말씀을 격려하였습니다.

우리는 축사를 이해하기 위하여 필사적으로 그분의 책을 읽었습니다. 그는 누군가가 마귀로부터 벗어날 때 마치 토하는 것과 같은 물리적인 나타남을 보지 않으면 안 된다고 가르쳤습니다. 또한 귀신들에게 말을 해서 그들의 이름을 물어봐야 한다고 했습니다. 그리고 강한 자를 발견하게 되면 어떤 곳으로 그들을 쫓아야 한다고 말했습니다. 그냥 쫓아내는 것이 아니라 어디로 가야할지 그들에게 말해야 한다고 했습니다. 또한 그는 말하기를 그것들을 쫓아낼 때 혼자서는 할 수 없고 적어도 두 사람이 함께 해야 한다고 했습니다. 왜냐하면 귀신들이 한 사람은 이겨낼 수 있기 때문이라는 것입니다. 그리고 성경적인 선례가 전혀 없는 다른 것들이 모두 그 책 안에 있었습니다. 그런 것들은 단지 그 사람의 개인적인 예화였습니다. 저는 그가 마귀에게 속한 자라고 말하는 것은 아니지만 그는 몇 가지 실수들을 범했습니다.

저 역시 축사를 하면서 몇 가지 실수를 범했습니다! 대부분의 실수는 우리가 그 사람의 책을 읽어서 얻은 정보에 근거한 것이었습니다. 우리는 축사를 위한 준비로 3주 동안 사람들을 상담하곤 했습니다. 오늘날도 어떤 사람들은 여전히 그런 것들을 요구하고 있습니다. 저는 콜로라도 주 스프링스에 살고 있는 어떤 사람을 알고 있는데 그 사람은 축사를 받기 위해 다섯 장의 용지에 기입해야만 했습니다. 그는 예약을 해야 했으며 귀신으로부터 벗어나기 위해 45일을 기다려야만 했습니다. 그것은 절대적으로 어리석은 일입니다! 예수님께서는 결코 사람들에게 용지에 기입하라고 말하지 않으셨습니다. 예수님은 그 사역을 위해 한 달 반 동안 기다리라고 요구하지도 않으셨습니다. 누군가를 정죄하기 위해 이런 말을 하는 것이 아닙니다. 저 역시 그런 식으로 했었습니다. 그러나 저는 귀신들을 쫓아내기 위한 더 나은 방법을 발견했습니다.

정신을 놓다!

제 친구들과 저는 비주류파 침례교에 있었을 때 처음으로 귀신의 나타남을 보게 되었고, 확실히 그것이 귀신이 나타난 것이라는 것을 알았습니다. 침례교인으로서, 우리는 귀신들림과 방언을 말하는 등의 초자연적인 것을 믿었기 때문에 다소 급진적이었습니다. 어떤 여인이 우리 작은 침례교회에 와서 주님을 영접했습니다. 확실하게 회심했지만 그 여인은 여전히 동성애자의 삶을 살아가고 있었습니다. 어느 날 직장에서 그 여자는 완전히 정신을 잃었습니다. 그 여자는 자기 이름이 무엇인지 집이 어디인지 심지어 그 건물에서 무엇을 하고 있는지도 알지 못했습니다. 말 그대로 그 여자는 정신을 잃었기 때문에 아무것도 알지 못했습니다. 누군가가 그 여자에게 걸어가서 그녀의 이름을 부르면서 말했습니다. "일이 끝난 후에 봐요. 당신을 집에다 바래다줄게요." 그 사람으로 인해 그 여자는 자기 이름을 알아냈습니다. 집으로 가는 동안 그녀는 자기 지갑에서 열쇠들을 발견했고 그 중의 하나로 문을 열었습니다. 우리는 집에 있는 그 여자를 발견했습니다. 그 여자는 완전히 멍하게 있었습니다!

마귀의 역사인 것을 알았습니다. 우리가 그 여자를 정부 기관에 데리고 가면 그들은 그 여자를 어디엔가 정신병동에 둘 것이고 약물 치료를 받게 되어 어쩌면 그 여자는 다시는 예전처럼 살지 못할지도 몰랐습니다. 우리는 해결해야 할 문제가 영적인 것이지 물리적인 것이 아니라는 것을 알았습니다.

우리는 그 여자를 방 안에 가두었습니다. 우리가 아는 것은 분명히 마귀의 짓이라는 것이었습니다. 우리가 기도하고 찬송을 부르기 시작했을 때 그 여자는 발작을 일으켰습니다. 한번은 우리가 그 여자를 진정시키려고 하자 그 여자는 한 손으로 우리 두 사람을 잡더니 그녀의 머리 위 벽을 향하여 우리를 던져버렸습니다. 성경에 나오는 군대 귀신처럼 초자연적인 힘이었습니다!(눅 8:29-30)

우리는 귀신의 나타나는 것을 보게 되었습니다. 우리는 방 안에다 그 여자를 가두고 포기하지 않으며 그녀를 지켰습니다. 우리는 그녀에게서 마귀를 제거하는 법을 정확히 알지 못했지만 일주일 넘게 인내와 믿음을 통하여 모든 종류의 귀신들이 나오는 것을 보았습니다. 그 때문에 소문이 퍼져서 많은 사람들이 우리에게 왔습니다. 우리는 많은 사람들이 자유하게 된 것을 보았지만 우리 역시 (마귀에게 능력을 주고 실재보다 더 많은 명성을 마귀에게 주는 것과 같은) 이런 기묘한 것에 빠져들었습니다.

"오늘밤은 아닙니다!"

어느 수요일 저녁, 축사를 위해 여러 주간 동안 우리가 다루고 있었던 동성애자가 예배 도중에 들어 왔습니다. 그 남자는 축사를 받아야 하는 다른 동성애자까지 데리고 왔습니다.

그는 "저는 오늘밤 마귀로부터 벗어날 준비가 되어 있습니다."라고 말했습니다.

제가 대답했습니다. "오늘밤은 안 됩니다."

"왜요?"

"왜냐하면 저 혼자 있기 때문입니다. 부목사가 회의 참석차 가고 없습니다." 저는 부목사와 함께 귀신들을 쫓아냈었습니다.

그가 대답했습니다. "저는 귀신들과 함께라면 이 자리를 떠나지 않을 겁니다!"

"저는 귀신들을 쫓아내지 않을 겁니다!"

그가 저를 곧바로 쳐다보고 선언했습니다. "당신이 무언가를 하는 편이 좋을 것입니다. 저는 귀신들과 함께 떠나지 않을 테니까요."

저는 어떻게 해야 할지 몰라서 제이미를 불렀습니다. 그녀는 아직 제 아내가 아니었고, 단지 기도파트너였습니다. 그녀는 전에 귀신을 쫓아내는 것을 본 적이 없었고 아직 성령 세례를 받지도 못했습니다! 그러나 제이미와 저는 교회의 뒷방으로 들어갔습니다.

이 방은 양쪽에 창문이 있었고, 양쪽 벽으로 의자들이 쌓아올려져 있었습니다. 저는 그 남자에게 "저는 안 할 겁니다."라고 말했습니다.

그가 대답했습니다. "그리스도의 피를 주장하십시오!" 그것은 우리가 배웠던 또 다른 이상한 개념이었습니다. 우리는 그들로부터 나온 귀신들이 우리에게 들어오지 못하도록 "그리스도의 피를 주장해야plead the blood" 했습니다. 그것은 전적으로 잘못된 것입니다!

저는 기도하기 시작했습니다. "아버지, 무엇을 해야 할지 모르겠습니다!" 이 남자는 즉시 땅바닥에 쓰러지더니 개처럼 짖기 시작하고 뱀처럼 꿈틀꿈틀 기어가고 벽 쪽에 쌓아 놓은 의자들을 집어 던졌습니다. 다른 귀신 들린 친구는 열 겹으로 쌓아 올린 의자 꼭대기 위에 올라갔습니다. 제이미는 거기에서 그녀가 할 수 있는 한 가장 빠르고 격렬하게 기도를 했습니다!

너무나 간단한

저는 무엇을 해야 할지 몰라 귀신들에게 이름을 물어보기 시작했습니다. "네 이름이 무엇이냐? 예수님의 이름으로 명하노니 네 이름을 말하라!" 깊게 들어갈 필요 없이, 우리는 그들에게 이름을 물어보고 말을 하는 방식을 취했습니다. 모든 종류의 귀신들이 등장했습니다.

이 귀신들이 저를 놀리고 있었습니다. 그들은 나타나서 그들의 이름을 말했으며, 그리고 다른 것이 나타나기 전에 떠났습니다. 절망 중에 저는 기도했습니다. "오, 하나님, 도와주세요!" 주님께서 저로 하여금 그가 귀신들에게 잠잠하고 나오라고 명령하셨던 것을 생각나게 하셨습니다(막 1:25). '그래, 그게 좋겠어.'라는 생각이 들었습니다. 그래서 저는 선포했습니다. "예수님의 이름으로 명하노니 너희 모두는 잠잠하고 이 사람에게서 나오라!" 그랬더니 그가 즉시 멈췄습니다.

이 남자는 바닥에 넘어져서 죽은 것처럼 보였습니다. 그러나 제가 그를 뒤집었을 때, 그는 "예수님, 감사합니다. 해방되었습니다. 그들이 갔습니다. 감사합니다!"라고 말하며 하나님을 경배하고 있었습니다. 그는 완전히 자유롭게 되었습니다. 적어도 열 명의 귀신들이 이 남자에게서 떠나간 것으로 추정됩니다.

저는 스스로 생각했습니다. '우리가 평소 해왔던 것보다 너무나 간단한 방법이구나!' 우리는 귀신들의 이름을 물어보며 그것들과 말을 하며 다른 모든 방법들을 사용하는데 익숙해 왔습니다. 저는 곧바로 분석했습니다. "내가 마귀에게 너무 많은 자리를 내어 줬구나." 저는 그리스도의 피를 주장해야만 하고 적어도 두 사람이 있어야 된다는 등의 생각을 해 왔습니다. 그러나 그런 것들이 중요한 것이 아니었습니다. 단지 제가 믿음으로 선포할 때 그것들은 떠났습니다. 하나님의 말씀을 공부하면서 이것이 예수님께서 하셨던 방법이라는 것을 발견하게 되어 저는 점점 담대해졌습니다.

신체적인 공격

그 당시에 저는 부주의하게 마귀에게 너무 많은 초점을 두었습니다. 축사를 위해 많은 사람들이 우리에게 왔고, 너무 많은 귀신들이 나타났기 때문에 우리는 계속해서 사탄에 관하여 말하고 있었습니다. 저는 기도 중에 하나님보다는 마귀에 대하여 말하는데 더 많은 시간을 사용하고 있는 것을 알았습니다(당시 저는 하루에 2~4시간씩 기도했습니다). 무언가가 잘못되었다는 생각이 들었습니다.

오늘날 많은 사람들이 이런 이상한 형태의 영적 전쟁에 들어가 있습니다. 그들의 "기도 생활" 전체는 마귀를 결박하고 꾸짖는 것으로 마무리됩니다. 기도하는 중에 그들은 하나님께 말씀드리는 것보다 더 많이 사탄에게 끊임없이 말하고 있습니다. 뭔가 잘못되었습니다!

같은 시기에 저는 텍사스 알링턴에 있는 알링턴 크리스천 센터를 열고자 했습니다. 우리는 이전에 남학생 회관으로 사용되었던 건물을 임대했습니다. 우리는 이 건물을 귀신에게 사로잡힌 사람들을 돌보는 장소로 삼고자 했습니다. 우리는 페인트칠을 하면서 건물을 깨끗이 청소하는 과정 중에 있었습니다.

어느 날 저녁, 저는 거기에서 교인들과 함께 철야기도 모임을 인도했습니다. 사람들이 와서 기도하고 가고 저만 그 건물 안에 남아 있었습니다. 제가 계속하여 기도를 하고 있는데 그 방 안에 있는 무언가가 제 목을 조르기 시작했습니다. 저는 아무것도 보이지 않았지만 신체적으로 목을 졸리고 있었고 매를 맞고 있었습니다. 귀신들이 육체적으로 저를 공격했습니다!

"무슨 뜻입니까?"

저는 그 건물로부터 뛰쳐나와 그 문을 잠궜습니다. 그리고 제 차에 탔습니다. 차도로 후진하고 나서 차를 급발진시켜 거기로부터 급히 도망치려고 할 때 주님께서 제게 말씀하셨습니다. 그분은 이렇게 물으셨습니다. "어디로 갈거니?"

제가 대답했습니다. "하나님, 여기로부터 벗어나고자 합니다. 저 건물 안에 귀신들이 있습니다!"

주님께서 조용히 계속 말씀하셨습니다. "에베소서 6장에 마귀를 대적하는데 네가 사용하는 전신갑주는 전방에 있다. 후방에는 무기가 아무것도 없다."

제가 "무슨 뜻입니까?"라고 묻긴 했지만 저는 이미 심령으로 알고 있었습니다. 주님께서 말씀하신 의미는 제가 마귀로부터 등을 돌릴 수가 없다는 것이었습니다. 저는 마귀와 대항했어야 했습니다. 그러나 저는 주님께 물어보기로 했습니다. "주님, 무슨 뜻입니까? 제가 다시 건물로 돌아가는 것을 원하시는 것은 아니시죠? 그렇죠?" 조용했습니다.

주님은 당신과 논쟁하시지 않습니다. 그는 단지 말씀하셔서 무엇을 해야 할지 당신이 결정하도록 놔두십니다. 이 일은 새벽 2시에서 3시 경에 일어났습니다. 잠깐 동안 차에 앉아 있은 후에 저는 건물로 되돌아가서 엔진을 끄고 안으로 들어갔습니다. 저는 건물 안에서 머물며 아침 6시까지 귀신 세력들과 싸웠습니다. 그 후로 그 건물은 깨끗해졌고 귀신들은 떠났습니다!

그 당시에 저는 사탄이 신체적으로 저를 공격하는 많은 꿈을 꾸었습니다. 일어나서 '이것은 단지 꿈이야'라고 생각한 후에 목욕실에 들어가면 피가 흐르고 있는 것을 발견했습니다. 저는 분명히 귀신의 나타남을 경험했습니다!

너무 많이 인정합니다!

어떤 사람들은 "그것은 마귀가 강력하고, 당신이 그의 영역에 끼어들어 방해하고 있었기 때문입니다."라고 말할지도 모릅니다. 아닙니다. 저는 삶 속에서 마귀를 결박하고, 꾸짖고, 그에 관하여 배우고, 관심을 기울이는데 많은 시간을 사용하면서 사탄을 지나치게 중요하게 여기고 있었습니다. 주님께서 제가 마귀에게 영광을 돌리고, 그가 갖고 있는 것보다 더 많은 능력을 마귀에게 주고 있다는 것을 제게 보여주셨습니다. 저는 즉시 회개하고 최상의 방어는 좋은 공격이라고 결정을 내렸습니다. 그래서 저는 끊임없이 그리고 담대하게 하나님을 찬양하고 예배를 드리기 시작했습니다. 제가 하나님께만 초점을 맞추면 제 삶 속에 들어오는 사탄의 침입을 완전히 멸망시키리라는 것을 믿습니다.

지금 30년이 지났지만 저는 그 날 귀신이 나타났던 것과 같은 경험을 다시는 하지 않았습니다. 저는 제가 누군가로부터 귀신들을 쫓아내고 있을 때처럼 제 주변 사람들에게 마귀들이 나타나는 것을 봤습니다(제가 가지고 있는 몇 개의 테이프를 통해서 당신은 사람이 아닌 목소리와 사람들의 비명 소리들을 들을 수 있습니다). 그러나 그 이후로 저는 마귀와 신체적으로 싸운 적이 결코 없었습니다. 그런 것이 일어났던 유일한 이유는 제가 두려움을 갖고 제 삶 속에서 마귀를 지나치게 강조한 나머지 마귀에게 권세를 주었기 때문이었습니다.

　이런 일은 오늘날 그리스도의 몸 안에서 계속해서 일어나고 있습니다. 우리는 사탄을 너무 많이 인정해 주었습니다. 그는 우리의 방해 요소로서, 삼킬 자를 찾으며 돌아다닙니다. 그러나 마귀가 누군가에게 정말로 뭔가를 할 수 있는 단 하나의 이유는 그들의 두려움을 통하여 그에게 권세를 주기 때문입니다. 오늘날 "영적 전쟁"에 관하여 가르쳐지고 있는 것들의 대부분이 사탄이 실제적으로 갖고 있는 것보다 더 많은 능력과 권세를 가지고 있는 것으로 생각하게 하고 있습니다.

　마귀에게 큰 능력이 있다고 가르치며 확실한 것이 일어나기 전에 곳곳에 있는 주관자들을 결박해야 한다고 말하는 "영적 전쟁" 컨퍼런스들은 하나님의 말씀과 배치되는 개념들을 주고 있는 것입니다. 사탄은 능력과 권세를 전혀 갖고 있지 않습니다. 그가 가진 것은 오직 속임수뿐입니다. 이런 잘못된 개념들로 인해 실제적으로 많은 그리스도인들이 마귀에게 항복하고 그에게 권세를 주고 있습니다.

제 15 장

승리의 행진

또 범죄와 육체의 무할례로 죽었던 너희를 하나님이 그와 함께 살리시고 우리의 모든 죄를 사하시고 우리를 거스르고 불리하게 하는 법조문으로 쓴 증서를 지우시고 제하여 버리사 십자가에 못 박으시고 **통치자들과 권세들을 무력화하여 드러내어 구경거리로 삼으시고 십자가로 그들을 이기셨느니라**
　　　　　　　　　　　　　　　　　　　　　　　골 2:13-15

"무력화하다spoil"라는 말은 "정복한 적으로부터 모든 귀중품을 취하는 것"을 의미합니다. 그것은 과일이나 고기가 썩는 것spoil을 뜻하는 것이 아닙니다. 무력화하는spoil 것은 정복지에서 이루어집니다. 적을 정복하고 그들에게서 모든 것을 취하는 것입니다.

사탄, 정사, 모든 귀신의 세력들은 탈취되었습니다. 십자가와 부활을 통하여 예수 그리스도께서 마귀로부터 모든 능력과 권세를 벗겨버리셨습니다. 첫 아담은 타락했을 때 능력과 권세를 내 놓아야 했을지도 모르지만 마지막 아담이 부활함으로써 되찾아 왔습니다. 이제 사탄은 능력도 권세도 없습니다. 그의 유일한 무기는 속임수입니다. 만약 당신이 마귀의 거짓에 굴복하면 그는 당신의 능력과 권세로 당신을 대적하게 됩니다!

"드러내다show"라는 말은 "전람회exhibition"와 "전시품exhibit"이라는 단어들과 같은 헬라어에서 파생되었습니다. 다른 말로 하면, 하나님께서 마귀로부터 전시품을 빼앗아 전람회를 여신 것입니다.

고등학교 생물 시간에 당신은 아마 곤충이나 다른 것들을 잡아 죽여서 표본을 만들고 그것이 무엇인지 아래에다 기록해 보았을 것입니다. 두꺼운 종이에다 핀으로 그것들을 고정시켜 놓습니다. 당신은 그것을 "전시품"이라고 부릅니다.

제가 마귀를 보는 법이 바로 그것입니다. 한때 예수님을 매달았던 것과 같은 못으로 십자가에 못 박힌 채 달려 있는 것! 마귀는 가치 있는 것을 완전히 빼앗긴 전시품입니다. 예수 그리스도께서 사탄의 전람회를 여셨습니다.

승리의 행진

"그들을 이기셨느니라triumphing over them"라는 구절은 말 그대로 승리의 행진을 의미합니다(골 2:15). 로마인들은 정복지에서 본국에 돌아올 때 사람들 앞에 정복한 적들과 전리품들로 행진하는 관습을 갖고 있었습니다. 그들이 전쟁에 나가 적들과 싸워 이기면 그들이 돌아올 때 이런 영광스러운 승리의 행진을 가졌습니다. 그러나 만약 그들이 이기지 못했다면 그들은 이런 승리의 행진을 갖지 못했습니다.

로마 시민들은 이런 행진을 하지 않으면 그들을 약탈했던 적들이 아직 패배하지 않은 것으로 알았습니다. 그들은 적의 귀환을 걱정하고 염려해야 했습니다. 그들의 군사가 큰 싸움에서 이겼더라도 그들이 적장이나 왕을 완전히 정복하지 않았다면 그들이 행진을 보게 될 때에 로마인들은 적장이 그들에게 대항하고자 군사들을 다시 한 번 집합시킬 것이라는 두려움 속에 끊임없이 살아야 할 것입니다.

그러나 그들이 적을 정복했을 때 로마인들은 적장이나 왕을 죽은 채로나 산 채로 사람들에게 행진하게 했습니다. 만약 적장이 죽었다면 그들은 절단된 머리와 죽은 시체를 보게 되었습니다. 그러나 그들은 보통 산 채로 적장을 사로잡아 오고자 했습니다. 그들은 힘세고 중요한 사람으로 보이게 만든

갑옷, 왕의 예복과 보석들을 완전히 그들에게서 벗겨버렸습니다. 완전히 발가벗기고 수치스럽게 말 병거에다 묶었습니다. 그들은 거리 속으로 걷거나 끌려갔으며 다시는 칼을 잡지 못하고 전쟁터에 서지 못하도록 그의 양 엄지손가락과 엄지발가락을 잘라버렸습니다. 이런 식으로 로마인들은 정복한 왕을 행진시켰습니다.

이런 승리의 행진은 모든 로마 시민들에게 그들의 적이 섬멸되었다는 것을 보여주었습니다. 이 사람이 그들에게 대항하여 전쟁을 일으킬 수 있다는 모든 두려움을 완전히 제거해 버렸습니다. 그 행진에서는 일반 시민들이 적장을 모욕하고 때리고 침을 뱉을 수 있도록 그를 전시해 놓았습니다. 행진의 목적은 그들의 두려움을 완전히 없애는데 있었습니다.

성경은 분명하게 이것이 예수님께서 마귀에게 행하셨던 것이라고 선포하고 있습니다. 예수님께서는 언제나 완벽하게 마귀를 패배시켰습니다. 그리스도께서 "자녀들은 혈과 육에 속하였으매 그도 또한 같은 모양으로 혈과 육을 함께 지니심은 죽음을 통하여 죽음의 세력을 잡은 자 곧 마귀를 멸하시며 또 죽기를 무서워하므로 한평생 매여 종 노릇하는 모든 자들을 놓아 주려 하심이니"(히 2:14-15). 종노릇 하게 하는 것은 죽음에 대한 두려움이었다는 것에 주목하십시오. 사탄은 지금 아무런 권세를 갖고 있지 않습니다. 그는 단지 속임수로 당신을 대항하러 오고 있습니다. 그러나 예수님께서 우리를 건져내 주셨습니다.

놓쳤습니까?

승리의 행진이 있었습니다! 마귀는 성경을 통하여 끌려 다녔습니다. 그리고 결정적인 한방으로 완벽하게 아무것도 아닌 것으로 드러났습니다. 그는 아무것도 아닙니다!

문제는 대부분의 그리스도의 몸이, 특별히 "영적 전쟁"을 하는 무리에서 그 행진을 놓쳤다는 것에 있습니다. 사탄은 살아 있으며 전쟁을 벌이고 있습니다. 그러나 그것은 엄청난 능력과 큰 권세를 갖고 있는 귀신들과의 하늘 싸움이 아닙니다. 모든 마귀들은 거짓을 말하고 속이는 대단한 능력을 갖고 있습니다. 사탄에게 영광을 돌리지 말아야 합니다! 그가 참으로 갖고 있지 않는 능력을 마귀에게 주지 말아야 합니다! 그의 거짓을 대적하십시오. 그리고 진리를 믿으십시오. 마귀에게가 아니라 하나님께 초점을 맞추십시오. 진짜 싸움은 당신의 머릿속에 있습니다. 그러므로 행진을 기억하십시오!

많은 "영적 전쟁"을 하는 사람들은 당신이 어떤 곳에 가서 효과적으로 복음을 전파하기 전에 이런 모든 것들을 하지 않으면 안 된다고 생각합니다. 당신은 "영적 지도"를 만들어서 영적 요새를 만들기 위해 과거에 어떤 더러운 것들이 발생했는지를 발견해야 하고 중보자를 보내어 여러 달, 여러 해 또는 십년에 걸쳐 기도를 하면서 하나님의 말씀이 궁극적으로 효력을 발휘하도록 귀신의 세력들을 꾸짖고 결박하지 않으면 안 된다고 말입니다. 아닙니다! 아닙니다! 아닙니다!

하나님의 말씀에는 이런 전례가 전혀 없습니다. 신약 어디에도 그런 것을 찾을 수 없습니다. 절대적으로 잘못된 것입니다!

그렇습니다. 귀신의 세력들이 있습니다. 그렇습니다. 마귀의 계급이 있습니다. 그렇습니다. 특별한 장소에 그들이 배치되어 있습니다. 그러나 그것은 당신이 그들을 다루는 방법이 아닙니다! 더 많은 사람이 거듭나지 못하고 자유하게 되지 못한 것이 우리가 기도하지 않았고 "영적 전쟁"을 충분히 하지 않았기 때문이라고 설교하는 것은 잘못된 적용입니다.

예수님께서는 결코 먼저 누군가를 보내어 하나님의 말씀이 퍼져나갈 수 있도록 기도하고 마귀를 결박하고 장소를 준비하라고 하지 않으셨습니다. 그분은 사람들로 하여금 그분이 오는 것을 알도록 제자들을 앞서 보내셨습니다. 제자들 역시 기적을 행하여 사람들을 예수님께로 나오게 했습니다. 그러나 예수님이나 베드로, 바울이 성도들로 하여금 기도하고 이 모든 다른 것들을 하도록 앞서 보내지는 않았습니다(저는 『더 좋은 기도 방법A Better Way to Pray』에서 더 완벽하게 이 문제를 다루고 있습니다).

구약 대 신약

구약에서 당신은 어떤 도시들과 특별한 사람들을 위한 각기 다른 기도의 예를 보게 됩니다. 아브라함은 소돔과 고모라를 위해 중보 했습니다(창 18장). 모세는 그의 동료들과 이스라엘의 자녀들을 위해 중보 했습니다(민 12장, 14장). 그들은 죄 때문에 징계를 내리고자 하는 하나님의 분노에 대하여 자비를 호소했습니다. 그러나 그것은 오늘날과는 매우 다릅니다(이런 내용은 저의 책, 『영적 권세Spiritual Authority』와 『믿는 자의 권세The Believer's Authority』에 언급되어 있습니다).

구약에서 일어난 것과 오늘날 신약에서 일어나고 있는 것 사이에는 엄청난 차이가 있습니다. 구약에서는 아직 예수님께서 우리들의 죄를 위한 속죄를 하지 않으셨습니다. 그분은 아직 우리를 위해 지옥에 가시지 않았으며, 영원한 중보자가 되시지 않았습니다(히 7:25). 그러므로 구약 시대 성도들이 자비를 구하는 것은 적절합니다. 왜냐하면 자비가 아직 완전히 주어지지 않았기 때문이었습니다. 어느 정도 주어졌으나 그것은 외상 같은 것이지 실제적인 거래가 아니었습니다. 속죄는 아직 이루어지지 않았습니다.

그러나 십자가를 넘어 이쪽 편에서는 하나님과 관계되는 방식에 있어서 엄청난 차이가 있습니다. 오늘날 하나님께서는 진노가 아니라 자비와 은혜를 부어주시고 있습니다(고후 5:19). 하나님께서는 사람들의 죄를 그들에게 돌리지 않으셨습니다. 죄 때문에 하나님께서 진노하시고 이 나라를 심판하려고 하신다는 생각은 전적으로 잘못된 것입니다. 우리가 회개하지 않고 중보자들이 연합하여 하나님의 진노가 멈추도록 하나님께 호소하고 구걸하지 않는다면 심판을 내리시려고 한다고 믿는 것은 잘못된 것입니다. 예수 그리스도께서 이미 모든 죄를 위해 속죄하셨습니다. 그는 모든 종류의 중보를 끝내는 중보자이십니다!

오늘날 경건한 종류의 중보가 있습니다. 간단히 말하면 "아버지, 당신은 좋은 하나님이심을 알고 있습니다. 당신은 우리를 사랑하십니다. 열 명의 의인들만 있었다면 당신은 소돔과 고모라를 남겨두셨을 것입니다. 이 나라에는 열 명보다 더 많은 의인이 있습니다. 만약 우리가 회개하지 않으면 당신이 심판과 암흑, 멸망을 보내실 것이라는 예언들이 당신으로부터 오지 않았음을 알고 있습니다. 아버지, 우리를 심판하시는 것을 좋아하지 않으심을 감사드립니다."

오해하지 마십시오. 죄에 대한 결과가 있습니다. 사람들이 하나님을 싫어하고 그분을 찾지 않을 때 그들은 야비해지고 이기적이 됩니다. 범죄와 문제들이 기승을 부리고 있습니다. 참사들과 테러 공격들이 일어나고 있습니다. 그것은 단지 심는 대로 거두는 것입니다. 나쁜 씨를 뿌려서 부정적인 수확을 거두는 것은 하나님께서 진노를 내리시는 것과는 다릅니다. 하나님께서는 오늘날에 그리고 이 시대에 사람들에게 심판을 가져오시지 않습니다. 물론 하나님께서 심판하러 오실 때가 다가오고 있습니다. 그분은 공정하게 하실 것입니다. 그러나 교회 시대 동안에는, 자비와 은혜를 내려주고 계십니다.

신약의 중보

신약 시대의 중보자는 하나님께서 예수 그리스도의 중보 사역 때문에 그의 진노를 거두셨다는 것을 인식하고 있습니다. 지금은 모세가 했던 것처럼 하나님께 자비를 간청할 필요가 없습니다(출 32:12). 예수님께서는 우리의 죄 뿐만 아니라 온 세상의 죄들을 위하여 속죄하셨습니다. 하나님께서 그의 진노를 거두고 지금은 어디에나 모든 사람들에게 자비와 은혜를 확장하고 계십니다.

거듭난 성도가, 모세가 했던 것처럼 하나님 앞에 서서 회개한다고 말하는 것은 잘못된 것입니다. 모세는 잘못하지 않았지만, 그 당시에는 하나님께서 진노를 부으시고 있었습니다. 그러나 우리는 새 언약 속에서 살고 있습니다.

"곧 하나님께서 그리스도 안에 계시사 세상을 자기와 화목하게 하시며 그들의 죄를 그들에게 돌리지 아니하시고 화목하게 하는 말씀을 우리에게 부탁하셨느니라"(고후 5:19)

"오, 하나님, 당신의 맹렬한 진노를 거두어주시고 당신의 능력을 부어주세요. 제발 역사해 주세요."라고 기도하는 것은 주 예수 그리스도의 속죄와 중보를 부인하는 것입니다.

구약 시대 때에 이루어졌던 중보 방식과 신약 시대 때에 이루어진 중보 방식 사이에는 엄청난 차이가 있습니다. 오늘날 "중보"와 "영적 전쟁"에 관한 많은 가르침은 전적으로 구약 시대적인 사고입니다. 그것은 적敵그리스도적입니다. 그것은 예수님께서 마귀의 모든 능력과 권세를 빼앗아버렸다는 진리를 부인하는 것입니다. 그것은 사탄에게 영광을 돌리는 것입니다. 기본적으로 행진을 놓쳐버린 사람과 같습니다.

속임수에 대한 대책

실제 영적 전쟁은 개인적인 수준에서 이루어집니다. 당신은 마귀의 거짓과 속임수를 거절합니다. 이것은 일차적으로 진리를 알 때 이루어집니다.

"진리를 알지니 진리가 너희를 자유롭게 하리라"(요 8:32) 진리를 이해하는 것이 속임수에 대한 대책입니다.

속임수의 능력과 힘은 당신이 속고 있다는 것을 모르는 것으로부터 옵니다. 그러나 당신이 적절한 기준, 즉 진리를 깨닫게 되면 속임수는 즉시 능력을 잃습니다.

만약 누군가가 당신을 테러하고 죽이겠다고 위협하면 당신은 두려워할 것입니다. 그러나 제가 그 사람의 시체를 당신에게 보여주면 당신의 두려움은 즉시 떠날 것입니다. 당신이 그들이 소멸했다는 진리를 알게 되면 그들은 더 이상 당신을 위협하지 못하게 됩니다.

하나님의 말씀은 진리입니다(요 17:17). 저는 하나님의 말씀을 취하여 묵상합니다. 하나님의 말씀을 통하여 저는 하나님을 사랑하고 그분과 교제를 나눕니다. 저는 또한 주님의 백성들과 교제를 나누며 하나님을 끊임없이 찾으면서 긍정적으로 살아갑니다. 이런 것들은 제가 개인적으로 영적 전쟁을 싸우는 몇 가지 실제적인 방법들입니다. 최상의 방어는 공격입니다!

찬양은 마귀를 대적하는 매우 강력한 무기입니다! 그것은 정말로 마귀를 몰아냅니다. 마귀는 하나님을 찬양하고 예배하는 주변에 서 있을 수 없습니다. 한 달에 두 번씩 저는 무언가에 대하여 마귀를 꾸짖고 결박하지만 마귀가 저를 대적할 만한 능력을 갖고 있기 때문은 아닙니다. 그것은 단지 제 마음 속의 전쟁, 생각 속의 전쟁이 매우 심해져서 저의 저항을 이렇게 말로 드러내는 것뿐입니다. "예수님의 이름으로 이런 생각들을 꾸짖는다. 사탄아, 너는 나에 대하여 아무런 능력과 아무런 권리가 없다!" 그러나 대부분 저는 아무것도 크게 말할 필요가 없습니다. 저는 제게 오는 거짓을 진리로 맞닥뜨리면서 지속적인 찬양을 합니다.

만약 당신이 오랫동안 마귀에게 지배를 받아왔다면, 처음에는 이런 것들이 충분한 공격이 안 될지도 모릅니다. 만약 당신이 마귀에 사로잡혀 있지만 그것으로부터 빠져나오고자 한다면, 당신은 큰 소리로 더 강조하고 꾸짖고 말을 해야 할 필요가 있습니다. 그러나 당신이 자유롭게 되면, 단지 진리 안에 머무는 것만으로 그 자유를 지키는 것이 상당히 쉽습니다.

진리를 보내라!

저는 마귀들이 제게 왔을 때 다른 사람들에게 있는 마귀들을 꾸짖곤 했습니다. 그러나 제가 제 믿음만으로 누군가로부터 마귀를 쫓아내는 것은, 실제로는 그들에게 해를 입히는 것임을 깨닫게 되었습니다(마 12:43-45). 그들이 자신이 한때 믿었던 거짓에 대항하는 진리를 알지 못하고 이해하거나 적용하지 못하면 악한 영들은 다시 그들에게 돌아오게 됩니다.

누군가를 마귀로부터 건져내는 최상의 방법은 그들에게 진리를 말해주는 것입니다. 그들을 하나님의 말씀으로 훈련시키십시오. 그들에게 승리의 행진과 예수 안에 있는 승리를 가르치십시오. 그들의 문제에 관한 하나님의 약속을 이해하도록 도와주고, 이 진리를 그들의 생각에 열심히 적용하도록 그들을 격려하십시오. 저는 하나님의 말씀의 진리를 증거하는 제 설교를 듣고 심지어 제가 마귀를 꾸짖지 않아도 귀신들로부터 자유하게 된 사람들의 수백 개의 간증을 당신에게 말해줄 수 있습니다. 저는 심각한 귀신 들림에 관하여 말하는 것입니다. 제대로 기능하지 못하는 사람들, 마약에 빠져 있고 정신병동에 있는 사람들이 단순히 진리를 듣고 그들의 마음에 그것을 받아들였기 때문에 완전히 귀신으로부터 벗어나게 되었습니다. 제가 그들을 위해 기도하지 않아도 자유하게 되었습니다!

제가 사람들로부터 귀신들을 쫓아내야만 하는 다른 때가 있습니다. 때때로 사탄은 어떤 거짓을 누군가에게 깊게 뿌리내리게 해서 비록 그들이 진리를 붙잡고 봤을지라도 그들로 하여금 여전히 기도하고 꾸짖어 줄 다른 사람이 필요하다고 생각하게 만듭니다. 그것이 제가 가끔 병이나 우울증 같은 것들에 대하여 기도해서 사람들로부터 귀신들을 쫓아내는 까닭입니다. 귀신들은 떠나가고 사람들은 자유하게 됩니다. 그러나 저는 항상 그들을 보호하기 위해 마귀가 다시 돌아오지 못하도록 그들에게 진리를 알려줍니다.

저는 도시와 나라에 진리를 보냄으로써 영적 전쟁을 싸웁니다! 텔레비전, 라디오, 테이프, CD, 책, 비디오, 인터넷을 통하여 하나님의 말씀을 나눔으로써 그 싸움을 하고 있습니다. 사람들이 진리를 들을 때, 그들의 마음이 열려 복음을 더 잘 받아들이게 됩니다. 그리고 저는 제가 나아가거나, 훈련받은 사람들을 보내서 개인적으로 하나님의 말씀을 전파하고 가르칩니다. 참된 영적 전쟁은 하나님의 말씀의 진리를 사람들에게 가져다주는 것입니다!

제 16 장

하나님의 말씀을 선포하라!

바울은 참된 영적 전쟁에 대한 위대한 실례입니다. 사도행전 19장에서 그는 에베소 도시에서 목회 활동을 했습니다. 거기에 머무는 동안 그는 많은 반대를 경험했습니다. 실제로 바울은 그 도시를 떠날 것을 고려했지만 주님께서 머물러 성도들을 굳게 하라고 그에게 말씀하셨습니다.

교회사를 돌아보면, 에베소는 기독교의 가장 활동적이고 중요한 거점들 중의 하나가 되었습니다. 극심한 반대가 있었음에도 불구하고, 성경은 바울이 성도들을 함께 모이게 하여 도시를 위해 중보기도하고 영적 전쟁을 하고 귀신 세력들을 꾸짖도록 했다고는 기록하지 않습니다.

당시에 에베소는 "에베소인의 아데미"라는 이방 여신으로 유명했습니다. 그 여신의 장엄하고 화려한 신전은 세계 불가

사의 중의 하나로 인식되었습니다. 전설에 의하면 그녀의 조상이 하늘로부터 이 신전에 떨어졌다고 합니다. 그 까닭에 모든 아시아로부터 온 예배자들이 여신을 예배하고자 에베소에 왔습니다.

그러나 바울은 결코 에베소의 아데미를 꾸짖기 위하여 성도들을 모으지 않았습니다. 그는 결코 그들이 여신에 대항하여 "영적 전쟁"을 하도록 호소하지 않았습니다. 대신에 그가 무엇을 했습니까? 바울은 진리를 선포했습니다. 그는 그들의 잘못된 개념들에 반대하며 하나님의 말씀을 그들에게 가르쳤습니다. 담대하게 복음을 전파함으로써 바울은 아데미의 능력을 깨뜨리고 도시 안에 있는 많은 사람들이 주 예수 그리스도를 영접하는 것을 보았습니다.

그것이 성경적 방법입니다. 하나님의 말씀을 전파하라! 이것이 바로 젊은 디모데가 그의 사랑하는 멘토 바울이 세웠던 성장하는 에베소 교회에서 목회할 때 바울이 디모데에게 조언했던 것입니다.

모든 성경은 하나님의 감동으로 된 것으로 교훈과 책망과 바르게 함과 의로 교육하기에 유익하니 이는 하나님의 사람으로 온전하게 하며 모든 선한 일을 행할 능력을 갖추게 하려 함이라 하나님 앞과 살아 있는 자와 죽은 자를 심판하실 그리스도 예수 앞에서 그가 나타나실 것과 그의 나라를 두고 **엄히 명하노니** 너는 **말씀을 전파하라** 때를 얻든지 못 얻든지 항상 힘쓰라 범사에 오래 참음과 가르침으로 경책하며 경계하며 권하라
디후 3:16-4:2

오늘날 아데미를 다루는 것

에베소를 지배하는 귀신 세력이 있었지만 바울은 싸우기 위하여 "중보자"와 "기도 용사"를 모으지 않았습니다. 바울은 사람들에게 진리를 말했고 그들이 거듭나고 자유하게 되는 것을 보았습니다. 그리고 제자 삼아서 그들도 나가서 같은 일을 하게 했습니다. 사람들을 자유하게 하는 것은 하나님의 말씀입니다. 진리가 에베소의 아데미의 능력을 깨뜨렸습니다!

여러 해 전에 중보와 영적 전쟁 운동의 리더들이 에베소(오늘날 터키)에 갔습니다. 그들은 하나님께서 우리 시대와 세대에 가장 큰 귀신 세력은 에베소의 아데미였다고 그들에게 말씀하셨다는 것을 믿었습니다. 그들은 그 여신이 "10/40 창"[1]

---

1) 10/40창은 북위 10-40도 사이의 지역으로 서아프리카에서 동아시아까지의 나라들을 포함한다. 세계 미전도 종족들, 회교도, 힌두교도, 그리고 불교도의 대다수가 이 지역에 있다.(역자 주)

이라고 불리는 세계에서 가장 복음이 전파되지 않는 곳에 사는 많은 모슬렘 사람들을 실제적으로 조종하는 세력이라고 생각했습니다. (바울 시대에 무너진) 에베소 극장에 세계 곳곳으로부터 약 20,000명의 "중보자들"과 "기도 용사들"이 모였습니다. 그들이 한 일은 에베소의 아데미를 무너뜨리기 위하여 기도하고 "영적 전쟁"을 하는 것이었습니다.

그들은 복음을 전파하지 않았습니다. 그들은 거기에서 하나님의 말씀의 진리를 나누어 사람들을 주님께로 얻어 오기 위해 나가지 않았습니다. 그 대신, 그들 모두는 모여서 에베소의 아데미를 다루기 위하여 단순히 기도와 찬양 예배를 가졌습니다. 그것은 바울이 했던 것과는 정확히 반대입니다!

개인적으로 저는 "에베소의 아데미"가 오늘날에도 실체라고 믿지 않습니다. 그 여신은 이천 년 전에 바울에 의해, 그리고 빠르게 전파된 복음의 진리에 의하여 패배되었습니다. 오늘날 아무도 아데미를 경배하지 않습니다! 물론, "영적 전쟁"을 하는 사람들은 아데미가 모슬렘 신앙의 배후에 있는 바로 그 귀신의 실체라고 말합니다. 그러나 그것은 전적으로 주관적인 논쟁입니다. 그것은 그들의 생각이지만 성경적으로 그것을 명확하게 입증할 길이 없습니다.

그렇습니다. 오늘날 이 세상에는 귀신의 실체들이 역사하고 있습니다. 사람들이 그들의 거짓에 굴복함으로써 그들에게 능력을 주기 때문입니다. 상황을 바꾸는 방법은 기도로 직접 귀신들을 다루는 것이 아닙니다. 사람들이 진리를 믿을 때 그들의 능력은 끊어집니다. 각 개인들, 가정들, 공동체들이 속임수로부터 나올 때 귀신 세력들은 약해지고 무너지게 됩니다.

누가 먼저 왔습니까?

많은 그리스도인들은 샌프란시스코에 동성애자의 귀신 세력들이 달라붙어 있어서 사람들을 계속 묶고 있다고 생각합니다. 어쩌면 다른 도시보다 거기에 특별한 영들이 더 많이 집결되어 있을 수도 있겠지만, 당신은 그것들을 어떻게 다루시겠습니까?

영적 전쟁을 하는 사람들은 중보기도, 영적 지도 만들기, 기도 행진, 마귀를 결박하는 것과 같은 비슷한 종류의 일들을 통하여 그것을 다루려고 합니다. 그것은 성경적인 신약 모형이 아닙니다. 이런 귀신 세력들은 실제로 실체가 아닙니다. 단지 사람들이 그들에게 굴복하고 능력을 준 사실 외에는 아무것도 아닙니다. 당신은 그런 실체들을 결박할 수 없고, 그들에게 떠나라고 명령할 수 없습니다!

일부 그리스도인들은 당신이 귀신 세력들을 제거하면 사람들이 복음에 반응을 보이도록 자유하게 될 것이라고 생각합니다. 그것은 완전히 뒤바뀐 것입니다. 사람들이 진리에 반응을 보일 때 귀신들은 능력을 잃게 되고 떠납니다.

누가 먼저 샌프란시스코에 왔습니까? 귀신들입니까, 동성애자들입니까? 동성애자였던 사람들에게 호의를 갖고 있는 사람들이 정부 권력 부처에 선출되었습니다. 그들이 샌프란시스코를 동성애자들에게 매력적이 되도록 특별 사회 복지, 법적 유익이나 여러 다른 법을 통과시켰습니다. 그러므로 미국과 세계 곳곳으로부터 동성애자들이 샌프란시스코에 몰려들었습니다. 이런 사람들을 이끄는 귀신 세력들이 이미 거기에 있었던 것이 아니었습니다. 동성애자들이 그들의 귀신들을 가지고 왔습니다.

당신이 하늘에 들어가서 그들과 직접적으로 전쟁을 함으로써 동성애자 귀신 세력들을 제거하는 것이 아닙니다. 그 대신 진리를 전파하십시오. 이런 사람들이 하나님께서 그들을 사랑하고, 그들을 아담과 스티브가 아니라 아담과 하와로 만드셨다는 것을 이해하고 믿으면 그들은 자유하게 될 것입니다. 그들이 진리로써 마귀들을 저항하면 샌프란시스코의 전반적인 분위기는 변할 것입니다.

"죄들이 죽이는 영혼"

과거 미국 원주민(인디언)에게 이루어진 잔학 행위가 회개되고 용서받지 못하면 미국은 부흥을 보지 못할 것이라고 믿고 있는 친구들이 제게 있습니다. 그들은 수세기 전 미국이 계약 파기와 무고한 피를 흘린 것을 통해 능력을 갖게 된 귀신들을 몰아내기 위하여 "영적 전쟁"을 하지 않으면 안 된다고 생각합니다. 거듭 말하지만 이것은 신약 성경과 모순됩니다. 당신은 일부 구약 성경 구절을 인용할 수 있을지도 모르지만 이런 개념들은 십자가의 이쪽 편 하나님의 말씀과 일치하지 않습니다.

에스겔은 새 언약 아래에서는 모든 개인은 다른 사람의 죄에 대한 것이 아니라 그들 자신의 죄에 대한 벌을 받는다고 예언했습니다.

> 너희가 이스라엘 땅에 관한 속담에 이르기를 아버지가 신 포도를 먹었으므로 그의 아들의 이가 시다고 함은[예: "가문의 저주"] 어찌 됨이냐 주 여호와의 말씀이니라 **내가 나의 삶을 두고 맹세하노니 너희가 이스라엘 가운데에서 다시는 이 속담을 쓰지 못하게 되리라** 모든 영혼이 다 내게 속한지라 아버지의 영혼이 내게 속함 같이 그의 아들의 영혼도 내게 속하였나니 **범죄하는 그 영혼은 죽으리라** 겔 18:2-4

하나님께서는 오늘날 그들의 부모에 대한 죄로 자녀들을 심판하지 않으십니다(겔 18:20).

미국 원주민에게 저질러진 무서운 잔학 행위가 많이 있었습니다. 제 아내는 인디언 혈통입니다만, 그녀는 수세기 전에 일어났던 괴로움을 갖고 다니지 않으며 상처를 품고 있지도 않습니다. 그러나 제가 제 조상이 그들에게 행한 것 때문에 화를 내는 인디언을 만나게 되면, 저는 사과할 것입니다. 그것은 잘못된 것이고 일어나지 말았어야 했지만, 그것이 오늘날 이 사람이나 누구라도 속박 안에 붙들고 있는 것은 아닙니다.

이 사람은 하나님 앞에 스스로 혼자 서게 됩니다. 그는 300년 전에 일어났던 것의 소산이 아닙니다. 그런 일들이 그에게 영향을 끼쳤을지도 모릅니다만, 생명과 죽음을 선택하는 것은 전적으로 그의 선택입니다. 만약 그가 예수 그리스도께서 십자가 위에서 모든 죄를 단번에 모두 해결했다는 진리를 이해하고 믿을 수 있다면, 용서가 그를 자유하게 합니다. 속임수는 우리를 속박 가운데 두지만, 진리는 우리를 자유하게 합니다.

저는 마귀에게 능력을 주는 것을 거절합니다. 우리들이 이런 모든 일들을 할 때까지 부흥이 일어날 수 없다고 말하는 것은 사탄으로 하여금 그가 실제로 갖고 있지 않는 능력을 갖게 하는 것입니다.

유럽

그리스도인들은 실제로 유럽을 지나 십자군의 노신(11세기, 12세기 그리고 13세기)을 되돌아갔습니다. 그들은 그들의 조상이 수세기 전에 다치게 했던 사람들의 후손들에게 참회하며 사과를 했습니다. 그들은 이런 "화해"가 일어나지 않으면 유럽은 영적인 어둠에 머물게 될 것이라고 믿고 있기 때문에 이런 모든 일들을 행하였습니다. 잘못된 것입니다!

무엇이 유럽을 영적인 어둠 속에 있게 만듭니까? 그들은 하나님의 말씀을 듣지 않았고 믿지 않았습니다! 유럽의 텔레비전 채널이 엄격하게 제 프로그램을 검열하고 있습니다. 그들은 자주 제 가르침을 상당히 편집함으로써 많은 능력을 없애버리고 있습니다. 어느 날 그들은 당신 자녀들의 엉덩이를 때려주라는 것에 관하여 말했던 것을 마치 신성모독적인 것인 마냥 삭제해 버렸습니다. 저는 "예수님은 길이요 진리요 생명이라"라고 말할 수 없습니다. 그 대신에 저는 이렇게 말해야 합니다. "성경은 예수님은 길이요 진리요 생명이라고 말하고 있습니다." 실제가 아니라 의견으로 말하지 않으면 안 됩니다. 하나님의 말씀은 유럽 방송에서 대단히 방해를 받고 있습니다. 유럽을 사탄의 수중에 두게 한 것은 하나님의 말씀의 진리가 부족하기 때문입니다.

모든 유럽에서 복음을 전파하는데 반대하는 법을 통과시켰습니다. 프랑스에서는 전도하는 것이 불법입니다. 만약 당신이 치유를 위해 누군가에게 손을 얹고 기도하면 당신은 면허증 없이 의료시술을 하는 것으로 감옥에 들어갈 수도 있습니다. 이런 모든 것들은 복음에 대적하고 있습니다. 유럽이 이런 상태로 머물러 있는 이유는 귀신 세력들 때문이 아니라 복음에 열려 있지 않기 때문입니다.

귀신 세력들은 그것의 일부분입니다. 귀신 세력들은 그런 길을 걷도록 사람들을 고무시키고 있습니다. 당신은 "영적 전쟁"을 하거나 귀신들을 결박함으로써 문제를 해결할 수 없습니다. 당신은 하나님의 말씀을 그 사람들에게 넣어주지 않으면 안 됩니다!

설교와 가르침

그리스도인들은 이런 거의 복음화 되지 않은 나라들을 여행하는데 수백만 달러를 소비했습니다. 그들은 거기에 가서 "땅 밟기 기도prayer walk" 즉 영적 세력들을 "결박하면서" 걸어 다닙니다. 그들은 특별히 누군가에게 복음을 전하지는 말고 기도만 하라고 들었습니다. 만약 같은 액수의 돈이 복음이 전해지지 않은 사람들에게 복음을 전하는데 사용되었다면 부흥이 일어났을 것입니다! 이것은 잘못된 접근방식이며 통하지 않습니다!

20,000 명이 모여서 단지 기도만 하고 "영적 전쟁"을 했던 에베소에서의 이런 모임은 2001년 9월 11일, 테러 공격이 있기 전에 일어났습니다. 그것은 회교 과격주의를 통하여 일어난 귀신 세력들을 깨뜨리지 못했습니다. 결코 깨뜨리지 못할 것입니다. 이것은 사람들의 삶 속에 있는 귀신들의 영향력을 해결하는 성경적인 방법이 아닙니다.

저는 하나님의 말씀이 전파되도록 제가 할 수 있는 모든 것을 하고 있습니다. 우리는 미국과 유럽과 세계 곳곳에 텔레비전과 라디오를 통하여 하나님의 말씀을 가르치고 있습니다. 해마다 수천 개의 테이프와 CD를 나누어주고 있습니다. 또한 많은 자료들(예를 들어 오디오 메시지, 잡지, 성경 주석)을 온라인 상으로 무료로 주고 있습니다. 그리고 우리는 담대하게 복음을 전파하는 많은 국제 기독교 일꾼들을 지원해주고 있습니다. 모든 교회가 이런 식으로 영적 전쟁에 접근해야만 합니다!

제 17 장

마귀의 책략

오늘날 널리 알려진 "영적 전쟁"은 실제로 마귀의 책략입니다. 그 열매를 생각해 보십시오. 그리스도인들이 복음을 전파하지 말고 기도만 하라고 그리스도인들에게 격려하고 있습니다. 당신은 '왜 사탄이 그리스도인들이 더 기도하기를 원할까?'라고 생각할지도 모릅니다. 단순합니다! 마귀는 우리가 열매 없는 기도, 즉 종교적인 기도를 하는 것을 좋아합니다.

당신은 예수님께서 단호하게 비난하셨던 서기관들, 바리새인들, 외식 하는 자들의 기도가 영적이었다고 생각하십니까? 그들은 기도할 때 길 모퉁이에 서서 나팔 소리처럼 크게 기도하고 모든 다른 종교 행위들을 행했습니다. 당신이 마귀는 결코 사람들이 기도하도록 격려하지 않았다고 생각한다면 슬프게도 당신은 실수하고 있는 것입니다. 교회사는 원수가 모든 종류의 감명을 주지만 능력은 없는 이른바 영적인 체조 spiritual calisthenics 같은 행동들을 하도록 유혹하는 수많은 예증들로 가득 차 있습니다.

  성도로서 우리는 어디든지 모든 사람들에게 복음을 전하고 하나님의 말씀의 진리를 선포하는 데에 중점을 두어야 합니다. 그러나 오늘날 복음을 전파하지 말라는 지침 가운데 세계 도처에 다니는 소위 "선교 여행"이라고 불리는 것에 수백만 달러, 심지어 수천만 달러를 사용하고 있는 기독교 단체들이 있습니다.

  "누구에게도 전도하지 마십시오! 당신이 할 일은 그저 걷고 기도하고 영적 전쟁을 하는 것입니다." 비록 그들의 마음이 옳은 곳에 있고, 일부 참가자들의 삶이 선교에 긍정적인 영향을 끼치고 있을지라도, 그것은 잘못되고 잘못되고 정말 잘못된 것입니다! 만약 그들이 같은 양의 돈과 노력으로 전도 소책자를 나누어 주고 다른 나라에 진리를 나누면서 복음을 전파하는 곳에 투자한다면 그들은 엄청나게 큰 결과를 보게 될 것입니다.

복음 전파 대 기도

  복음 전파와 기도 중에 어느 한쪽이 중요한 것이 아니라 둘 다 이루어져야 합니다. 기도는 마치 씨에 물을 주는 것과 같습니다. 만약 씨가 뿌려졌다면 물을 주어야 합니다. 그러나 당신은 마른 땅에 물을 계속 줄 수 있습니다. 하지만 아무것도 나오지 않을 것입니다. 사람들은 썩지 아니하는 하나님의 말씀의 씨로 거듭납니다(벧전 1:23). 그러므로 물을 주기 전에 당신은 씨를 뿌리지 않으면 안 됩니다!

바울이 전도하러 나갔을 때 그의 친구들에게 그를 위해 기도해 달라고 부탁했습니다. "또 나를 위하여 구할 것은 내게 말씀을 주사 나로 입을 열어 복음의 비밀을 담대히 알리게 하옵소서 할 것이니"(엡 6:19)

그는 "사람들의 귀가 열리도록 기도해 주세요. 귀신 세력(예를 들면 에베소의 아데미)이 떠나가도록 기도해 주세요."라고 말하지 않았습니다. 그렇게 하지 않았습니다! 바울은 그가 계시와 권위와 능력으로 말하도록, 그리고 예수의 이름으로 기적이 일어나도록 사람들에게 기도 부탁을 했습니다.

기도는 복음의 중요한 부분이지만 하나님의 말씀을 전파하는 것과는 결코 대체될 수 없습니다. 진리를 증거하는 바울의 담대함이 사실상 에베소의 아데미의 능력을 깨뜨렸습니다. 마침내, 데메드리오와 다른 은장색들은 그들의 일거리가 없어지자 함께 모였습니다. 사람들이 그들의 이방신상을 더 이상 사지 않았습니다. 그들이 말했습니다.

"우리의 이 영업이 천하여질 위험이 있을 뿐 아니라 큰 여신 아데미의 신전도 무시 당하게 되고 온 아시아와 천하가 위하는 그의 위엄도 떨어질까 하노라"(행 19:27)

최근 영적 전쟁 중보자들이 아데미를 파내어 그것이 이전에는 갖고 있지 않았던 능력을 주기 전에는, 에베소의 아데미는 거의 2,000년 동안 실체가 아니었습니다. 하나님의 말씀의 능력도 마찬가지입니다!

하나님께서 이미 모든 것을 이루셨습니다. 그가 이미 우리 영적 세계 안에 주셨습니다. 우리가 싸우고 있는 유일한 전쟁은 물리적 세계에서 그 공급을 받는 것입니다.

진리가 사람들을 자유하게 합니다

그 전쟁이 어떻게 이루어지고 있습니까? 하늘에서 이루어지고 있습니까? 우리는 높은 건물에 올라가고 높은 곳에 있는 악한 영들과 싸우기 위하여 비행기를 빌려야 합니까? 우리는 사람들을 외국 곳곳에 보내어 거기에 있는 마귀를 꾸짖어야 합니까?

귀신 세력들이 진정으로 사람들이 말하는 세력이라면, 당신은 건물에 올라가거나 그들에게 가까이 가기 위하여 비행기를 빌릴 필요가 없을 것입니다. 우리의 기도는 1km 범위 안에서만 유효한 것이 아닙니다. 비록 그런 생각들이 맞다 할지라도 당신은 있는 그 자리에서 귀신들을 결박할 수 있습니다. 기도는 그만큼 강력합니다!

그러나 당신은 그런 일들을 할 필요가 없습니다. 그 대신에 복음을 전파하십시오! 사람들에게 진리를 전하십시오. 라디오, 텔레비전, 인터넷을 통해 하나님의 말씀을 전파하십시오. 전도 소책자, 책, 전도지를 나누어주십시오. 제자들을 훈련시켜 내 보내십시오. 어디에서든지 성경 대학들과 교회들을 시작하십시오. 최소한 목회의 동역자가 되어 이런 일들을 하는 사람의 일을 지원하십시오. 신약은 하나님의 말씀을 선포하는 것을 강조하고 있습니다.

그러나 대중적으로는 하나님의 말씀 선포가 강조되지 않았습니다. 대신에 영적 전쟁을 하는 대부분의 사람들은 모든 종류의 기괴한 것을 행하고 있습니다. 저는 심지어 모임에서 여자들이 남자들 위에 누워서 아이를 낳는 동작을 했다는 이야기를 들었습니다. 그들은 그것을 "진통"이라고 부르며, "영적 전쟁"을 하고 있는 것이라는 것입니다. 참으로 음란하고 전적으로 불경한 것입니다. 하나님께서는 어느 누구에게도 그런 종류의 일을 하도록 결코 놔두시지 않았습니다.

제가 진실한 영적 전쟁을 반대하고 있습니까? 아닙니다!

제가 진실한 중보에 반대하고 있습니까? 아닙니다! 저는 단지 오늘날 "영적 전쟁"과 "중보"라고 불리는 기괴한 것을 반대하고 있는 것입니다. 그리스도의 몸은 하나님의 말씀과 새 언약의 관점에서 이런 가르침들을 재조사할 필요가 있습니다.

사탄이 실체가 되는 유일한 이유는 속임을 당한 많은 사람들이 그에게 능력을 주고 그의 교리를 조장하고 있기 때문입니다. 우리가 진리만을 전파한다면 마귀는 아무것도 아닌 존재가 되고 맙니다. 그러나 이 세상뿐만 아니라 그리스도의 몸 안에서도 많은 실수가 있기 때문에 우리는 예수님께서 다시 오실 때까지 진리로 거짓들과 끊임없이 싸우고 있습니다. 어느 누구도 모든 것을 이해하지는 못하고 있습니다. 그래서 우리는 끊임없이 우리의 마음을 진리로 새롭게 하고 있는 것입니다.

우리가 싸우고 있는 것들이 있습니다. 영적 전쟁은 실제입니다만 그것은 사탄이 이런 모든 능력을 갖고 있기 때문이 아니라, 그가 많은 사람들을 속이고 있기 때문입니다. 해결책은 귀신 세력들을 결박하고 수백만 명의 그리스도인 "기도자" 명부를 만드는 중보가 아니라 진리를 전하여 그들이 자유하게 되는 것을 보는 것입니다.

부흥

부흥에 관한 것도 같은 주장입니다. 저는 부흥을 찬성합니다. 저는 미국과 온 세계를 통해 부흥의 긍정적인 영향력이 휩쓰는 것을 보고자 합니다. 우리는 부흥을 필요로 합니다. 그러면 어떻게 우리가 하나님이 보내주시는 부흥을 받을 수 있을까요?

"중보자들"은 우리가 더 열심히 더 길게 기도하고 금식할 백, 천, 백만, 천만 명의 사람들을 모집해야 한다고 말합니다. 그들은 하나님께서 부흥에 대한 책임을 갖고 계시며 알지 못하는 이유로 인해 부흥을 보류하고 있다고 보고 있습니다. 하나님께서 기뻐하시지 않기 때문에 그분이 부흥을 주시도록 그분을 달래기 위하여, 그들은 회개하고 회복하고 모든 다른 종류의 일들을 하고 있습니다.

하나님께서는 이미 진정이 되셨습니다! 예수 그리스도께서 이천 년 전에 모든 사람들을 대신하여 속죄하셨습니다. 하나님께서는 더 이상 분노하시지 않습니다. 죽음과 장사됨과 부활을 통하여 예수님께서 오래 전에 세계적인 대규모의 부흥이 일어나도록 모든 능력을 주셨습니다. 우리는 단지 그것을 받지 않고 있었습니다.

우리는 부흥을 위하여 구걸하거나 호소하지 말고 하나님

께서 이미 이루어 놓았다는 것을 믿을 필요가 있습니다. 당신이 다른 사람들에게 하나님의 기적의 도구가 되십시오! 당신이 병든 자를 치유하고 죽음으로부터 사람들을 일으키는 것을 시작하십시오! 장담하건데 당신은 부흥의 결과들을 보게 될 것입니다! 실제로 당신은 당신이 다룰 수 있는 모든 부흥을 갖게 될 것입니다! 저는 분명히 부흥을 찬성합니다. 그러나 부흥은 사람들이 그들 자신을 하나님께 항복할 때 오는 것이지 우리들이 "중보"와 "영적 전쟁"을 통하여 하나님을 강요해서 오는 것이 아닙니다.

저는 많은 사람들이 제가 나누고 있는 이런 진리들을 거절할 것이라는 것을 알고 있습니다. 왜냐하면 그것들이 오늘날 그리스도의 몸 안에서 있는 주류 신학과는 정반대이기 때문입니다. 비록 일부만이 이 진리를 전파하고 있지만 저는 당신 스스로 하나님의 말씀을 잘 들여다보기를 청하고 싶습니다. 예수님의 속죄를 공부해 보십시오. 사도행전에 나오는 예증들을 따라가 보십시오. 당신은 오늘날 장려되고 있는 "중보"나 "영적 전쟁"이 이루어진 장면을 찾지 못할 것입니다. 사탄은 실체이지만, 행진을 놓쳐버린 사람들이 말하는 것처럼 그렇게 강력한 위협은 아닙니다.

예수 : 우리의 강력한 구원자!

승리의 행진을 마음에 그려보십시오. 사탄이 패배당하고, 모든 능력과 권위를 빼앗기고 십자가에 달려 있는 것을 보십시오. 전시장에 꽂혀 있는 마귀가 당신 마음 깊은 곳에 그려지게 하십시오. 당신이 승리의 행진을 봤다면 다시는 마귀를 결코 두려워하지 않을 것입니다. 사탄은 과거에 그가 했던 식으로 당신을 위협하지 못할 것입니다. 당신은 자유롭게 되어 담대하게 다른 사람들에게 하나님의 자유를 전하게 될 것입니다!

제 18 장

당신의 믿음을 활용하세요

당신은 더 많은 믿음을 필요로 하지 않습니다. 그러므로 얻으려고 애쓰지 마십시오! 만약 당신이 거듭났다면, 당신은 필요로 하는 모든 믿음을 이미 소유했습니다. 지금 당신은 충분한 믿음을 갖고 있습니다. 당신은 다만 당신이 가졌다는 사실과 그것을 사용하는 법을 모르고 있을 뿐입니다.

제자들도 같은 문제를 갖고 있었습니다. 예수님의 가르침에 대한 그들의 반응을 주시해 보십시오.

너희는 스스로 조심하라 만일 네 형제가 죄를 범하거든 경고하고 회개하거든 용서하라 만일 하루에 일곱 번이라도 네게 죄를 짓고 일곱 번 네게 돌아와 내가 회개하노라 하거든 너는 용서하라 하시더라 사도들이 주께 여짜오되 우리에게

믿음을 더하소서 하니　　　　　　　　눅 17:3-5

　예수님께서는 죽은 자를 살리시고, 눈먼 자의 눈을 뜨게 하시며, 귀머거리를 듣게 하시고, 문둥병자를 치유하시고, 마귀들을 쫓아내시는 등 어느 누구도 하지 못했던 다른 많은 기적들을 행하셨습니다. 그러나 그분은 끊임없이 용서하라는 명령을 하셨지, 제자들에게 "주님, 우리의 믿음을 더하소서!"라고 말하라고 하지 않으셨습니다.

　믿음은 매일 매일의 삶을 위한 것입니다! 단지 기적적인 치유와 재정적인 구원만을 가져오는 것이 아닙니다. 그런 일들도 중요하지만 당신의 믿음을 가장 크게 요구하는 것은 당신의 일상적인 대인 관계입니다. 당신은 믿음은 주로 의사가 당신이 죽게 될 것이라고 말하거나 또는 파산을 직면하고 있는 것과 같이 불가능한 상황에 필요한 것이라고 생각하면서 믿음을 놓쳐 왔습니다. 믿음은 확실히 당신의 위기에 적용되지만, 당신은 일주일 내내 아침부터 저녁까지 같이 살고 함께 일하는 사람들과의 삶을 위해서 믿음이 필요합니다. 누군가가 당신을 다치게 한다면 당신은 어떻게 다른 뺨을 돌려줄 수 있겠습니까?

　당신과 함께 일하는 사람들, 당신의 배우자, 당신의 자녀들, 당신의 부모님과 당신의 이웃들을 무조건적인 사랑으로 용서하는 데에는 믿음이 필요합니다. 제자들은 하루에 일곱 번씩이라도 용서하라는 예수님의 명령에 너무나 당황이 되어 "주님, 믿음을 더하소서."라고 소리쳤습니다.

충분한 믿음보다 더 많은

예수님께서 대답하셨습니다. "너희에게 겨자씨 한 알만한 믿음이 있었더라면 이 뽕나무더러 뿌리가 뽑혀 바다에 심기어라 하였을 것이요 그것이 너희에게 순종하였으리라"(눅 17:6)

얼핏 보면 예수님께서 그들의 질문에 정확히 대답하지 않으신 것처럼 보입니다. 제자들이 "믿음을 더 하소서"라고 구했는데 예수님은 "겨자씨 한 알만한 믿음이 있으면 이것을 할 수 있었으리라"라고 대답하셨습니다. 주님께서 그들에게 말씀하고 있었던 것은 "얘들아, 너희들은 더 많은 믿음을 필요로 하지 않는다. 너희들의 믿음에는 문제가 없어. 너희는 단지 너희들이 이미 갖고 있는 믿음을 사용하지 않고 있어!"라는 것입니다.

겨자씨는 가장 작은 씨들 중의 하나입니다. 그것은 너무 작아서 엄지손가락과 집게손가락으로 붙잡았을 때 거기에 무엇이 있는지 말하기도 어려울 정도입니다. 예수님께서는 "너희에게 겨자씨 한 알만한 믿음이 있었더라면 이 뽕나무더러 뿌리가 뽑혀 바다에 심기어라 하였을 것이요 그것이 너희에게 순종하였으리라"라고 말씀하셨습니다. 다른 말로 하면 당신에게는 "큰" 믿음이나 "더 많은" 믿음이 필요하지 않습니다. 당신은 단지 이미 갖고 있는 믿음을 사용하는 법을 배울 필요가 있습니다.

　대부분의 그리스도인들은 오늘날 이런 개념을 갖고 있지 않습니다. 그들은 믿음이 역사하는 것은 믿지만 그들의 믿음이 부족하다고 생각합니다. 그것은 마귀로부터 오는 속임수입니다! 사탄은 우리가 이미 갖고 있는 것을 보지 못하게 합니다.

　당신은 이미 예수님께서 육체적으로 이 땅 위에 계셨을 때 가지셨던 동일한 양과 질의 믿음을 소유하고 있습니다. 거듭난 모든 성도 안에 있습니다. 사탄은 그리스도인들이 이 사실을 깨닫지 못하도록 거짓말을 합니다. 그들은 믿음이 역사하는 것은 믿지만 충분한 믿음을 갖고 있다는 것은 믿지 않습니다. 그리스도인들은 믿음은 생겼다가 없어졌다가 하는 것이라고 생각합니다. 때로는 강하고, 때로는 약하다고 말입니다. 믿음은 만질 수가 없기 때문에 그들이 그것을 다룰 수 없고, 붙잡을 수 없고, 그리고 조절할 수 없는 것처럼 여깁니다. 그것은 믿음에 대한 전적으로 잘못된 자세입니다. 당신은 지금 당장 충분한 믿음을 갖고 있습니다. 당신은 단지 그것을 사용해야 합니다!

"믿음"이라는 이름의 종

7-10절에서 예수님께서 자신의 의중을 설명하기 위하여 즉시 비유를 드셨습니다. 만약 당신이 이미 믿음을 갖고 있고 가진 믿음을 사용할 필요가 있다는 것을 깨닫게 되면 이 비유가 이해될 것입니다. 만일 당신이 다른 곳에 적용하면 이 비유는 통하지 않습니다. 본문 내용이 그 의미를 드러내고 있습니다.

너희 중 누구에게 밭을 갈거나 양을 치거나 하는 종이 있어 밭에서 돌아오면 그더러 곧 와 앉아서 먹으라 말할 자가 있느냐 도리어 그더러 내 먹을 것을 준비하고 띠를 띠고 내가 먹고 마시는 동안에 수종들고 너는 그 후에 먹고 마시라 하지 않겠느냐 명한 대로 하였다고 종에게 감사하겠느냐 (그렇지 않으니라)[2] 이와 같이 너희도 명령 받은 것을 다 행한 후에 이르기를 우리는 무익한 종이라 우리가 하여야 할 일을 한 것뿐이라 할지니라   눅 17:7-10

---

[2] 영어킹제임스 성경에는 9절 마지막에 "I trow not(나는 그렇게 생각하지 않노라)"라는 구절이 추가되어 있음.(역자 주)

예수님께서는 "너는 이미 갖고 있는 믿음을 사용할 필요가 있다"고 말씀하고 있었습니다. 비록 그것이 겨자씨만큼 작을지라도 그것은 나무를 바다에 심을만큼 충분합니다. 당신이 만약 종을 소유하고 있다면 종에게 일을 시킬 것입니다. 그렇지 않습니까? 당신은 이미 믿음을 소유하고 있습니다. 그러므로 지금 일하게 하십시오.

종 제도와 노예 제도는 예수님 당시의 매일 삶의 한 부분이었습니다. 만약 당신이 종을 소유하고 있으면 그들이 당신을 섬기도록 되어 있었습니다. 그들이 피곤했든지 밭에서 온종일 일을 하고 방금 들어왔든지는 중요하지 않았습니다. 저녁 식사 시간이면 당신은 그들이 식사 시중을 들 것을 기대했습니다. 그들의 식사 시간은 당신이 식사를 끝내고 만족한 후입니다. 그들은 당신과 함께 먹지 않았습니다. 확실한 것은 당신이 먹기 전에 그들은 먹지 않았습니다. 당신이 주인이었습니다!

오늘날 동정심 깊고 정치적으로 올바른 사고방식을 가진 대부분의 사람들은 "글쎄요, 당신은 종을 그런 식으로 다루지 말아야 합니다."라고 말할지도 모릅니다. 그러나 예수님께서 이 비유를 말씀하셨던 시대에는 종들과 노예들은 하고 싶은 대로 하지 못했습니다. 그들은 사용되었습니다. 당신은 그들을 억압하고 싶지 않다고 해서 그들로 하여금 눕게 하거나 온종일 아무것도 하지 않도록 두지 않았습니다. 당신은 그들에 대하여 친절하거나 부드럽지 않았습니다. 당신은 그들에게 당신이 필요한 것을 먼저 처리하도록 명령했습니다. 당신은 야비하거나 거칠게 굴 필요는 없었지만, 주인으로서 확실히 그들에게 명령을 내렸습니다. 당신이 노예를 소유한다면 그들을 일하게 해야 합니다!

믿음을 내버려두지 말고 일하게 해야 합니다. 당신의 믿음을 사용하지 않는 것은 당신의 종으로 하여금 아무 일도 하지 않고 온종일 소파에 앉아서 텔레비전을 보게 하는 것과 같습니다. 그것을 사용함으로써 더 강하고 더 효율적으로 성장하게 하지 않으면, 그 근육은 위축되고 능력은 둔하게 됩니다. 그리고서 당신은 당신의 믿음이 왜 아무것도 가져오지 않는지 궁금해 합니다. 당신은 믿음이 일하게 하지 않았습니다. 당신은 믿음을 사용하지 않고 있습니다. 주인이 노예를 사용하는 것처럼 당신의 믿음을 일하게 하십시오. 종을 갖고 있지 않은 것이 문제가 아니라, 당신이 소유하고 있는 것을 사용하지 않는 것이 문제입니다.

하나님의 선물

대부분의 그리스도인들은 자신이 이미 믿음을 갖고 있는

것을 알지 못합니다. 만약 제가 죽은 자가 일어나고, 눈먼 자가 눈을 뜨고, 귀머거리가 듣고, 기적적인 공급이 일어나는 등의 믿음이 이룬 몇 가지 간증들을 당신에게 전하기 시작하면 당신은 "하나님을 찬양합니다! 그런 일들이 일어난다고 저는 믿습니다."라고 말할 것입니다.

만약 우리가 장례 예배에 있는데 제가 "주님께서 이 사람을 죽은 자들로부터 일으킬 수 있다고 믿습니까?"라고 묻는다면, 당신은 그럴 수 있다고 저에게 동의할 것입니다. 만약 제가 "여러분들 중 얼마나 많은 사람이 제가 기도하면 이 사람이 죽은 자들로부터 살아날 수 있다고 믿습니까?"라고 묻는다면, 당신은 계속 전적으로 저와 동의할 것입니다. 실제로, 당신은 아마도 앞으로 걸어 나와 기적이 일어나는 것을 보고자 할 것입니다. 당신은 이런 기적이 일어나는 것을 볼지도 모릅니다. 그러나 "좋습니다. 당신이 이것을 믿는다면 그들을 위해 기도하십시오."라고 말한다면 저는 대다수의 사람들을 잃게 될 것입니다. 갑자기 당신의 기대는 불안으로 바뀌어버릴 것입니다. 왜 그렇습니까? 대부분의 사람들과 마찬가지로 당신은 당신의 믿음이 충분하다고 믿지 않기 때문입니다. 당신은 믿음이 역사하는 것을 의심하지 않지만, 당신이 필요한 양과 질의 믿음을 가지고 있다는 것은 믿지 않고 있습니다.

저는 대부분의 그리스도인들이 "저는 더 많은 믿음이 필요합니다."라고 말하도록 만들 수 있습니다. 그리고 "오, 하나님, 제게 더 많은 믿음을 주세요!"라고 기도하게 만들 수도 있습니다. 그러나 그것은 이제까지 하나님의 말씀 안에서 보았던 모든 것을 어기게 되는 것입니다. 당신은 이미 믿음을 소유하고 있습니다. 당신은 죽은 자들로부터 예수 그리스도를 일으켰던 것과 같은 능력을 안에 이미 소유하고 있습니다. 문제는 당신의 믿음이 아니라 지식입니다. 당신은 당신이 소유하고 있는 것을 알지 못할 뿐만 아니라 그것이 역사하도록 하는 법칙을 모르고 있습니다.

"너희는 그 은혜에 의하여 믿음으로 말미암아 구원을 받았으니 **이것은 너희에게서 난 것이 아니요 하나님의 선물이라 행위에서 난 것이 아니니 이는 누구든지 자랑하지 못하게 함이라**"(엡 2:8-9)

이 구절은 적어도 두 가지 방식으로 해석될 수 있습니다. "그것"은 당신의 행위에서 난 것이 아니라 하나님의 선물인 구원에 관하여 말하고 있습니다. 그러나 "그것"은 또한 당신이 실제로 구원을 받기 위하여 사용된 믿음을 의미할 수도 있습니다. 그 믿음은 당신으로부터 난 것이 아니라 "하나님의 선물"입니다. 이해가 되십니까?

하나님의 말씀이 믿음을 가져옵니다

구원에 이르는 믿음은 하나님의 말씀을 들음으로써 옵니다.

그런즉 그들이 믿지 아니하는 이를 어찌 부르리요 듣지도 못한 이를 어찌 믿으리요 전파하는 자가 없이 어찌 들으리요 보내심을 받지 아니하였으면 어찌 전파하리요 기록된 바 아름답도다 좋은 소식을 전하는 자들의 발이여 함과 같으니라 그러나 그들이 다 복음을 순종하지 아니하였도다 이사야가 이르되 주여 우리가 전한 것을 누가 믿었나이까 하였으니 그러므로 믿음은 들음에서 나며 들음은 그리스도의 말씀으로 말미암았느니라   롬 10:14-17

한마디로 당신은 하나님의 말씀을 듣지 않으면 믿을 수도 없습니다. 하나님의 말씀이 믿음을 가져옵니다!

당신의 입으로부터 나오는 모든 말은 그릇입니다. 저는 당신을 세우고 격려하는 것들을 말할 수 있습니다. 저는 심지어 당신을 칭찬하고 찬양함으로써 당신이 기쁨의 눈물을 흘리게 할 수도 있습니다. 그러나 저는 당신의 마음을 찢고 낙담시키는 것들을 말할 수도 있습니다. 저는 당신에게 슬픔, 상처, 비애, 고통, 분노의 눈물을 가져올 수도 있습니다.

말은 얼마나 강력한지 모릅니다!

  말은 믿음도 불신도 담고 있습니다. 하나님의 말씀들은 믿음으로 가득 차 있습니다. 하나님 그분은 믿음으로 가득 차 있습니다. 그리고 그분이 하신 말씀들도 믿음으로 가득 차 있습니다. 말들은 하나님 자신의 믿음으로 가득 차 있는 작은 그릇입니다. 당신은 먼저 하나님의 말씀이 당신에게 하나님의 믿음을 가져다주기 전에는 하나님을 믿고 구원받을 수 없습니다. 하나님의 말씀은 거듭나기 위하여 참으로 초자연적인 믿음을 가져다줍니다!

  그러므로 당신은 하나님의 초자연적인 믿음을 당신 안에 갖고 있습니다. 그것은 있었다가 없었다가 하는 것이 아닙니다. 하나님의 선물gift;은사과 부르심은 후회함이 없습니다(롬 11:29). 우리는 근본적으로 우리가 누구인지 모르기 때문에 우리가 갖고 있는 것을 사용하지 않고 있는 것입니다.

제 19 장

초자연적인 믿음

　제가 자랐던 교회에서는 모든 사람이 어떻게 믿음을 갖게 되었는지를 설명하기 위하여 여러 가지의 예증들을 사용했습니다. 그들은 의자를 제 앞에 두고서 "이 의자에 앉아 있는 것은 믿음입니다. 이것이 당신을 지탱해 줄지를 당신은 어떻게 알고 있습니까?"라고 말했습니다. 그들은 "신호등이 파란불일 때 교차로를 건너가는 것은 믿음입니다. 당신은 다른 사람이 빨간불이어서 멈추리라는 믿음을 사용하고 있습니다."라고 말했습니다. 그들은 또한 "비행기가 날아가는 것은 믿음입니다. 그것이 어떻게 작동되는지 당신은 알지 못합니다. 당신은 조종사를 모르지만, 비행기가 날아갈 것을 믿습니다. 이런 것들이 당신이 일상적으로 믿음을 개입시키는 것들입니다."라고 말했습니다. 이런 모든 것들도 어느 정도 믿음입니다.

그러나 그것은 인간의 믿음입니다.

  하나님께서는 믿음의 본체이십니다. 그리고 인간은 그의 형상대로 지음 받았습니다. 그러므로 구원을 받았든지 안 받았든지 모든 사람은 그들 안에 믿음을 소유하고 있습니다. 왜냐하면 그것은 하나님의 일부분이었고, 지금은 우리의 일부분이기 때문입니다. 그러나 의자에 앉는 것, 교차로에서 운전하는 것, 비행기를 타는 것 같은 종류의 믿음은 인간적인 믿음입니다. 그것은 전적으로 당신이 볼 수 있고, 맛볼 수 있고, 들을 수 있고, 맡을 수 있고, 느낄 수 있는 것에 기초합니다. 만약 의자 다리가 한두 개 없거나 기우뚱거리는 것을 보게 되면, 당신은 그 의자에 앉지 않을 것입니다. 만약 비행기 날개 방향에서 삐걱거리는 큰 금속성 소리와 연기 냄새를 맡게 되면, 당신은 그 비행기를 타지 않을 것입니다. 만약 누군가 반대 방향에서 교차로로 과속으로 달려오는 것을 보게 되면, 당신은 파란불이라도 길을 건너지 않을 것입니다. 인간의 믿음에는 보고, 맛보고, 듣고, 냄새 맡고, 느낄 수 있는 것과 같은 감각적인 정보가 영향을 미칩니다.

  그러나 구원을 받기 위하여 당신은 자연적 감각들이 인식할 수 없었던 것들을 믿어야만 했습니다. 당신은 결코 하나님이나 마귀를 본 적이 없었습니다. 당신은 천국과 지옥을 결코 본 적이 없었습니다. 그리고 죄를 결코 본 적이 없었습니다.

당신은 사람들이 죄를 범한 것을 본 적이 있었지만 "죄"가 실제적으로 어떻게 생긴 것인지 알고 계십니까? 당신은 죄를 볼 수 없고, 죄가 언제 용서되는지 볼 수 없습니다. 그러나 당신은 이러한 볼 수 없고 만질 수 없는 모든 것들을 믿어야만 했습니다. 당신이 이것을 할 수 있는 유일한 방법은 초자연적인 하나님의 믿음을 갖는 것입니다.

하나님의 믿음

하나님의 믿음은 어떤 종류의 물질적 증명에도 제약을 받지 않습니다. 그분은 눈에 보이는 나타남이 있기 전에 말씀하고 인정하십니다.

"기록된 바 내가 너를 많은 민족의 조상으로 세웠다 하심과 같으니 그가 믿은 바 하나님은 죽은 자를 살리시며 없는 것을 있는 것으로 부르시는 이시니라"(롬 4:17)

하나님께서는 죽은 자를 살리시며, 없는 것(물리적으로 나타나지 않은 것)을 있는 것처럼 부르시고 있습니다. 이런 경우로, 하나님께서는 그가 첫 아이를 갖기 전에 아브람(왕자)을 "아브라함"(열국의 아버지)으로 불렀습니다. 그것이 하나님 식의 믿음입니다!

하나님께서 하늘과 땅을 창조하셨습니다. 그분이 말씀하셨습니다. "빛이 있으라." 그리고 빛이 있었습니다(창 1:3). 그리고 며칠 후에 그는 해, 달, 별들을 지으셨습니다. 저는 이런 모든 것들이 어떻게 이루어졌는지를 확신하지 못하지만 하나님의 말씀은 만들 자원이 있기 전에 하나님께서 빛을 창조하셨다고 분명히 기록하고 있습니다. 하나님의 믿음은 인간의 믿음이 갖고 있는 방식에 제한을 받지 않습니다!

구원을 받는 것은 당신이 볼 수 없는 의자에 앉아 있는 것과 같습니다. 인간의 믿음은 그것을 할 수 없습니다. 당신이 볼 수도 없고 느낄 수도 없다면, 당신은 떨어지고 다치는 위치에다 자신을 두지 않을 것입니다. 그러나 당신은 죄를 용서받기 위해 물리적으로 보거나 느낄 수 없는 하나님을 믿었습니다. 어떻게 그것을 했습니까? 초자연적인 하나님의 믿음을 사용했기 때문입니다!

구원과 믿음을 둘 다 받는 것은 하나님으로부터 온 선물입니다(엡 2:8-9). 하나님의 말씀은 그의 믿음을 담고 있습니다. 그것이 당신이 거듭나기 위해 말씀을 들어야 할 이유입니다.

"너희가 거듭난 것은 썩어질 씨로 된 것이 아니요 썩지 아니할 씨로 된 것이니 살아 있고 항상 있는 하나님의 말씀으로 되었느니라"(벧전 1:23)

하나님의 말씀은 하나님이 육신이 되어 완전한 삶을 살았고 우리의 처벌을 대신하여 고통당하시고 죽으셨다는 것을 믿게 하는 믿음을 담고 있습니다. 예수님께서 부활하셨고 당신의 죄가 용서함 받았다는 것을 믿게 하는 것은 초자연적인 하나님의 믿음입니다. 단지 인간의 믿음으로 이런 일들을 믿을 수 없습니다. 하나님의 말씀이 이런 믿음을 당신에게 가져옵니다.

당신은 구원을 받기 위해 인간의 믿음이 아니라 하나님의 초자연적인 믿음을 사용했습니다. 그것은 당신이 하나님의 말씀을 받았을 때 온 선물이었습니다. 당신은 당신의 믿음을 하나님께 두지 않았습니다. 당신은 **하나님의 믿음**the faith of God으로 인하여 거듭났습니다! 죄인인 우리는 너무나 부족하여 우리 자신을 구원할 수도 없었으며 우리의 죄가 용서함을 받았다는 것조차 믿을 수 없었습니다. 하나님의 좋은 소식(복음)이 우리에게 오지 않으면 안 되었습니다. 그래서 우리는 말씀 속에 있는 하나님의 초자연적인 믿음을 받을 수 있었고, 그것을 구원을 위해 사용할 수 있었습니다.

그리스도의 믿음

당신은 의롭다 함을 얻기 위해 그리스도의 믿음the faith of Christ을 사용했습니다.

사람이 **의롭게 되는 것은** 율법의 행위로 말미암음이 아니요 오직 **예수 그리스도를 믿음으로** 말미암는 줄 알므로 우리도 그리스도 예수를 믿나니 이는 우리가 율법의 행위로써가 아니고 **그리스도를 믿음으로써**by the faith of Christ; 그리스도의 믿음으로 의롭다 함을 얻으려 함이라 율법의 행위로써는 **의롭다 함을** 얻을 육체가 없느니라   갈 2:16

당신은 예수님께서 하신 일을 믿었으되, 그리스도의 믿음을 사용하여 의롭다 함을 얻었습니다.

당신이 거듭났을 때, 당신 또한 하나님의 아들의 믿음으로써by the faith of the Son of God 사는 것입니다.

"내가 그리스도와 함께 십자가에 못 박혔나니 그런즉 이제는 내가 사는 것이 아니요 오직 내 안에 그리스도께서 사시는 것이라 이제 내가 육체 가운데 사는 것은 나를 사랑하사 나를 위하여 자기 자신을 버리신 **하나님의 아들을 믿는 믿음 안에서**by the faith of the Son of God; 하나님의 아들의 믿음으로 **사는 것이라**"(갈 2:20)

저는 "하나님의 아들을 믿는 믿음으로 사는 것이라I live by faith in the Son of God"라고 말하고 있는 다른 번역이 있음을 알고 있습니다. 그러나 많은 연구 끝에 내린 결론은 "하나님의 아들의 믿음으로 사는 것이라I live by the faith of the Son of God"

가 실제적인 정확한 표현이라는 것입니다.

즉 당신은 "그리스도의 믿음으로 의롭다 함[공의롭게 되다, 거듭나다]을 얻었고", 지금은 "하나님의 아들의 믿음으로 살고" 있습니다(갈 2:16, 20) 이것은 매우 중요합니다!

당신은 거듭났고 지금은 하나님의 초자연적인 믿음으로써 살고 있습니다. 그런 이유로 예수님께서 "너는 더 많은 믿음을 필요로 하지 않아. 넌 이미 갖고 있는 것을 일하도록 하는 법을 배울 필요가 있어. 네가 갖고 있는 믿음은 뽕나무가 뿌리가 뽑혀 바다에 심기는 것을 볼 만큼 충분하다"라고 말씀하신 것입니다(눅 17:6-10).

예수님께서 행하신 것을 행하라

우리가 하나님의 믿음the faith으로 거듭났고, 지금은 하나님의 아들의 초자연적인 믿음으로 살고 있기 때문에, 그것은 예수님께서 행하신 것은 무엇이든 할 수 있는 잠재력을 갖고 있습니다.

"내가 진실로 진실로 너희에게 이르노니 나를 믿는 자는 내가 하는 일을 그도 할 것이요 또한 그보다 큰 일도 하리니 이는 내가 아버지께로 감이라"(요 14:12)

우리가 어떻게 예수님께서 행하신 일들을 할 수 있습니까? 아직 더 큰 일을 하는 것에 관해서는 말하지 않겠습니다. 우리가 어떻게 기적을 행하며, 지혜와 지식의 말들을 받으며, 다른 뺨을 돌리며, 여분의 거리를 더 걸어가 주며, 귀신들을 쫓아내며, 무조건적인 사랑을 행할 수 있습니까? 그 이유는 당신과 제가 예수님께서 이런 일들을 이루시기 위하여 사용하셨던 것과 똑같은 믿음을 갖고 있기 때문입니다. 우리 인간의 믿음이 아니라 그분의 초자연적인 믿음이기 때문에 그분이 하셨던 모든 것들을 할 수 있는 것입니다!

그러나 대부분의 그리스도인들은 "글쎄요, 아시다시피 난 단지 인간에 불과합니다. 난 단지 사람입니다."라고 말합니다. 그것은 옳지 않은 생각입니다! 저는 단지 사람이었습니다. 그러나 거듭났습니다. 지금 저의 영 안에는 성령님께서 가득 들어 차 계십니다. 지금 저의 영 안에는 하나님의 아들의 믿음이 있습니다. 그렇습니다. 육체는 여전히 실패와 같은 모든 것을 할 가능성이 있습니다. 그러나 저의 거듭난 부분은 강력합니다!

만약 당신이 하나님의 아들의 믿음을 소유하고 있다는 사실을 깨닫고 집중하게 되면, 무엇을 바라는 것hope과 기대하는 것expect과 믿는 것believe의 차이점을 알게 될 것입니다. 당신 안에 이런 잠재력이 있는 것을 진실로 믿을 때, 당신은 더 이상 실패와 좌절과 세속적인 삶을 용납하지 않을 것입니다. 당신은 예수 그리스도의 믿음을 갖고 있으며 지금 그 믿음으로써 살고 있습니다.

믿음의 분량

하나님께서는 모든 거듭난 성도에게 믿음의 분량을 주셨습니다.

"내게 주신 은혜로 말미암아 너희 각 사람에게 말하노니 마땅히 생각할 그 이상의 생각을 품지 말고 오직 **하나님께서 각 사람에게 나누어 주신 믿음의 분량대로**according as God hath dealt to every man the measure of faith 지혜롭게 생각하라"(롬 12:3)

그것은 서로 다른 어떤 분량a measure이 아니라 일정한 믿음의 분량the measure of faith입니다!

대부분의 그리스도인들은 하나님께서 다양한 다른 분량을 측량하여 믿음을 나누어 주신다고 생각합니다. 그들은 하나님께서 이 사람에게는 한 국자 가득하게 주고 저 사람에게는 큰 숟가락만큼 주신다고 믿습니다. 이 사람은 찻숟가락 정도를 얻고 저 사람은 한 방울 정도를 얻는다고 말입니다. 그것은 완전히 틀린 것입니다! 하나님께서는 모든 성도에게 같은 분량의 믿음, 즉 가득한 믿음을 주십니다. 왜냐하면 그것은 일정한 믿음의 분량the measure of faith이기 때문입니다.

아프리카에서 한 집회에 백만 명이 넘는 사람들에게 설교를 했던 독일 출신의 능력 있는 세계적 신유 사역 부흥사인 라인하르트 봉케Reinhard Bonnke가 텔레비전 방송에서 인터뷰를 하고 있었습니다. 청중 중에 한 사람이 질문을 했습니다. "당신은 왜 여기 미국보다 해외에서 더 많은 기적들이 일어난다고 생각하십니까? 그들이 더 많은 믿음을 갖고 있기 때문입니까?" 그의 대답은 저를 즐겁게 했습니다.

"당신들 미국인이 제가 지금까지 만났던 사람들 중에 '더 많은 믿음'이라는 개념을 가진 유일한 사람들입니다. 믿거나 안 믿거나 둘 중 하나일 뿐입니다. '큰 믿음'이 있어야만 하는 것이 아닙니다." 그는 하나님의 말씀을 난생 처음 듣고 받아들였던 사람들의 몇몇 예증들을 말했습니다. "'큰 믿음'과 '작은 믿음'이라는 개념은 틀린 것입니다. 잘못된 것입니다!"

믿음은 열매입니다

당신은 궁금해 할지도 모릅니다. '마태복음 8장에 나오는 백부장은 뭐지? 주님께서 그가 말한 것을 듣고 "내가 진실로 너희에게 이르노니 이스라엘 중 아무에게서도 이만한 믿음 so great faith; 이렇게 큰 믿음을 보지 못하였노라"(마 8:10)라고 하셨는데.' 어떤 사람들은 그 부분을 지적하면서 말합니다. "바로 거기에 성경적인 선례가 있습니다. 그가 '큰 믿음great faith'을 가졌다고 예수님께서 말씀하셨습니다."

여기에는 두 가지가 관련되어 있습니다. 이것은 새 언약과 거듭남이 있기 전의 일이었습니다(그리스도의 속죄 사역이 완성되기 전까지, 새 언약은 기술적으로 효과를 발하지 않았습니다). 구약 아래 있던 (십자가 사건 이전의) 사람들은 하나님의 약속을 믿었습니다. 그들이 믿음이 없었다는 뜻이 아니라, 신약 시대의 (예수 부활 이후) 성도가 믿음을 갖는 것과는 다른 방식이었습니다. 당신은 새로운 탄생을 통하여 거듭난 영을 갖게 됩니다. 바로 그 지점이 당신의 새로운 본성과 그리스도의 믿음이 있는 곳입니다. 구약 시대 사람들은 여기에 접근할 수 없었습니다.

또한 믿음은 성령의 열매입니다.

"오직 성령의 열매는 사랑과 희락과 화평과 오래 참음과 자비와 양선과 충성(믿음)과But the fruit of the Spirit is love, joy, peace, longsuffering, gentleness, goodness, faith"(갈 5:22)

구약 시대 성도에게는 성령의 내주하심이 없었습니다.

성령님이 그들에게 가끔 임했지만 신약 시대 성도들에게 하신 방식으로 그들 안에 살지는 않았습니다. 그래서 예수님께서 우리의 죄들을 위하여 죽으시고 죽은 자들로부터 부활하시고 사람들이 거듭나기 전에 그들, 즉 백부장과 그와 같은 다른 사람들이 하나님을 믿는 것은 다른 방식이었습니다.

심지어 거듭난 후에도 어떤 사람들은 큰 믿음을 드러내고, 다른 사람들은 거의 적은 믿음을 드러내고 있습니다. 그러나 그렇다고 어떤 그리스도인들은 "큰" 믿음을 갖고 있고, 다른 그리스도인들은 "적은" 믿음을 갖고 있다고 말하는 것은 정확하지 않습니다. 많은 사람들이 하나님께서 그들에게 주신 믿음의 적은 분량만을 사용합니다. 그러나 사실 모든 거듭난 성도는 믿음의 분량, 즉 하나님의 아들의 믿음을 갖고 있습니다!(롬 12:3, 갈 2:20)

당신이 소유하고 있는 것을 인정하라!

당신의 믿음에는 문제가 없습니다. 당신의 지식이 문제입니다! 당신의 믿음이 역사하는 것을 보고자 한다면, 당신이 소유하고 있는 것을 이해하고 인정할 필요가 있습니다.

바울은 이렇게 기도했습니다. "이로써 네 믿음의 교제가 우리 가운데 있는 선을 알게 하고 그리스도께 이르도록 역사하느니라"(몬 1:6)

"주님, 제 믿음을 더 크게 해주세요!"라고 기도하면서 하나님께 더 구하지 마십시오. 대신 하나님의 말씀을 믿고, 당신이 거듭났을 때 하나님의 초자연적인 믿음이 당신에게 주어졌다는 것을 인정하는 것부터 시작하십시오.

제 20 장

믿음의 법칙

베드로는 하나님의 초자연적인 믿음의 분량을 갖고 있었습니다. 그는 성전 입구에 있는 앉은뱅이를 고쳤습니다(행 3:6-8). 그의 그림자가 지나갈 때 사람들이 치유받았습니다(행 5:15). 그는 심지어 죽은 자들로부터 다비다를 살렸습니다(행 9:39-40). 이 모든 것들이 베드로의 믿음이 만들어낸 것들입니다.

그가 두 번째 편지를 누구에게 썼는지 주목해 보세요. "예수 그리스도의 종이며 사도인 시몬 베드로는 우리 하나님과 구주 예수 그리스도의 의를 힘입어 **동일하게 보배로운 믿음을 우리와 함께 받은 자들에게 편지하노니**"(벧후 1:1)

베드로의 이런 믿음은 선한 행위를 통하여 얻은 것이 아니라 거듭났을 때 "하나님과 구주 예수 그리스도의 의를 힘입어" 받았습니다.

당신이 거듭났을 때 당신은 베드로와 같이 이 "보배로운 믿음"을 받았습니다. 그것이 믿음의 분량입니다(롬 12:3). 만약 당신이 이것을 믿지 않으면, 당신은 베드로후서를 당신의 성경책으로부터 찢어내어 버리는 편이 낫습니다! 왜 그렇습니까? 왜냐하면 베드로는 보배로운 믿음을 가진 사람들에게 그것을 기록했기 때문입니다!

당신의 믿음에는 문제가 없습니다. 당신은 이미 하나님의 아들의 믿음을 갖고 있습니다. 그러나 베드로가 행하였던 초자연적인 결과를 보고자 한다면 그것을 사용하는 법을 배워야 합니다.

믿음을 사용하는 법을 발견하십시오

저는 1968년 3월 23일, 주님과의 기적적인 만남을 통하여 성령 세례를 받았습니다. 저는 즉시 제 안이 살아나는 것을 경험했고 여러 가지 것들을 깨닫기 시작했습니다. 열정과 새로운 동기가 제 안으로부터 일어났고, 저는 사람들이 치유되는 것(암, 질병, 귀먹음)을 보기 시작했습니다. 비록 제가 치유를 위해 기도했던 많은 사람들 중에서 소수의 치유만을 보았지만, 이전보다는 더 많았습니다. 제 믿음이 역사하기 시작했고 그것은 강력한 힘이라는 것을 깨닫기 시작했습니다. 그러나 저는 아직 제가 믿음의 분량, 즉 하나님의 아들의 믿음을 가졌다는 것을 알지 못했습니다.

그래서 저는 더, 더, 더 많은 믿음을 위하여 하나님을 찾았고 하나님께 구했습니다. 구하는 과정 중에 저는 좌절했습니다. 그리고 하나님께서는 지금까지 제가 나눈 이 믿음에 대해 제게 계시해 주셨습니다. 저의 삶은 엄청나게 달라졌습니다! 더 많은 믿음을 달라고 주님께 구하는 대신에 저는 그분께서 이미 주신 것을 찬양하고 감사드리기 시작했습니다. 저는 믿음을 얻기 위해서가 아니라 제가 이미 소유하고 있는 것과 그것을 사용하는 법을 더 깨닫기 위하여 하나님의 말씀 속으로 파고 들어갔습니다. 하나님의 말씀 속에 있는 "믿음"을 공부하면서, 믿음을 다스리는 법칙들과 그 법칙들에 협력하는 법을 깨닫기 시작했습니다.

구원을 위한 믿음은 하나님의 말씀을 들음으로써 옵니다(롬 1:17). 그리고 거듭난 후에, 당신은 하나님의 초자연적인 믿음을 갖게 되었습니다(롬 12:3, 갈 2:16, 20). 그러므로 당신이 그리스도인으로서 성경을 공부하고 선포되는 하나님 말씀을 들을 때 믿음은 이미 존재하고 있습니다. 당신은 단지 당신이 이미 가지고 있는 것과 그것을 사용하는 법을 발견하고 있는 것입니다!

바로 그것이 당신이 베드로후서 1:1을 읽을 때 격려를 받는 이유입니다. 당신은 진지하게 말할 수 있습니다. "나는 베드로가 가졌던 동일한 보배로운 믿음을 갖고 있습니다. 그는 믿음의 분량을 가졌고, 나도 같은 믿음의 분량을 갖고 있습니다. 바울이 하나님의 아들의 믿음을 가졌듯이 나 역시 갖고 있습니다. 난 베드로가 한 것은 무엇이든 할 수 있습니다. 난 바울이 한 것은 무엇이든 할 수 있습니다. 난 예수께서 하신 것은 무엇이든 할 수 있습니다. 하나님께 영광을 돌려드립니다!"

믿음은 하나님의 규칙들을 따라갑니다

하나님과 우리 주 예수를 앎으로 은혜와 평강이 너희에게 더욱 많을지어다 그의 신기한 능력으로 생명과 경건에 속한 모든 것[믿음은 확실히 이 중의 하나입니다!]을 우리에게 주셨으니 이는 자기의 영광과 덕으로써 우리를 부르신 이를 앎으로 말미암음이라 이로써 그 보배롭고 지극히 큰 약속을 우리에게 주사 이 약속으로 말미암아 너희가 정욕 때문에 세상에서 썩어질 것을 피하여 신성한 성품에 참여하는 자가 되게 하려 하셨느니라   벧후 1:2-4

구원 전에는 하나님의 말씀을 들어야 믿음이 생깁니다. 당신이 그것을 받아들이면, 당신은 하나님의 말씀을 통해 당신에게 온 그 믿음을 사용함으로써 거듭날 수 있습니다. 당신이 거듭나게 되면 당신은 이미 믿음을 갖게 됩니다. 그것은 성령의 열매입니다. 그러나 하나님의 말씀을 읽고 이해해야 당신은 당신이 이미 소유하고 있다는 것을 알게 됩니다. 하나님의 말씀은 당신이 구원의 유익들에 더 완전하게 협력하고 받아들일 수 있도록 당신에게 믿음이 어떻게 역사하는지를 가르쳐 줍니다.

당신은 하나님의 아들의 초자연적인 믿음을 갖고 있지만, 그것은 그분의 믿음이므로 그분의 규칙을 따라가지 않으면 안 됩니다. 당신은 당신 자신의 일을 하기 위해 하나님의 믿음을 사용할 수 없습니다. 그것은 당신의 것이 아닙니다. 그분의 것입니다. 어떤 의미로는 당신이 그것을 빌리고 있는 것입니다. 이런 초자연적인 믿음이 결과를 가져오는 방법은, 오직 당신이 하나님께서 원하시는 방식으로 믿음을 사용하는 것입니다.

기술적으로 말하자면 그것은 당신의 믿음이 아닙니다. 사람들은 말합니다. "나는 침례교 신앙faith(믿음)을 갖고 있습니다." 또 어떤 사람들은 "성공회 신앙(믿음)", "감리교 신앙(믿음)", "장로교 신앙(믿음)"을 갖고 있다고 말합니다. 그러나 에베소서 4:5에는 "하나의 주님"과 "하나의 믿음", 즉 하나님의 믿음이 있다고 나타나 있습니다. 당신은 그 어떤 옛 방식으로 믿을 수는 없습니다. 왜냐하면 당신이 잘못 믿으면 믿음은 역사하지 않을 것이기 때문입니다. 당신은 하나님께서 당신에게 원하시는 방식대로 그 믿음을 사용해야 합니다. 왜냐하면 그것은 당신의 인간적인 믿음이 아니라 그분의 초자연적인 믿음이기 때문입니다.

하나님의 말씀이 "믿음의 법칙"에 대해 말하고 있습니다.

"그런즉 자랑할 데가 어디냐 있을 수가 없느니라 무슨 법으로냐 행위로냐 아니라 오직 믿음의 법으로니라"(롬 3:27)

비록 이것이 로마서 3장의 요점은 아닐지라도, 여전히 참된 진술입니다. 당신 안에 있는 하나님의 믿음은 "믿음의 법칙"에 따라 움직입니다.

일정하고 보편적인

믿음은 하나님께서 믿음의 사용을 다스리기 위하여 만들어낸 법칙에 따라서 역사합니다. 여기에 '법'이라는 단어는 변동이나 변화가 없는 "일정한constant" 그리고 "보편적인universal" 것을 의미합니다. 즉 믿음은 중력 법칙처럼 누구에게나 어디에서나 같은 방식으로 역사한다는 것입니다.

중력은 변동이나 변화가 없이 (지구상의 모든 사람에게 적용되는) 일정하고 보편적인 것입니다. 그런 이유로 우리는 그것을 "법칙"이라고 부릅니다. 예를 들면 콜로라도에 있는 저는 중력 법칙을 이용하여 의자에 앉아 있습니다. 만약 어떤 이유로 당신이 중국에서 의자에 앉지 못한다면 중력은 법칙이 아니라 "현상"이 될 것입니다. 무언가가 "법칙"이 되려면 어느 곳에든지 어느 누구에게든지 같은 방식으로 적용되지 않으면 안 됩니다.

대부분의 사람들은 믿음이 법칙의 지배를 받는다고 보지 않습니다. 그들이 하나님께 구하고 "믿으면" 하나님은 그분이 원하시는 대로 무언가를 하실 수 있다고 생각합니다. 그들은 하나님께서 그들에게 두신 어떤 제약들이 있다는 것을 이해하지 못합니다. 하나님의 믿음은 항상 법칙들을 지킵니다.

거듭 말하지만 이 진리는 자연 세계의 중력의 법칙에서도 분명합니다. 만약 어떤 사람이 엠파이어스테이트빌딩에서 떨어지면 무슨 일이 일어나게 됩니까? 하나님께서 그들이 죽는 것을 보고 싶어 하십니까? 하나님께서 그들을 처벌하고 계십니까? 아닙니다. 하지만 하나님은 그들의 생명을 구하기 위하여 중력을 중지하지는 않으실 것입니다. 하나님께서는 중력에 의하여 사람들이 다치거나 죽는 것을 원치 않으시지만, 만약 그들이 이 법칙을 어긴다면 사고는 정확히 일어날 것입니다.

그렇게 되는 것입니다!

믿음은 법칙의 다스림을 받습니다. 하나님께서 당신의 유익을 위하여 그렇게 하셨습니다. 하나님은 당신이 병들어 죽거나 재정적으로 실패하거나 정신적 또는 감정적으로 고통을 당하는 것을 원치 않으십니다. 그러나 만약 당신이 믿음이 어떻게 역사하는지 배우지 않고 협력하지 않으면, (당신에게 복을 주기 위해 의도된) 이러한 법칙들이 위반되었을 때 그것이 당신을 죽일 것입니다. 그것은 놀라운 진리입니다!

하나님께서는 그분 자신의 법칙을 어기실 수 없습니다. 그분은 어기시지 않을 것입니다. 그것은 그분의 공의와 거룩함에 위배되는 것입니다. 하나님께서 무언가를 말씀하시면 그것으로 끝입니다. 그분은 우리의 변덕이나 필요와 무지 때문에 자신이 세워 놓은 것을 바꾸시는 분이 아닙니다. 하나님께서 온 심령으로 사랑하시는 사람들이 죽는 것은 그것이 하나님의 뜻이기 때문에 아니라, 그들이 하나님의 믿음의 법칙을 어기기 때문입니다.

제 21 장

믿음은 말합니다

믿음의 법칙들 중의 하나는 당신은 당신이 말하는 것을 갖게 된다는 것입니다.

"사람은 입에서 나오는 열매로 말미암아 배부르게 되나니 곧 그의 입술에서 나는 것으로 말미암아 만족하게 되느니라 죽고 사는 것이 혀의 힘에 달렸나니 혀를 쓰기 좋아 하는 자는 혀의 열매를 먹으리라"(잠 18:20-21)

죽고 사는 것이 혀의 힘에 달렸나니! 이것이 믿음의 법칙입니다.

하나님께서는 있으라고 말씀하심으로써 믿음으로 세상을 지으셨습니다(창 1장). 모든 자연적인 것들, 즉 보고 맛보고 듣고 냄새 맡고 느끼는 물질적인 것들은 말씀으로 지음을 받았습니다. 믿음으로 가득 찬 하나님의 말씀이 이 우주를 지었고 계속해서 그것을 함께 붙들고 있습니다(히 1:3, 11:3). 만약 하나님께서 그분 자신의 말씀, 즉 그가 창조한 법칙을 어기게 되면, 우주 전체는 스스로 파괴되고 말 것입니다. 왜냐하면 창조는 하나님의 살아있는 말씀의 능력으로 서로 지탱되고 있기 때문입니다.

하나님의 창조는 법칙에 의해 다스려집니다. 하나님의 법칙들 중의 하나는, 우리는 우리가 말하는 것을 갖는다는 것입니다. 말에는 능력이 있습니다. 우리는 말을 합니다.

말하는 능력은 우리 안에 있는 하나님의 형상을 반영하고 있습니다. 이것은 인간이라는 피조물을 식물들과 짐승들로부터 구별하는 매우 중요한 특징입니다. 우리는 말을 합니다. 어떤 의미에서 말은 창조하는 능력이 있기 때문에 그것은 하나님을 닮았습니다.

생명을 말하는 것을 배우라

예수님께서 이 법칙을 확증하셨습니다(마 21:18-22, 막 11:12-14, 20-24). 그는 무화과나무에게 말씀하시며 죽으라고 명령하셨습니다. 다음날 아침, 제자들은 밤새 나무에게 그 일이 정확하게 이루어진 것을 발견했습니다. 그들이 놀라워하자 예수님께서 선포하셨습니다.

하나님을 믿으라 내가 진실로 너희에게 이르노니 누구든지 이 산더러 들리어 바다에 던져지라 (말)하며 그 말하는 것이 이루어질 줄 믿고 마음에 의심하지 아니하면 (그 말한 것이) **그대로 되리라**(Have faith in God. For verily I say unto you, That **whosoever shall say** unto this mountain, Be thou removed, and be thou cast into the sea; and shall not doubt in his heart, **but shall believe** that those things **which he saith** shall come to pass; **he shall have whatsoever he saith.**) 막 11: 22-23

믿음은 말함으로써 풀어집니다. 그것이 믿음을 다스리는 법칙들 중의 하나입니다. 단지 사는 것만이 아니라, 죽는 것과 사는 것이 모두 혀의 힘에 있습니다.

만약 당신이 거듭났다면, 당신은 하나님의 아들의 믿음을 갖고 있습니다. 대부분의 그리스도인들이 이것을 알지 못하기 때문에 그들은 그것을 사용하지 않습니다. 사람들은 믿음이 적절하게 역사하는 것을 여전히 거의 보지 못하고 있습니다. 왜냐하면 그들은 믿음을 다스리는 법칙들을 깨닫지 못하고 협력하지 않기 때문입니다.

만약 당신의 의사가 당신이 곧 죽을 거라고 말했다면, 당신의 말은 당신이 받는 것에 영향을 미치게 될 것입니다. 만약 당신이 하나님께서 이미 당신을 고치셨다는 것을 알고 믿고자 하면 당신의 말은 당신이 경험하는 것을 결정지을 것입니다. 당신이 말하는 것에 따라 사는 것 혹은 죽는 것을 얻게 될 것입니다. 만약 누군가가 당신의 상태를 물어본다면, 당신은 "죽게 됩니다. 의사가 말하길 한 주밖에 살지 못한다고 합니다."라고 대답함으로써 죽음을 풀어놓게 됩니다. 만약 당신이 장례 준비를 시작하고 슬픔에 잠기게 된다면, 당신은 죽음에게 권세를 주고 있는 것입니다. 비록 당신 안에 하나님의 아들의 믿음이 있다 할지라도, 그 믿음이 나오지 않게 됩니다. 대신에 죽음이라는 말을 통해 사탄이 원하는 것이 풀어놓아질 것입니다. 당신의 말은 그만큼 능력이 있습니다!

마음과 입이 함께 해야 합니다

당신은 "믿음" 또는 "고백" 운동을 통하여, 이런 진리에 대한 극단의 해석을 들었을지도 모릅니다. 심지어 어떤 사람들은 이 진리를 "이름을 대고 청구하라 name it and claim it" 또는 "내뱉고 붙잡으라 blab it and grab it"라는 이름을 붙여 놓았습니다.

"당신이 말하는 것을 갖게 된다"라는 이런 진리는 많은 면에서 남용되어 왔습니다. 만약 누군가가 "간지러워 죽겠다!"라고 말했을 때, 자체적으로 임명된 "고백 경찰"이 즉시 뛰어나와 그들을 정죄할 것이라고 말했다고 가정해 봅시다. 그러나 로마서 10:10은 이 문제를 명확히 하고 있습니다. "사람이 마음으로 믿어 의에 이르고 입으로 시인하여 구원에 이르느니라."

마음과 입이 믿음으로 함께 일할 때에만 고백이 이루어지는 것입니다. 그들이 "간지러워 죽겠다!" 같은 비속어적인 표현을 사용할 때 죽음에 떨어지지 않는 이유는 그들의 마음으로 그것을 작정하지 않았기 때문입니다.

이 진리가 얼마나 잘못 전달되고 남용되었는지와는 상관없이 그것은 여전히 진리입니다. 많은 그리스도인들은 그들의 말을 적절하게 사용하지 않음으로 인해 하나님께서 영적으로 그들에게 준 것을 놓치고 있습니다.

산에게 말하라

그러나 단지 믿음을 말하는 것으로는 충분치 않습니다. 당신은 또한 산에게 직접 말하지 않으면 안 됩니다.

"누구든지 이 산더러 들리어 바다에 던져지라 하며"(막 11:23)

대부분의 그리스도인들은 그들의 산에게 하나님에 대하여 말하는 대신에, 산에 관하여 하나님께 말하느라 바쁩니다. 산은 곧 당신의 문제이며 또는 당신이 변화되기를 기대하는 것입니다. 그것을 향해 말하십시오!

"오, 하나님, 제가 아픕니다. 제발 이 병을 제게서 없애주세요!"라거나 "아버지, 이 빚을 없애주세요."라고 기도하지 마십시오. 그것은 성경이 당신에게 행하라고 말하는 것을 어기는 것입니다. 당신은 당신의 산에 관하여 하나님께 말하고 있는 것입니다. 질병을 향해 말하십시오. 당신의 청구서를 향해 말하십시오. 당신의 우울증 또는 문제가 되는 그 무엇을 향해 말하십시오. 하나님께서 이미 당신을 자유케 하셨다고 문제에게 말하십시오. 그리고서 문제를 향해 당신에게서 떠나라고 명령하십시오. 이것이 당신이 하나님께서 당신에게 주신 권위와 그것이 역사하는 방법을 이해해야 하는 이유입니다(저의 강의, '믿음의 법칙The Law of Faith'과 '믿는 자의 권세The Believer's Authority'가 이 문제를 철저하게 다루고 있습니다).

제가 노스캐롤라이나 주 샬롯에서 목회를 하는 동안 한 부부와 머물게 되었습니다. 그들은 "니키 오첸스키: 기적의 이야기!"라는 비디오를 보았습니다. 은혜와 믿음에 대한 깨달음이 어떻게 죽음의 문턱에 있는 한 십대 여자 아이가 치유를 받도록 도움을 주었는지에 대한 간증이 부인을 감동시켰습니다. 그 부인은 같은 병인 섬유종과 화학적 민감증chemical sensitivities으로 고생하고 있는 친구가 있었습니다. 그래서 그녀는 즉시 친구를 불러 와서 제가 그녀에게 함께 기도하고 사역할 수 있도록 했습니다.

  친구가 도착하자 저는 하나님의 말씀을 약 30분 정도 나누면서 그녀의 잘못된 생각을 반박했습니다. 그녀가 기도를 받을 준비가 되었을 때 저는 모든 고통은 그녀의 몸으로부터 떠나라고 명령했습니다. 그 병은 즉시 없어졌습니다. 그녀는 하나님을 찬양하기 시작했습니다. 그러나 잠시 후에 그녀는 "저는 허리로부터 등까지 불타는 것처럼 뜨겁습니다. 왜 이것이 다른 통증과 함께 떠나지 않았을까요?"라고 말했습니다.

  저는 그녀와 함께 마가복음 11:23을 나누고 말했습니다. "성경은 당신이 산에게 말해야 한다고 말하고 있습니다. 당신은 몸 전체에 통증이 있다고 제게 말씀하셨습니다. 그래서 저는 통증에게 말했습니다. 이제 이것을 지켜보세요. 제가 불타는 것에게 말하겠습니다." 그리고서 저는 예수님의 이름으로 불타는 것에게 명령했습니다. 그것은 즉시 사라졌고, 그녀는 하나님을 찬양했습니다!

"불타는 것아, 예수님의 이름으로…"

저는 그녀에게 하나님의 말씀을 의지하는 법과 만약 증상이 돌아올 경우 무엇을 해야 할지를 가르쳐 주었습니다. 그런데 20분 후에 그녀는 떠나려다가, "그 불타는 것이 돌아왔어요." 라고 말했습니다. 제가 그녀에게 말했습니다. "제가 방금 무엇을 해야 할지 당신에게 말씀드렸습니다. 이제 당신이 기도하고, 그것을 꾸짖으십시오."

그래서 그녀는 "아버지, 저를 치료하는 것이 당신의 뜻이고, 당신이 이미 저를 고쳐주셨음을 감사드립니다. 당신이 채찍에 맞음으로 제가 나음을 입었습니다. 이제 제가 치유를 선포합니다. 제가 신뢰합니다. 예수님의 이름으로 고쳐주심을 감사드립니다."라고 기도했습니다. 불과 한 시간 전 쯤에는 하나님께서 그의 영광을 위하여 그녀에게 질병을 주었다고 생각했던 그 여자에게서 상당히 좋은 기도가 나왔습니다.

그러나 저는 그 불타는 것이 떠나지 않았다는 것을 알았습니다. 그래서 제가 "어떠세요?"라고 물었습니다. 그녀가 대답했습니다. "불타는 것이 아직도 있습니다."

"왜 그런지 아세요?"

"아니요."

"당신은 당신의 산에게 하나님에 대하여 말하는 대신,

당신의 산에 관하여 하나님께 말했습니다. 당신은 당신의 산에게 말하지 않았습니다."

"무슨 뜻이죠?" 그녀가 물었습니다.

"당신이 불타는 것에다 말하지 않았습니다."

"당신은 실제로 이름으로 그것을 부르고 그것에게 말하라는 뜻입니까?"

"그렇습니다. 그것이 정확히 당신이 해야 하는 것입니다. 그 불타는 것에다 말하세요." 많은 사람들은 그것이 이상하다고 생각합니다. 그러나 예수님께서는 무화과나무에게 말씀하셨습니다. 실제로, 하나님의 말씀은 예수께서 "(나무에게) 대답했다answered"라고 말하고 있습니다(막 11:14).[3]

당신은 누가 먼저 당신에게 말하지 않았다면 대답할 수 없습니다. 바로 그런 까닭에 당신의 통장이 "하나님의 말씀은 이루어지지 않아. 너는 실패할 거야. 난 다시 긴급상태에 빠졌어!"라고 당신에게 말할 때, 당신은 "하나님의 말씀은 이루어진다. 그는 충분한 것 이상의 전능하신 분이야! 통장아, 내가 네게 예수님의 이름으로 명령하노니 정상 상태로 돌아와서 거기에 머물러 있어!"라고 말할 필요가 있습니다.

---

[3] 영어 킹제임스에는 마가복음 11:14이 "And Jesus **answered** and said unto it…(예수께서 **대답하여** 무화과나무에게 말씀하시기를)" 이라고 번역되어 있다.(역자 주)

이번에는 그녀는 "불타는 것아, 예수님의 이름으로…"라고 말했습니다. 그녀는 거기에서 멈추더니 소리쳤습니다. "사라졌어요!" 그녀는 심지어 명령을 다 끝내지도 않았습니다. 예수님 안에 있는 그녀의 믿음을 사용하면서 직접 명령을 하니 그것이 떠났습니다. 이 원리가 일하고 있다는 얼마나 멋진 예증입니까!

전기

말은 중요합니다! 당신은 죽음, 낙심, 패배, 우울증 등을 말하고 나서 복을 받을 것을 기대할 수는 없습니다. 그런 일은 일어나지 않습니다! 왜 그렇습니까? 믿음을 다스리는 법칙들 중의 하나는 당신이 말하는 것을 갖게 될 것이라고 말하고 있습니다. 당신이 하나님의 말씀을 마음으로 믿고 입으로 동의하여 말해야 될 뿐 아니라, 당신의 문제에게 직접 말하고 해결되도록 명령하지 않으면 안 됩니다. 하나님께서 이미 이루신 것에 대하여 감사하십시오. 그리고 아픔이 멈추도록 몸에게 명령하고, 재정이 잘 돌도록 명령하고, 당신의 상황으로부터 마귀가 떠나도록 명령을 내려야 합니다. 당신의 권위를 취하여 사용하십시오. 이것들이 믿음을 다스리는 법칙입니다.

당신은 하나님의 아들의 믿음을 이미 소유하고 있습니다. 당신은 그것을 사용하는 법을 배울 필요가 있습니다. 당신이 믿음이 어떻게 역사하는지를 깨닫고 협력하기 시작하면, 당신은 결과들을 보게 될 것입니다.

하나님께서 전기를 다스리는 자연 법칙들을 만드셨습니다. 비록 사람이 전기를 발견하지 않았고, 전기가 어떻게 작동되는지를 최근까지 발견하지 못했을지라도, 전기는 처음부터 지구상에 있었습니다. 사천 년 전 사람들도 전기를 사용할 수 있었지만 그들은 그 법칙들을 알지 못했습니다.

이제 우리가 전기의 법칙들을 배웠기 때문에 전기를 사용합니다. 실제로 우리는 전기를 항상 사용하고 있으며, 그것은 믿을만합니다.

하나님께서는 전기가 나쁘기 때문에 사람들로부터 그것을 보류하신 것이 아닙니다. 다윗은 매우 경건한 사람이었지만 전기에 관하여 알지 못했습니다. 모세나 기드온이나 솔로몬 역시 몰랐습니다. 그들이 전기로부터 유익을 얻지 못했던 이유는 단순히 전기와 그것을 사용하는 법칙들에 대한 무지 때문이었습니다. 만약 그들이 알았다면, 받을 수 있었을 것입니다.

오늘날 사람들은 그들이 나쁜 사람이기 때문이 아니라 믿음의 법칙을 어기기 때문에 스스로 다쳐서 죽습니다. 하나님께서는 그들을 적대시 하지 않으십니다. 하나님께서 그의 능력이 어떻게 흘러가는지에 관한 법칙들을 만드셨습니다. 그러나 그들은 협력하지 않고 있습니다.

  법칙들이 무엇인지 배우십시오. 그리고 당신의 유익을 위하여 그것을 실행에 옮기십시오. 당신이 그렇게 하기 전에는, 하나님께서 당신을 위하여 어떤 창조물도 바꾸시지 않을 것입니다. 그분은 당신이 엠파이어스테이트빌딩에서 뛰어 내렸다고 해서, 당신의 생명을 구하기 위하여 중력의 법칙을 중지하여 수백만 명의 다른 사람들을 죽이지는 않으실 것입니다. 믿음은 그런 식으로 일하지 않습니다. 믿음을 다스리는 법칙들을 발견하고 협력하십시오!

당신의 믿음을 풀어 놓으세요

  저는 여기까지 (대부분 말에 관계된) 몇 가지 법칙들만을 다루었습니다만, 더 많은 법칙들이 있습니다. 당신이 하나님의 말씀을 공부하면 그것들을 발견하게 될 것입니다. 당신은 예수님께서 그들의 믿음에 따라 행동하도록 사람들에게 격려 했던 것을 알게 될 것입니다. "행함이 없는 믿음은 죽은 것" 이기 때문에, 행동은 당신의 믿음을 풀어 놓는 매우 중요한 다른 방법입니다(약 2:26). 거기에는 다른 사람들을 용서하는 것(막 11:25-26) 등도 있습니다.

하나님의 말씀은 당신이 거듭날 때 당신에게 근원적인 믿음을 가져다줍니다. 그리고 구원을 받은 후에, 하나님의 말씀은 그 믿음이 어떻게 역사하는지를 당신에게 가르쳐줍니다. 죽은 자들로부터 예수 그리스도를 일으킨 것과 동일한 믿음이 이미 당신 안에 머물고 있다는 것을 당신이 믿을 수 있다면, 남은 것은 믿음이 어떻게 역사하는지를 다스리는 법칙에 협력하는 법을 배우는 것입니다.

제 22 장

적극적인 수신

마가복음은 믿음의 법칙들이 작동하는 것에 대한 멋진 예화를 기록하고 있습니다. 혈루증을 앓던 여인이 치유를 받고자 예수님께 왔습니다. 그녀는 단지 예수님의 겉옷만 만졌고 즉시 온전케 되었습니다. 예수님께서는 자신에게서 능력이 흘러나가는 것을 느끼고 돌아서서 물으셨습니다. "누가 내 옷에 손을 대었느냐?"(막 5:30) 그의 제자들은 깜짝 놀랐습니다. 예수님 주변에는 많은 무리들이 있었고 그들 모두는 예수님을 밀고 있었습니다. 그러나 이 여인이 만졌을 때 매우 다른 무언가가 있었습니다. 그녀는 믿음으로 예수님을 만졌습니다. 그리고 즉시 하나님의 능력이 흘러나갔습니다!

대부분의 사람들은 하나님과 같이 예수님께서 모든 것을 아셨다고 믿고 있습니다. 그러므로 그가 "누가 내 옷을 만졌느냐?"라고 물었을 때 그는 단지 수사적인 질문을 하고 있었습니다. 비록 예수님께서 그의 영으로는 완전히 하나님이었을지라도 그는 육체의 몸을 갖고 살았습니다. 비록 죄가 없는 육체적인 몸이었을지라도, 누가복음 2:52은 "예수는 지혜와 키가 자라가며 하나님과 사람에게 더욱 사랑스러워 가시더라"라고 나타내고 있습니다.

여자가 말했습니다

예수님께서는 인간의 생각으로는 모든 것을 알지 못했습니다. 저는 예수님께서 "누가 나를 만졌느냐?"라고 물으셨을 때, 정확히 그 말 그대로를 의미했다고 믿습니다.

이것은 중요한 사항입니다. 만약 예수님께서 누가 그를 만졌는지를 알지 못했다면, 어떻게 하나님의 이런 치유 능력이 여인의 치료에 영향을 미치도록 그로부터 흘러나온 것일까요? 생각해 보십시오!

대부분의 사람들은 우리가 요구사항을 가지고 하나님께로 올 때, 하나님께서 우리를 재어보신다고 생각합니다. 우리가 얼마나 기도하고 하나님의 말씀을 공부하고 금식하고 경건한 삶을 사는지, 그리고 또 다른 많은 것들을 토대로 해서 그분께서 우리 요구를 허락하시거나 거절하신다고 생각합니다. 그러나 여기에서는 그런 일이 일어나지 않았습니다. 이 여인이 어떻게 치유를 받았습니까?

그녀는 믿음의 법칙을 행동으로 옮겼습니다. 그러자 하나님의 능력이 자동적으로 흘러나왔습니다. "이는 내가 그의 옷에만 손을 대어도 구원을 받으리라 생각함일러라"(막 5:28)

우리가 말하는 것을 갖는 것이 하나님의 법칙입니다(막 11:23). 그녀는 말했고, 받았습니다.

열심있는 행동

"행함이 없는 믿음은 죽은 것이다"라는 것 역시 하나님의 법칙입니다(약 2:20). 이 여인은 자신의 믿음대로 행동했습니다. 그녀는 단지 치유될 것이라고만 말하지 않았습니다. 그녀는 개인적인 위험을 무릅쓰고 믿음에 따라 행동했습니다.

그 당시에 혈루증이 있는 사람은 부정했고, 혈루증이 있는 사람들이 만졌던 사람 역시 부정하게 되었습니다. 그러므로 이런 부정함을 지닌 사람들은 무리들을 피해야만 했습니다. 왜냐하면 그들이 만진 사람이 부정하게 되기 때문입니다. 만일 무리들이 그녀의 비밀을 알면 그녀는 무리들로부터 돌에 맞아 죽을 수도 있었습니다. 이것이 아마 그녀가 행함으로 앞으로 나오는 것을 주저했던 이유일 것입니다.

여인이 예수님의 겉옷을 만졌던 것을 또한 주목하십시오. 많은 무리들이 에워싸고 있었을 때 그녀가 어떻게 옷을 만질 수 있습니까? 유일한 논리적인 설명은 이 여인은 아마 많은 무리들 사이를 헤쳐 손과 무릎으로 기어갔을 것입니다.

그것이 왜 중요합니까? 그것은 믿음의 다른 법칙인 "열심 earnestness"을 보여주고 있습니다. 수동적으로 구해서는 하나님의 것들을 받을 수 없습니다.

"너희가 온 마음으로 나를 구하면 나를 찾을 것이요 나를 만나리라"(렘 29:13)

치유받지 않아도 살 수 있다면 당신은 그렇게 살 것입니다. 그러나 이 여인처럼 생명을 걸만큼 적극적일 때, 당신은 받게 될 것입니다.

누가 미쳤습니까?

이 여인은 이런 상태로 12년 동안 고통 중에 있었습니다(막 5:25). 그녀는 모든 돈을 써서 당시의 모든 다양한 방법의 치료를 받았지만 상태가 더 나빠졌습니다(막 5:26). 아무도

자연적인 수단을 사용했던 그 여인을 비난하지 않았습니다. 사람들이 그녀를 동정하고 불쌍히 여겼다고 확신합니다. 그러나 만약 그녀가 많은 무리들 사이에 있는 예수님께로 접근하려고 한 것을 그녀의 친구들이 알았다면, 분명히 미쳤다고 말했을 것입니다.

의사들이 우리를 실험하도록 허용하는 것을 미친 짓으로 보지 않습니다. 건강한 사람이 죽게 될 수도 있고 우리가 가진 모든 것을 지불해야 하더라도, 우리는 그들이 우리를 다루도록 허용해 줍니다. 그러나 공개적으로 치유에 대하여 하나님을 신뢰한다면, 우리는 "광신자"가 됩니다.

그러나 하나님으로부터 효과적으로 받으려면 이런 식의 적극적인 태도가 필요합니다.

이 여인이 몇 가지 믿음의 법칙들을 행동에 옮기자, 하나님의 치유 능력이 자동적으로 그녀에게 흘러갔습니다.

개인적인 것이 아닙니다!

전기의 법칙을 기억하십니까? 누군가가 벽에 있는 스위치를 올리면 전력이 흐르게 됩니다. 그들은 전기 회사에 전화해서 전력을 보내달라고 요구할 필요가 없습니다. 이미 거기에 있습니다. 우리는 단지 우리에게 허용된 권위를 취하여 전력이 흐르도록 명령을 내려야 합니다.

마찬가지로 누군가가 전류가 흐르는 전기선을 만지면, 그가 접지가 되어 있다면 전류는 그에게 흘러 들어갑니다. 전기 회사에서 "내가 그들에게 전기 충격을 주어 교훈을 주리라."고 해서 일어난 일이 아닙니다. 전기의 흐름을 다스리는 법칙들이 있습니다. 어떤 사람인지는 관계가 없는 것입니다.

그것이 하나님의 방식입니다. 하나님께서는 누구는 치유하시고 다른 누구는 거절하시는 분이 아닙니다. 하나님의 능력이 어떻게 역사하는지를 다스리는 법칙들이 있습니다. 그런 법칙들을 어기면, 하나님께서 이미 우리에게 주신 복들을 놓치게 됩니다. 우리는 법칙들이 무엇인지를 배우고, 그 법칙들과 협력할 수 있습니다. 그러면 그가 주시는 풍성한 삶을 경험하게 됩니다. 우리에게 달려 있습니다.

하나님의 법칙들에 대한 무지

사람들은 수천 년 전에 전기를 사용할 수 있었을 것입니다. 최근 들어 전기를 사용하게 한 것은 하나님이 아니십니다. 특별한 지식이 부족한 인간의 무지 때문이었습니다. 그것이 우리를 어둠 속에 두었습니다.

제가 "무지ignorance"라는 말을 사용하는 것은 경멸하는 발언을 의도한 것이 아닙니다. 레오나르도 다빈치는 탁월한 사람이었습니다. 그는 헬리콥터와 다른 많은 것들을 발명했습니다. 그러나 그는 전기에 대하여 무지했습니다.

마찬가지로 여러 가지 면에서 신실하고 매우 경건한 많은 훌륭한 그리스도인들이 있습니다. 그러나 그들은 하나님의 믿음의 법칙에 대하여 무지하여, 그들이 바라는 결과를 받지 못하고 있습니다. 그들은 나쁜 사람들이 아닙니다. 그들은 단지 하나님의 나라가 어떻게 역사하는지 다스리는 법칙들을 알지 못하고 있습니다.

하나님으로부터 받는 것은 그가 당신에 대하여 어떻게 생각하느냐에 달려 있지 않습니다. 만약 그것이 유일한 쟁점이라면 우리는 모든 면에서 완벽해야 할 것입니다. 그것은 우리 각자에 대해 하나님께서 바라시는 바일 것입니다. 그러나 하나님께 우리를 위해 갖고 계신 것을 받기 위해서는 실행되어야 할 법칙들이 있습니다. 이런 법칙들을 오용하는 것은 말 그대로 우리를 '죽이게' 됩니다.

제 23 장

불신은 믿음을 방해합니다

당신이 하나님의 믿음을 이미 갖고 있는 것을 깨닫고 있다고 해서 당신의 삶에서 승리가 자동적으로 생겨나지는 않습니다. 당신이 불신을 제거하기 전까지, 그것은 믿음을 상쇄시키고 망치게 합니다. 당신의 문제는 믿음의 부족이 아니라 너무 많은 불신입니다.

예수님과 세 제자들이 변화산으로 올라갔습니다. 예수님께서 영화롭게 되었고, 그들은 예수님과 함께 말하고 있는 모세와 엘리야를 보았습니다. 이 사건 이후 곧바로 그들은 산에서 내려와 무리들에게 왔습니다. 한 사람이 예수님께 와서 말했습니다. "꿇어 엎드려 이르되 주여 내 아들을 불쌍히 여기소서 그가 간질로 심히 고생하여 자주 불에도 넘어지며 물에도 넘어지는지라 내가 주의 제자들에게 데리고 왔으나 능히 고치지 못하더이다 예수께서 대답하여 이르시되 믿음이 없고 패역한 세대여 내가 얼마나 너희와 함께 있으며 얼마나 너희에게 참으리요 그를 이리로 데려오라 하시니라"(마 17:14-17)

이 사람은 간질에 걸린 아들을 예수님께 데리고 왔습니다. 마가복음 9:17-22은 이 "벙어리 귀신"이 오늘날 "간질"이라고 부르는 것처럼 격렬한 발작을 일으켰다고 말하고 있습니다. 그 아버지는 처음에 그의 아들을 제자들에게 데리고 왔습니다만 제자들이 귀신을 쫓아낼 수 없었습니다.

예수님은 기뻐하지 않으셨습니다! 그분의 반응에 주목하십시오.

"믿음이 없고 패역한 세대여 내가 얼마나 너희와 함께 있으며 얼마나 너희에게 참으리요 그를 이리로 데려오라 하시니라"(마 17:17)

이것은 중요합니다. 왜냐하면 오늘날 그리스도의 몸 안에서 초자연적인 하나님의 능력을 사용하는 사람들이 많지 않기 때문입니다. 우리는 많은 귀신들이 내쫓기거나 사람들이 치유되는 것을 보지 못합니다. 전반적으로 교회는 마귀들을 쫓아내고 병을 고치는 데에 능력이 없는 것처럼 보입니다.

변명들, 변명들

많은 그리스도의 몸은 이렇게 말하면서 변명합니다. "글쎄요. 우리는 단지 사람입니다. 우리는 하나님께서 하시도록 기도하고 요청합니다. 그러나 만약 우리가 무언가가 일어나는 것을 보지 못한다면 하나님은 주권자이시기 때문에 그것은 아마 그분의 뜻이 아닌 것이 분명합니다.", "그런 일들은 사도 시대와 함께 없어졌습니다." 우리는 우리의 무능력과 무기력을 정당화하기 위하여 이런 모든 교리들을 주장해 왔습니다.

예수님께서는 그런 식으로 반응을 보이지 않으셨습니다. 만약 그가 오늘날 다정다감하고 기분 좋게 하는 목사였다면 이렇게 말했을 것입니다. "여러분, 미안합니다. 제가 변화산 위에 올라가 오랫동안 아버지와 말씀을 나누지 말았어야 했습니다. 당신의 능력 밖의 문제를 다루도록 당신 혼자 놔두다니요. 당신은 보통 사람일 뿐입니다. 저를 용서해 주세요. 미안합니다. 이제 제가 여기 있으니 그 소년을 제게 데리고 오세요."

그러나 예수님께서는 그렇게 하지 않으셨습니다. 대신에 그분은 분노하셨고 호통을 치셨습니다. "패역한 세대여, 이렇게 되어서는 안 된다. 내가 얼마나 오랫동안 너희와 함께 있어야 하느냐? 얼마나 오랫동안 이런 일들을 해야 하느냐?"

예수님께서는 그의 제자들을 훈련시키시고 있었습니다. 그들에게 귀신을 쫓아내고 병든 자들을 치유하는 권세를 주셨습니다. 그들은 이 문제를 다룰 수 있었어야 했습니다. 그래서 예수님께서는 "애들아, 이것은 용납될 수 없다. 너희들은 패역하다. 이렇게 되어서는 안 돼!"라고 말씀하셨습니다.

이 말이 영향력이 있고 마음에 깊이 새겨지기를 기도하는 가운데 저는 사랑으로 말합니다. "오늘날 우리가 믿는 기독교는 믿음이 없고 패역합니다."

교회는 세상을 향해 대답을 가져야만 합니다. 그러나 우리는 가진 것을 사용하지 않고 있습니다. 하나님께서 우리에게 이미 모든 것을 주셨지만 우리는 드러내지 못하고 있습니다. 우리는 무능력하고 무기력합니다. 대부분의 그리스도인들은 "기적들과 초자연적인 능력은 1세기 교회와 함께 사라졌다"고 말하면서 그 기준을 낮춰버렸습니다. 기적들을 찾는 사람들은 하나님께서 이미 주신 것을 받아 그들의 권세를 취하여 명령함으로 일이 이루어지도록 하는 것 대신에 "오, 하나님, 당신께서 해 주시기를 구합니다."라는 식으로 접근합니다. 그것은 하나님께서 의도하신 것을 왜곡해 버리는 것입니다!

제자들에 대한 예수님의 반응은 오늘날 우리들에게도 같습니다. "이건 잘못됐어! 내가 의도했던 게 아니야." 사람들이 치유, 축사, (감정적이고 재정적인) 축복을 위해 우리에게 올 수 있어야 합니다. 그러나 오늘날 아픈 사람들이 목사를 찾아오면 그 목사는 그들을 의사에게 보낼 것입니다. 가난한 사람들은 정부 또는 다른 사회 기관으로 보내집니다. 정신적으로 감정적으로 곤란을 겪는 사람들이 도움을 요청하면 그들은 "정신과 의사"에게 보내집니다. 이런 일들이 일어나지 말아야 합니다. 하나님의 응답은 하나님의 말씀과 교회 안에 있습니다. 우리는 사람들을 다른 어디로 보내지 말아야 했습니다. 그리스도의 몸은 이런 영역에서 사실상 실패했습니다.

　이것이 더 많은 사람들이 그리스도께로 오지 않는 큰 이유입니다! 교회는 주님을 인생의 모든 문제에 대한 해답을 가지신 분으로서 드러내는데 실패했습니다. 대부분의 교회는 영원한 문제만을 다루고 현재의 모든 문제들은 사람의 능력에 맡기고 있습니다. 사람들은 교회가 일상생활과 연관되어 있다는 것을 보지 못하고 있습니다. 이렇게 되어서는 안 됩니다! 예수님께서는 간질 걸린 아이와 함께 있었던 상황만큼이나 오늘날의 이런 일들을 더 기뻐하시지 않습니다.

이전의 성공에도 불구하고

"이에 예수께서 꾸짖으시니 귀신이 나가고 아이가 그 때부터 나으니라 이 때에 제자들이 조용히 예수께 나아와 이르되 우리는 어찌하여 쫓아내지 못하였나이까"(마 17:18-19)

예수님께서 그들에게 귀신을 제압하는 능력을 주셨기 때문에 그것은 타당한 질문입니다.

"예수께서 그의 열두 제자를 부르사 **더러운 귀신을 쫓아내며 모든 병과 모든 약한 것을 고치는 권능을 주시니라**"(마 10:1)

그들은 귀신들린 아이를 자유하게 하는 것을 보는데 필요했던 능력을 이미 받았을 뿐만 아니라 이전에도 성공적으로 사용을 했었습니다.

"[제자들이] 많은 귀신을 쫓아내며 많은 병자에게 기름을 발라 고치더라"(막 6:13)

이들은 하나님의 능력과 기적을 흘려보낸 적이 전혀 없었던 사람들이 아니었습니다. 이들은 분명히 100퍼센트 성공률을 가졌던 예수님의 제자들이었습니다. 그 점이 그들의 질문을 더 의미심장하게 만들어주고 있습니다.

이들은 전에 병든 자를 고치고 마귀들을 쫓아내는 하나님의 능력이 자신을 통해 흘러가는 것을 보았던 성도들이었습니다. 그들은 그것이 하나님의 뜻이었고, 하나님께서 그들에게 능력을 이미 주셨다는 것을 알았습니다. 그들은 믿음을 행하였고 믿음에 따라 행동했으며 산에게 말했습니다. 그러나 그들은 바라는 결과를 보지 못했습니다. 어디서 많이 들어본 이야기 같지요?

당신은 아마 당신의 삶 속에서 믿음을 드러냈고 믿음에 따라 행동했고 산에게 명령했지만, 여전히 당신이 바라는 결과를 얻지 못했던 상황 속에 있었을지도 모릅니다. 당신은 치유, 번영, 축사 또는 다른 무엇이든 간에 하나님을 믿었지만 그런 일이 나타나지 않았습니다. 저는 "하나님, 만일 그것이 당신 뜻이라면"이라고 기도하고, 아무것도 일어나지 않아도 놀라지 않는 사람들에 관하여 이야기하는 것이 아닙니다. 이들 제자들은 충격을 받았고 타격을 입었고 놀랐습니다. 그들은 믿었고 예전에는 역사했던 것을 보았지만, 지금 이 특별한 때에는 일어나지 않았기 때문에 이런 질문을 했습니다.

왜 어떤 귀신들이 나가지 않는다고 생각하십니까? 왜 특정한 개인들이 치유를 받지 못합니까? 왜 재정적인 돌파구가 열리지 않습니까? 사람들이 정말로 믿고 기도하는데 그들이 구하는 것이 나타나지 않는 것을 당신은 어떻게 생각하십니까? 비록 이에 대한 많은 이유들이 있을지라도 이 질문에 대한 힘있는 대답은 "하나님의 뜻이 아닌 것이 분명해."입니다. 엉터리 같으니라고!

"하나님의 뜻?"

하나님께서는 당신이 삶의 모든 분야에서 형통하기를 원하십니다! 당신이 아프고 필요를 채우지 못하며 억압 받고 사는 것이 하나님의 뜻이 아닙니다. 당신이 낙심하며 좌절 속에 사는 것이 하나님의 뜻이 아닙니다. 그가 당신을 징계하거나 무엇인가를 가르치려고 하는 것이 아닙니다. 그것은 확실히 사실이 아닙니다!

그리스도의 몸의 다수가 모든 "응답받지 못한 기도"를 "하나님께서 주권자이십니다."라는 한 마디로 정리해 버립니다. 물론 하나님은 전능하시고 원하시는 것은 무엇이든 하실 수 있지만, 그분은 이미 원하시는 것을 다 이루셨으며 그의 뜻이 이루어지도록 권세와 능력을 주셨습니다.

오늘날 많은 일들은 하나님의 뜻 때문이 아니라 우리가 뿌리는 것을 거두기 때문에 일어납니다. 예를 들어 2001년 9월 11일에 있었던 테러 공격을 기억하면, 많은 사람들은 그 사건을 "미국에 대한 하나님의 심판"으로 보았습니다. 글쎄요, 미국은 심판 받을 만하지만 하나님께서는 심판하고 계시지 않습니다. 주권자로서 그분이 허용하신 것이 아닙니다. 하나님께서는 우리가 뿌리는 것을 거두는 법칙을 세워두셨습니다(제 설교, '하나님의 주권Sovereignty of God' 이 이것을 다루고 있습니다).

미국은 체제적으로 세속적인 국가가 되었습니다. 우리는 학교와 공공장소에서 하나님을 몰아냈습니다. 우리는 우리 자신의 일들을 하느라고 분주했으며 하나님을 무시해 왔습니다. 하나님께서 우리 사회 속에서 자유롭게 활동하실 권세를 부인함으로써 우리의 방어는 무너졌습니다.

사탄은 당신이 경건하든 그렇지 않든 공격하고 있습니다. 당신은 잘못된 일을 행하여 사탄의 공격을 받아서는 안 됩니다. 물론 당신이 정말로 올바른 일을 하더라도 공격을 받을 수 있습니다. 다윗이 하나님을 구하고 섬기고 있었을 때 사람들은 그를 공격했습니다. 비록 그가 이겼다 할지라도 그는 여전히 공격을 받았고, 그리고 싸워야만 했습니다. 당신의 방어가 무너질 때 더 자주 많은 피해가 있을 뿐입니다.

"당신의 불신 때문에"

"왜 일이 이루어지지 않나요?"라고 우리가 질문하게 되면, 두 가지 주된 견해 – 둘 다 틀린 것입니다만 – 가 있습니다. 첫째로, 많은 사람들은 '에라 모르겠다. 될 대로 되겠지 뭐. 하나님께서 주권자이시고, 그분께서 모든 것을 다스리고 계셔.'라고 생각합니다. 둘째로, 많은 은사주의의 "믿음"파 사람들은 '그들에게는 충분한 믿음이 없어.'라고 생각합니다. 이것이 사람들이 기도 응답을 받지 못한 것에 대한 유일한 이유로 내세워지고 있습니다. 그것은 어떤 은혜도 없이 모든 책임을 그들에게 지우기 때문에 너무 단순하게 사람들을 정죄하고 있습니다. 이것은 믿음 지향적인 가르침을 그들에게서 몰아내는 것입니다. 그것이 하나의 이유는 되겠지만, 모든 것을 포함하고 있는 대답은 아닙니다!

한 사람을 목회하는데 있어서 그들의 믿음은 그 과정에 영향을 미칩니다. 당신은 당신의 믿음만을 근거로 해서 그들로 하여금 받게 만들 수 없습니다. 예수님께서는 그들을 목회할 때 사람들의 믿음을 북돋아 주었습니다. 예수님께서는 그들의 치유에는 그들 자신의 역할이 있었다는 것을 의미하면서 "더 심한 것이 생기지 않게 다시는 죄를 범치 말라 하시니"(요 5:14)라고 말씀하셨습니다. 우리는 예수님께서 완벽하게 믿음으로 일했던 것을 알고 있습니다. 그러나 그는 그의 고향에서 많은 기적들을 행할 수 없었습니다. 이것은 그의 믿음에 문제가 있어서가 아니라 사람들이 불신으로 가득 차 있었기 때문이었습니다. 이와 같이 받는 사람들 편에서 어느 정도의 믿음을 보여야 할 필요가 있습니다. 그러나 치유가 나타나지 않는다면 하나님으로부터 받는 목회자의 믿음과 능력 또한 문제일 수 있습니다.

그것은 "믿으면 받고, 의심하면 받지 못하리라"라는 말처럼 항상 그렇게 단순하지 않습니다. 때로는 당신이 믿지만 여전히 받지 못할 수 있습니다. 그것이 바로 여기 제자들에게 일어난 일입니다(마 17장). 그들은 예수님께 "왜 우리들은 귀신을 쫓아낼 수 없었나요? 우리는 믿고 받았지만 원하는 것을 얻지 못했습니다."라고 물었습니다.

"이르시되 너희 믿음이 작은 까닭이니라"(마 17:20)

많은 사람들은 불신과 믿음을 동시에 가질 수는 없다고 잘못 생각하고 있습니다. 그들은 믿음과 불신은 서로 배타적이라고 생각합니다. 그것은 사실이 아닙니다.

예수님께서 그들에게 "너희 불신 때문이다"라고 말씀하셨을 때, "너희는 믿음이 없다"라고 말하지 않으셨습니다. 그분은 그것을 언급하지 않으셨습니다. 실제로 그리스도의 다음 말씀은 이와 같았습니다.

"진실로 너희에게 이르노니 만일 너희에게 믿음이 겨자씨 한 알 만큼만 있어도 이 산을 명하여 여기서 저기로 옮겨지라 하면 옮겨질 것이요 또 너희가 못할 것이 없으리라"(마 17:20)

위대한 일을 하기 위해서 "위대한 믿음"이나 "큰 믿음"을 요구하지 않습니다. 당신은 단지 당신의 믿음에 대항하여 일하는 불신을 최소화해야 할 필요가 있습니다.

"믿기만 하라!"

그런 까닭에 예수님께서 "주님, 믿음을 더하여 주시옵소서"라는 요구에 "너희들은 더 많은 믿음이 필요치 않다. 만일 너희 믿음이 겨자씨 한 알만 해도 이 나무를 뿌리 채 뽑아서 바다에 심기는데 충분하다. 너희에게 못할 것이 없다."라고 대답하셨습니다(눅 17:5-6). 마가복음 11:23에 나오는 같은 표현에 주목하십시오.

"내가 진실로 너희에게 이르노니 누구든지 이 산더러 들리어 바다에 던져지라 하며 그 말하는 것이 이루어질 줄 믿고 **마음에 의심하지 아니하면** 그대로 되리라"

당신의 마음속에 믿음과 불신이 동시에 있을 수 있습니다!

예수께서 야이로의 딸을 고치기 위해 가는 도중에 혈루증 앓던 여인이 예수님의 옷을 만져 고침을 받았습니다. 이로 인해 지체되는 동안에 야이로의 집에서 소식이 왔습니다. "당신의 딸이 죽었나이다. 어찌하여 선생을 더 괴롭게 하나이까?"

"예수께서 그 하는 말을 곁에서 들으시고 회당장에게 이르시되 두려워하지 말고 믿기만 하라 하시고"(막 5:36)

믿기만 하라! 왜 예수님께서 믿기만 하라고 그에게 말씀하셨을까요? 왜냐하면 당신은 믿는 동시에 믿지 않을 수도 있기 때문입니다!

예수님께서 축사를 필요로 했던 간질병 앓는 소년의 아버지에게 말씀하셨습니다. "믿는 자에게는 능치 못할 일이 없느니라"(막 9:23)

즉시 그 남자가 소리 지르며 눈물을 흘리며 말했습니다. "주여, 내가 믿나이다. 나의 믿음 없는 것을 도와주소서"(막 9:24)

예수님께서는 그 남자가 믿음과 불신 둘 다 갖고 있다고 해서 그를 꾸짖지 않으셨습니다. 그는 단지 그의 아들을 도와서 귀신들림으로부터 건져내 주셨습니다. 꾸짖지 않은 것이 많은 것을 말하고 있습니다!

하나님의 말씀에 의하면, 당신은 평범한 상황이었다면 갈망하는 구원을 가져왔을 만한 진실한 믿음이 있으면서도, 지금은 여전히 올바른 결과를 보지 못할 수도 있습니다. 문제는 믿음이 없어서가 아니라 불신이 있기 때문입니다.

순수 효과

믿음과 불신은 대적하는 세력입니다. 불신은 당신의 믿음을 방해합니다. 더 많은 믿음을 가지려고 애쓰는 대신, 당신은 믿음을 상쇄시키는 불신을 다룰 필요가 있습니다. 그것이 당신의 믿음을 역사하게 하는 방법입니다.

당신이 말에다 1,000 파운드의 무게를 매달고 전력을 다하게 하면 움직일 것입니다. 그러나 당신이 반대편에 다른 말을 매어 놓고 반대 방향으로 똑같은 힘으로 잡아당기게 하면 그 무게는 움직이지 않을 것입니다. 비록 막대한 힘이 발생한다 할지라도 그 무게에 대한 순수 효과는 아무것도 없습니다. 믿음과 불신이 바로 그런 식입니다.

당신의 믿음은 충분합니다. 예수님께서 심지어 겨자씨 한 알만한 믿음이 나무를 뽑을 수 있고, 거대한 산을 움직일 수 있다고 말씀하셨습니다. 그러므로 당신의 믿음은 치유를 보는 것, 귀신을 쫓아내는 것, 그 밖의 것들을 보기에 충분한 정도 이상입니다. 문제는 불신이 당신의 믿음을 방해하고, 순수 효과를 제로로 만들어 버리는 것입니다.

저는 그들이 건강하게 되는 것이 하나님의 뜻이라는 것을 분명히 믿지 않았던 사람들을 보아왔습니다. 그들은 제가 그들을 위해 기도하러 갔을 때 그 생각에 대항하여 싸웠습니다. 그들은 믿지 않았기 때문에 죽고 말았습니다. 그것은 비교적 다루기가 용이합니다. 그러나 저는 또한 그들이 건강하게 되는 것이 하나님의 뜻이라고 믿었던 다른 사람들을 보아왔습니다. 그들은 치유를 위하여 하나님께 기도하고 있었으며 신뢰하고 있었습니다. 어떤 사람들은 다른 사람들이 치유받은 것을 봤고 또 그들 자신들도 전에 치유를 받았습니다. 그러나 그들은 똑같이 죽었습니다. 그것은 다루기가 더 어렵습니다.

혼란

많은 사람들이 '왜 그들이 치유를 받지 못했을까? 믿음이 있었던 걸로 알고 있는데!' 라고 궁금해 합니다. 저는 온 마음을 다하여 하나님을 사랑하고 기쁨으로 죽음을 맞이하지만, 여전히 육체적인 치유가 나타나는 것을 기다리고 기대감을 가졌던 사람들을 보아왔습니다. 그러나 그들은 죽었습니다. 믿음을 만질 수는 없을지라도, 당신은 당신이 하나님을 구하고 있을 때 믿음이 존재하는지 아닌지는 말할 수 있습니다. 당신의 믿음은 존재하고 있지만 하나님의 말씀이 약속하는 것과 다른 결과를 보게 될 때 그것은 엄청난 혼란을 일으킬 수 있습니다.

이것이 제자들이 간질병에 걸린 소년에게서 귀신을 쫓아낼 수 없을 때 그들이 혼란스럽게 된 이유입니다(마 17:19). 그때까지 그들은 믿음과 능력과 권세를 갖고 있었고, 그것을 성공적으로 사용하였습니다. 그들은 산에게 말했고 귀신에게 나가도록 명령했습니다. 그들은 그들의 믿음에 동의하며 행동했지만 그 결과는 여전히 반대였습니다. 왜 그렇습니까?

"너희 믿음이 작은 까닭이니라"(마 17:20)

불신은 미묘합니다. 많은 사람들이 그것을 인식하지 못합니다. 그들은 어떤 사람을 보고 믿음을 감지하면, 그 믿음이 자동적으로 역사할 것이라고 생각합니다. 반드시 그런 것은 아닙니다! 예수님께서 "너희들이 믿음을 갖고 있지 않아서가 아니라 불신을 갖고 있었기 때문이다."라고 그의 제자들에게 말씀하셨습니다. 그리고 그 중요성을 강조하기 위하여 다음과 같이 덧붙였습니다. "만약 너희 믿음이 겨자씨 한 알 만큼만 있어도, 산을 바다로 던지는데 충분하다"(마 17:20). 거듭난 그리스도인으로서 하나님께서 주신 당신의 초자연적인 믿음은 당신이 필요로 하는 것을 이루기에 충분한 정도 이상입니다. 불신이 방해하지 않는 한 말입니다!

제 24 장

위글스워스는 더 적게 가졌습니다

저는 죽은 자들로부터 살아난 사람을 본 지 얼마 되지 않아, 목회를 위하여 네브라스카 주 오마하에 갔습니다. 저는 제 믿음이 역사하고 있고 일들이 잘 되어가고 있는 것을 알았습니다. 휠체어를 탄 마비된 남자가 예배에 왔었습니다. 흥분 속에서 저는 생각했습니다. '나의 믿음이 죽은 자들로부터 살아난 것을 볼 정도로 발전되었으니 휠체어에 앉은 사람은 확실히 고칠 수 있어!'

그래서 저는 걸어 나가 손으로 그 사람을 붙잡고 그를 휠체어에서 일으켜 세웠습니다. 그는 즉시 얼굴을 땅에 대고 넘어졌습니다.

그 일이 일어나자 제 믿음은 증발해버렸습니다. 모든 청중들이 숨을 죽이고 슬퍼하고 신음 소리를 내었습니다. 저는 이 남자와 실랑이를 하며 휠체어에 다시 앉히고 이러한 성경 구절을 말했습니다.

"평안히 가라, 덥게 하라, 배부르게 하라"(약 2:16)

저는 그 남자가 하나님을 믿기를 계속하도록 격려하려고 애썼지만 그를 도울 수가 없었습니다.

저는 그 날 밤 완전히 혼란에 빠진 채 호텔로 돌아왔습니다. "하나님, 어떻게 된 것입니까? 제가 믿음을 갖고 있는 것으로 알고 있는데요!" 그 같은 일을 하려면 믿음이 필요합니다. 당신은 누군가를 휠체어로부터 잡아당기자마자 바닥에 곤두박질치며 넘어지는 것을 본 적이 있었습니까? 대부분의 사람들은 본 적이 없었습니다. 왜 그렇습니까? 그들은 치유받았다는 것을 믿지 않습니다. 제가 휠체어로부터 그 사람을 잡아당겼던 이유는 그가 걸을 것이라고 진짜로 믿었기 때문이었습니다. 비록 믿음이 있었지만 저는 바랐던 결과를 보지 못했습니다. 이것이 제게 많은 혼란을 가져다주었습니다.

저는 2, 3년 동안 이 딜레마에 대한 해답을 하나님께 찾았습니다. 그리고 마침내 스미스 위글스워스에 대한 책을 읽고 저의 문제를 알게 되었습니다.

스미스 위글스워스를 만나다

위글스워스는 1900년대 초에 영국에서 살면서 강력한 기적 사역을 했습니다. 그는 여러 나라들을 다녔으며 많은 기적들을 일으켰습니다. 제가 읽은 책에서 위글스워스의 사위가 많은 간증들을 자세히 얘기해 주었습니다.

집회 시작 무렵에 위글스워스는 "여기서 제일 먼저 일어서는 사람이 고침을 받을 것입니다"라고 담대하게 알리는 것을 좋아했습니다. 누군가가 앞으로 나오면 그는 그들을 위해 기도해 주었고 그들은 치유를 받았습니다. 위글스워스는 메시지를 전하기 전에 집중력을 높이기 위해 이 방법을 사용했습니다. 그리고 말씀을 전한 후에 나머지 병자들을 위해 기도해 주었습니다.

한번은 위암에 걸린 노부인이 집회에 참석했습니다. 암 덩어리가 너무 커서 그 부인은 임신 9개월처럼 보였습니다. 그녀는 너무나 약해서 다른 두 여자 친구가 양쪽에서 팔을 잡아 의자에 앉아 있는 그녀를 붙들고 있었습니다. 그들은 위글스워스가 말하려는 것을 알고 있었습니다. 그래서 그가 집회 시작에 의례적인 예고를 했을 때 그들은 벌떡 일어나서 친구가 기도를 받도록 앞으로 데리고 나갔습니다. 위글스워스는 그녀를 보자 큰 종양이 그녀의 뱃속에 있는 것을 알았습니다.

그래서 그녀를 붙들고 있는 두 여자에게 말했습니다. "그 여자를 가게 놔두세요!" 그들은 "그녀를 가게 놔둘 수 없습니다. 그녀는 힘이 하나도 없습니다!"라고 대답했습니다. 그는 다시 목소리를 높여서 "그녀를 가게 놔두세요!"라고 말했습니다. 그래서 그들은 그렇게 했습니다.

"그녀를! 가게! 놔두세요!"

   그녀는 종양이 앞으로 쏠리는 것을 느끼자 고통의 신음 소리를 내었습니다. 청중들은 즉시 불신으로 숨이 막혔습니다. 휠체어에 앉아 있던 그 남자가 얼굴을 땅에 대고 넘어진 후에 제가 받았던 반응과 똑같은 것이었습니다. 저는 그 남자와 제 자신에 대한 연민과 동정과 당혹감을 느꼈습니다. 제 경우에 저는 불신의 태도로 반응을 보였습니다만, 위글스워스는 자기 위치에 서서 담대하게 "그녀를 일으키세요."라고 말했습니다.
   두 여자들이 그녀를 일으켜 세웠습니다. 그러자 그가 "그녀를 가게 놔두세요!"라고 말했습니다. 그들이 "그녀를 가게 놔둘 수 없습니다."라고 울면서 소리쳤습니다. 위글스워스는 큰 소리로 말했습니다. "그녀를 가게 놔두세요!" 마침내 그들이 그렇게 했을 때, 그녀는 다시 종양에 대한 고통을 느꼈습니다. 청중들이 슬퍼하고 괴로워했습니다. 위글스워스는 "그녀를 일으켜 세우세요!"라고 말했습니다. 그래서 그들은 한 번 더 그녀를 일으켜 세웠습니다.

그러자 위글스워스는 "그녀를 가게 놔두세요!"라고 세 번째 말했습니다. 두 여자들이 따졌습니다. "우리는 그녀를 놔두지 않을 것입니다!" 위글스워스가 "그녀를 가게 놔두세요!"라고 명령했습니다. 그러자 청중 속에 있던 어떤 남자가 일어서서 소리쳤습니다. "짐승 같은 놈아! 그 불쌍한 여인을 그냥 놔둬!" 위글스워스가 소리쳐 말했습니다. "내 일에는 상관하지 마시지요. 나는 내가 하는 일을 알고 있으니까요." 그는 그 두 여자에게 돌아서서 "그녀를! 가게! 놔두세요!"라고 소리쳤습니다.

그들이 그렇게 했을 때, 종양덩어리가 그녀의 옷 속으로부터 강단 위에 떨어졌습니다. 그녀는 완전히 나아서 걸어 나갔습니다.

차이점

무엇이 다릅니까? 위글스워스와 저 둘 다 믿음의 분량을 갖고 있었습니다(롬 12:3). 저는 그 남자를 손으로 붙잡고 그가 걸을 것을 완전히 기대하면서 그를 휠체어로부터 일으켜 세우는 충분한 믿음을 갖고 있었습니다. 그러나 저는 또한 불신을 갖고 있었습니다.

저는 다른 사람들의 생각으로 인해 두려움과 당혹과 동정심에 의하여 너무 쉽게 흔들렸던 것입니다.

"너희가 서로 영광을 취하고 유일하신 하나님께로부터 오는 영광은 구하지 아니하니 어찌 나를 믿을 수 있느냐"(요 5:44)

당신이 다른 사람들의 눈에 좋게 보이려고 걱정할 때 당신의 믿음은 방해를 받을 수 있습니다. 위글스워스는 제가 가진 것보다 더 많은 믿음을 갖고 있지 않았습니다. 그는 불신을 덜 가지고 있었습니다.

위글스워스는 종종 "너무 거칠다"고 비판을 받았습니다. 그는 때때로 사람들을 치고 주먹질하고 심지어 발로 차기까지 했습니다. 왜 그랬느냐고 물으면 "난 단지 마귀를 쫓고 있습니다. 그들의 몸이 방해가 되니 그렇게 할 수 밖에요."라고 말했습니다. 한번은 머리 부상을 입은 어린 아이를 발로 차서 강단으로부터 청중석 제일 앞줄로 떨어지게 한 적도 있었습니다. 그러나 그 어린 아이는 고침을 받았습니다! 위글스워스는 경건한 동정심과 인간의 동정심 간의 차이점을 깨닫고 있었습니다. 그는 동정심이 하나님의 능력이 역사하는 것을 막고 있는 것을 깨달았습니다. 그래서 그는 불신에 대하여 거세고 무심하고 무정했습니다.

완전히 없어지도록 하라!

마태복음 17장에 나오는 예수님의 제자들처럼 오마하에서의 저는 믿음과 동시에 불신을 갖고 있었습니다. 제 믿음이나 그들의 믿음이 충분히 강하지 않았던 것이 아니라, 믿음을 방해하는 불신이 너무 많이 있었습니다.

두 개의 방에 온도계가 있다고 가정해 보십시오. 하나는 믿음을 재고, 다른 하나는 불신을 잽니다. 대부분의 사람들이 불신을 무시하고 그들의 믿음에만 집중합니다. 만약 그들의 믿음이 1인치 정도 올랐는데도 기도했던 것이 이루어지지 않으면, 그들은 자신의 믿음을 1인치나 2인치 더 올려야 한다고 생각합니다. 그래서 그들은 "오, 하나님. 저에게 더 많은 믿음을 주세요. 믿음을 더 필요로 합니다!"라고 말하면서 모든 노력을 다 기울여 그들의 믿음을 늘리려고 합니다.

주님께서는 "문제는 너희의 불신이다. 믿음을 대항하는 불신이 없다면, 일이 이루어지는데 겨자씨 한 알만한 믿음보다 더 큰 믿음을 필요로 하지 않는다."(마 17:20)라고 말씀하셨습니다. 당신의 믿음을 지붕까지 끌어올리는 대신에, 당신의 불신을 뽑아내야 합니다. 완전히 없어지게 하십시오. 그러면 당신은 당신의 믿음이 필요한 것을 이루기에 충분히 강하다는 것을 발견할 것입니다.

대부분의 그리스도인들은 부족한 믿음 때문이 아니라 불신 때문에 하나님께서 이미 주신 것을 받지 못하고 있습니다. 이것들은 두 개의 정반대되는 상황들입니다. 만약 누군가가 믿지 않는다면 물론 그는 받지 못합니다. 믿음은 하나님께서 주신 것을 영적 세계로부터 물질 세계로 가져다주는 다리입니다. 믿음은 반드시 있어야 하지만 그것은 큰 문제가 아닙니다. 그것은 어렵지 않습니다. 그리스도인으로서 우리는 하나님의 초자연적인 믿음을 갖고 있습니다. 그러나 대부분의 그리스도인들이 그들의 불신을 아직 인식하지 못했거나 다루지 않았습니다.

불신이 무엇입니까? 그것은 두려움, 염려, 근심일 수 있습니다. 만약 의사가 당신이 죽게 될 것이라고 말하면, 당신은 "예수님, 당신이 채찍에 맞음으로 제가 나음을 입었습니다."라고 고백함으로써 하나님을 믿고자 합니다. 그러나 당신의 마음속에는 여전히 걱정하고 있습니다. 그것은 이중적인 마음 double-mind입니다. 이중적인 마음을 가진 사람들은 하나님으로부터 어떤 것도 받지 못합니다(약 1:7-8).

마가복음 11:23은 "누구든지 이 산더러 들리어 바다에 던져지라 하며 그 말하는 것이 이루어질 줄 믿고 **마음에 의심하지 아니하면** 그대로 되리라"라고 말하고 있습니다.

올바른 것을 말하고 행하지만, 믿을 수 없다면, 당신의 심령은 쪼개져 있는 것입니다. 당신이 추구하는 결과를 얻고자 한다면 당신은 한 마음으로 집중하지 않으면 안 됩니다!(저의 강의 '심령의 견고함Hardness of Heart'에서 이에 관한 당신의 많은 질문에 대답을 줄 것입니다. 그것은 하나님께서 제게 보여주신 가장 중요한 것들 중의 하나입니다.)

"그가 여기지 아니하고"

아브라함은 하나님께서 그에게 주신 말씀과 반대되는 생각을 하지 않았습니다. 오직 그가 받은 약속만 생각했기 때문에 그는 믿음이 강했습니다.

> 아브라함이 바랄 수 없는 중에 바라고 믿었으니 이는 네 후손이 이같으리라 하신 말씀대로 많은 민족의 조상이 되게 하려 하심이라 그가 백 세나 되어 자기 몸이 죽은 것 같고 사라의 태가 죽은 것 같음을 알고도 믿음이 약하여지지 아니하고
>
> 롬 4:18-19

당신이 생각하지 않는 것으로 유혹받을 수 없습니다. 그러므로 유혹, 불신, 실패를 극복하는 것은 당신의 생각으로부터 시작됩니다. 당신이 오직 하나님만을 생각하면 오직 하나님에 대한 믿음과 신뢰만이 당신의 마음을 끌 것입니다. 그러나 당신이 하나님 이외의 것을 생각한다면 당신은 그것에 마음을 빼앗길 수 있습니다.

아브라함은 자신의 몸과 사라의 태가 죽은 것을 공부하거나 깊이 생각하거나 숙고하거나 연구하지 않았습니다. 하나님께서 사라가 임신하여 내년에 아이를 낳을 것이라고 말씀하셨을 때, 아브라함은 그의 나이나 사라가 아이를 가질 수 있는 시기가 많이 지나버렸다는 사실에 머물러 있지 않았습니다. 그런 생각이 그의 마음을 스쳤을지는 몰라도 그는 그것을 깊게 생각하지 않았습니다.

종종 반대되는 생각이 당신의 마음을 스쳐가는 것을 가지고 당신이 불신 안에 있다고 하지는 않습니다. 마귀가 생각을 주는 것을 막을 수는 없지만, 당신은 그것을 간직할 필요는 없습니다. 케네스 해긴 목사님께서 "새가 당신 머리 위로 날아다니는 것은 막을 수 없지만, 거기에 둥지를 트는 것은 막을 수 있습니다."라고 말씀하셨던 것처럼 말입니다. 휙 지나가는 생각을 한다고 해서 당신이 불신 속에 있는 것을 의미하지는 않습니다. 당신이 그것을 고려하고 환영하고 공부하고 숙고하고 연구하고 깊게 생각하면 당신은 불신에 이끌리게 됩니다.

불신에 잠기다

오늘날 대부분의 사람들이 아브라함의 입장에 있게 되면 그것을 날려 보내버릴 것입니다. 만약 하나님께서 99살 먹은 그들에게 오셔서 "네 아내가 내년에 아이를 낳을 것이다."라고 말씀하시면, 그들은 의사에게 가서 확인을 받고 싶어 할 것입니다. "가능합니까? 백 살 먹은 사람이 아이를 낳았다는 것을 들어본 적이 있습니까? 제발 제 아내를 검진해 주세요. 그녀는 이미 월경이 끊어졌습니다. 어떻게 그녀가 지금 아이를 가질 수 있습니까?" 의사는 그들의 불신의 말에 동의를 하고 "아닙니다. 이전에 결코 그런 일이 일어나지 않았습니다. 그리고 지금 역시 그런 일은 일어날 수 없습니다!"라고 말할 것입니다. 그러면 그들은 하나님께로 돌아가서 기도하며 묻습니다. "주님, 당신이 정말로 그렇게 말씀하신 건가요?" 하나님께서 "그래, 내가 말했다!"라고 말씀하십니다. 그러면 그들은 이미 이런 모든 반대되는 생각들을 모으고 깊게 생각한 후에서야 하나님을 믿으려고 할 것입니다. 그러면서 그들은

'왜 하나님께로부터 받기가 어려울까?' 라고 궁금해 합니다.

아브라함이 그렇게 믿음이 강한 사람이었던 이유는 그가 우리보다 믿음을 더 많이 갖고 있기 때문이 아니었습니다. 그는 단지 더 적은 불신을 갖고 있었습니다. 그는 99세에 정신적으로 훈련되어 있었기 때문에 아이를 갖게 될 것이라는 하나님의 말씀을 들었을 때, 자신의 몸이나 아내의 죽은 태에 관하여 생각하거나 초점을 맞추거나 연구하지 않았습니다. 아브라함은 단지 하나님의 약속만을 바라보았습니다!

불신은 당신의 생각으로부터 옵니다.

하나님으로부터 받기 위하여 막대한 양의 믿음을 필요로 하지 않습니다. 그저 순수하고 단순하고 어린 아이 같은 믿음을 요구합니다. 그러나 대부분의 그리스도인들은 불신 속에 잠겨 있습니다. 우리는 여전히 우리의 믿음이 이루어지는 것을 기적으로 보는 부정적인 세상과 연결되어 있습니다. 우리는 텔레비전, 라디오, 영화로부터 모든 쓰레기들을 받아들입니다. 우리 자신을 이미 이런 모든 나쁜 소식들에 복종시켰는데, 하나님께서 나머지 모든 세상이 경험하는 것과 반대되는 것을 하실 것이라고 말씀하시면, 우리는 단지 믿는 것만으로는 어려움을 겪게 됩니다. 우리는 하나님께서 복을 주시려는 것을 알고 있습니다. 우리는 그것을 구하고 그 방향으로 나아가지만, 이러한 모든 불신으로 가득 차 있습니다.

격리된 삶

레스터 썸랠이라는 청년이 스미스 위글스워스를 찾아 왔습니다. 그는 겨드랑이에 신문지를 말아서 끼운 채로 문을 두드렸습니다. 자신을 소개한 후에 "들어가서 당신을 만나 뵐 수 있습니까?"라고 물었습니다. 그러자 위글스워스는 "들어올 수 있지만, 그 신문은 밖에 두어야 합니다."라고 말했습니다.

신문을 읽는 것은 죄가 아닙니다. 저는 한두 달에 한 번씩 종종 신문을 읽습니다. 저는 또한 같은 정도로 텔레비전 뉴스 프로그램을 시청합니다. 차 안에서 저는 라디오 2분 요약 뉴스를 듣습니다. 그러나 그것이 제가 얻는 근본적인 뉴스는 아닙니다. 거기에는 상당히 많은 부정주의와 불신이 있기 때문에 저는 더 많이 접하지는 않습니다.

위글스워스는 지난 35년에 걸쳐서 몇몇 좋은 정보들을 놓쳤을지도 모릅니다. 그는 메시지를 멋지게 하는데 도움이 되도록 (종종 제가 그러는 것처럼) 그것들을 사용할 수도 있었을 것입니다. 그러나 그는 자신 속에 불신을 만들었을 수 있었던 수만 가지의 부정적인 생각들과 말들 또한 놓쳤습니다. 위글스워스에게는 모험할 가치가 없었던 것입니다!

위글스워스는 그렇게 격리된 삶을 살았기 때문에, 확실히 제가 휠체어로부터 남자를 잡아당기고자 할 때 받았던 만큼 불신에 영향을 받지 않았습니다. 하나님께서 제게 이것을 보여주셨으니 저 역시 더 격리된 삶을 살고자 했습니다. 저는 제가 평소에 했던 것들을 시청하거나 듣지 않습니다. 이것 때문에 제 믿음이 더 강해졌다고 어떤 사람들은 말합니다. 실제로 더 순수해졌습니다. 지금은 희석되지 않습니다. 이전처럼 많은 불신의 생각을 갖고 있지 않습니다. 왜냐하면 제게 그런 기회를 주는 것을 막고 있기 때문입니다.

문제

예수님께서 제자들에게 말씀하셨습니다. "너희들의 불신이 문제이다. 만일 너희들이 겨자씨 한 알만한 작은 믿음을 갖고 있으면 그것으로 충분하다. 너희가 믿기만 하면 이 소년이 귀신으로부터 놓임을 받게 되는 것을 볼 수 있었다."(마 17:20)

그 비유의 구절(막 9:14-29)을 생각해 보면 제자들이 이 경우에 불신을 갖고 있었던지 몇 가지 이유들을 알 수 있습니다. 그 소년은 간질병을 앓고 있어 넘어지고 입에 거품을 물었습니다. 당신 주변에 간질을 앓고 있는 사람이 있었는지 모르지만 저는 있었습니다. 그것은 당신의 머리카락을 목 뒤까지 곤두서게 할 것입니다!

그런 일이 일어나면 불신과 걱정과 염려와 두려움이 생겨납니다. 당신이 기도하고 있는 것과 정반대로 보입니다. 만약 당신이 그런 종류의 불신에 대하여 특별하게 싸우는데 시간을 사용하지 않는다면 당신은 쉽게 그것에 압도당할 것입니다.

그것이 제가 휠체어로부터 그 남자를 잡아당겨 바른 결과를 보지 못했을 때 일어난 것입니다. 저는 청중들이 생각하는 것에 관하여 걱정을 했습니다. 다른 사람의 불신과 거절에 대한 두려움이 저에게 영향을 미치도록 허용한 것입니다. 그것이 제 믿음을 방해했습니다.

믿음은 있었지만 불신 또한 있었습니다. 만약 제가 스미스 위글스워스가 했던 식으로 했다면 그가 했던 식으로 제 믿음이 역사했을 것입니다. 차이점은 우리의 믿음이 아니라 우리의 불신이었습니다. 저는 위글스워스보다 더 많은 불신을 갖고 있었습니다.

제 25 장

당신의 불신을 다루십시오

불신은 무지, 의혹, 자연적인 것, 이 세 가지 다른 형태로 옵니다.

무지는 누군가가 진리를 알지 못할 때 있는 것입니다. 그들은 교회에서 성장하지 않았을 수도 있고 전통적인 교단에서 양육을 받았을지도 모릅니다. 기독교에 대한 그들의 생각은 왜곡되어 있습니다. 그들은 기독교는 단지 천국을 기다리고 있고 이 세상 삶 속에서는 경험하는 진정한 승리가 없다고 생각합니다. 그들은 부족한 지식 때문에 불신을 갖고 있습니다.

이런 종류의 불신은 비교적 다루기가 쉽습니다. 진리를 그들에게 말해주십시오! 만약 그들의 마음이 주님께 열려있다면 진리를 받아들일 것입니다. 그러면 무지는 떠나고 하나님을 믿을 수 있게 됩니다.

불신은 잘못 가르친 것으로부터 옵니다. 누군가 그들에게 "하나님께서는 더 이상 병을 고쳐주시거나 기적을 행하시지 않습니다. 그런 모든 초자연적인 것들은 사도 시대와 함께 가버렸습니다."라고 말한 것입니다. "글쎄요, 저는 오늘날 치유를 받았다는 사람에 대하여 들은 적이 없습니다."라고 하는 것은 무지입니다. 그러나 "오늘날 방언이나 치유, 기적이 일어난다면 그것은 마귀로부터 나온 것입니다."라고 하는 것은 잘못된 가르침입니다!

불신은 무지보다 극복하기가 더 어렵습니다. 잘못 가르침을 받은 사람은 진리에 대하여 편견을 갖고 있습니다. 그들이 마음을 새롭게 하고 받는 것은 더 많이 어렵습니다.

저는 진리에 대해 제 마음을 새롭게 하기 위하여 애를 써야만 했습니다. 저는 왜 하나님께서 오늘날 기적을 행하시지 않는지, 방언이 어떻게 마귀로부터 나왔는지, 사도행전에 나오는 초자연적인 것들이 오늘날에는 일어나지 않는지에 대한 많은 변명들을 배웠습니다. 비록 극복하기는 더 힘들지만, 이 두 번째 종류의 불신에 대한 해결책은 처음과 같습니다. 잘못된 가르침으로부터 온 이러한 불신을 극복하기 위해서는, 사람의 관습 위에 있는 하나님의 말씀의 진리를 받아들이지 않으면 안 됩니다.

자연적인 불신

세 번째 종류의 불신은 소위 "자연적인" 불신입니다. 그것은 무지나 잘못된 가르침이 아니라 단순히 진리에 반대되는 자연적인 정보입니다. 귀신들린 아이는 간질을 앓고 있어 입에 거품을 물었습니다(막 9:14-29, 마 17:14-21). 그런 일이 일어나면 당신의 마음, 감정, 눈, 귀 모두는 당신에게 '귀신이 나오지 않았어. 봐라. 믿음이 역사하지 않았어! 그것은 귀신들린 것이 아니야, 자연적인 것이야.'라고 말할 것입니다.

당신은 인생을 살면서 눈, 귀, 느낌으로부터 정보를 받은 후에 그것에 기초하여 잘못된 것인지, 악한 것인지, 자연적인 것인지 결정을 내립니다. 만약 당신이 저를 차에 태우고 어디로 가고 있다면, 저는 당신이 이런 자연적인 정보를 갖기 원할 것입니다. 저는 확실히 당신이 눈을 감고 "믿음"으로 운전하는 것을 원하지 않을 것입니다. 그러나 단순히 당신의 육체적인 감각으로 이해할 수 없는 것들이 많이 있습니다. 하나님께서 당신에게 믿음으로 걸으라고 요구할 때가 있습니다. 그 때 당신은 자연적인 것들로부터 오는 이런 종류의 불신을 극복할 수 있어야 합니다.

만약 당신이 치유를 받도록 누군가를 위해 기도하는데 그들이 죽게 되면 몇 가지 자연적인 불신이 당신에게 올 것입니다. 당신은 그들이 건강해지도록 기도했지만 지금 그들이 죽었습니다. 무슨 일이 일어날까요? 당신이 정말로 강해지지 않으면 당신은 자연스럽게 두려움을 갖게 되고, 불신이 찾아들어와서 '글쎄, 이루어지지 않았어. 왜지? 왜냐하면 내가 볼 수 없잖아!'라고 말합니다.

대부분의 사람들은 그들의 육체적인 감각에 의하여 지배받습니다. 마태복음 17장에서 제자들을 방해했던 것은 바로 이런 종류의 불신, 즉 자연적인 불신이었습니다. 그들은 귀신을 쫓아낼 수 있었다고 믿었습니다. 그들은 전에 그런 일을 행하였습니다. "우리들이 어찌하여 쫓아내지 못하였나이까?" (마 17:19)라고 질문했던 사실을 봐서 그들은 믿음을 갖고 있었습니다. 그들은 믿음으로 그 소년에게 일했지만, 그가 경련을 일으키자 믿은 것보다는 본 것에 의하여 움직여졌습니다.

"이런 종류"

당신은 이런 종류의 불신을 어떻게 극복합니까? 진리를 알고 마음을 새롭게 함으로써 당신은 무지와 의혹을 극복할 수 있습니다. 그러나 당신이 보고 느끼는 것을 어떻게 극복합니까? 당신은 믿고 있는데, 당신 몸에서 느끼는 고통이 '아니야,

이루어지지 않았어!' 라고 당신을 확신시키는 경우에 당신은 어떻게 하십니까? 예수님께서 마태복음 17:21에서 그 대답을 주셨습니다.

"기도와 금식이 아니면 이런 유가 나가지 아니하느니라"[4]

많은 사람들이 이 구절을 잘못 해석했습니다. 그들은 예수님께서 "이런 종류의 귀신"에 관하여 말씀하시고 있다고 생각합니다. 그래서 그들은 어떤 귀신들은 다른 것들보다 더 강해서 기도와 금식을 통해서만 쫓아질 수 있다고 말함으로써 다른 교리를 만들어 냈습니다. 예수님께서 말씀하시고 있었던 것은 그것이 아닙니다.

당신은 예수의 이름과 그 이름을 믿는 믿음 앞에 위축되지 않고 도망치지 않는 귀신이나 마귀를 결코 만나지 못할 것입니다. 당신의 금식과 기도는 그 일에 무엇도 보태지 않습니다. 만약 예수의 이름과 그 이름을 믿는 믿음으로 마귀가 패하지 않는다면, 당신의 기도와 금식도 마귀를 패배시키지 못할 것입니다.

불신은 마태복음 17:20-21에서 시종일관 주어로 사용됩니다. 21절에 있는 "이런 종류"는 19절에 나오는 귀신이 아니라

---

[4] 대부분의 권위 있는 초기 사본들에는 생략되어 있지만, 일부(에브라임, 베자) 사본에는 첨가됨.(역자 주)

20절에 나오는 "불신"을 의미합니다. 그러므로 예수님께서는 이런 종류의 불신, 즉 자연적인 불신은 많은 기도와 금식을 통해 빠져나올 수 있다고 말씀하신 것입니다.

"그 몸으로 되돌아가라"

당신의 믿음은 충분합니다. 저는 알고 있습니다. 저는 제 아들을 포함해서 세 사람이 죽은 자들로부터 일어난 것을 보았습니다. 저는 "큰" 믿음을 갖고 있지 않았습니다. 저는 단지 단순한 믿음을 갖고 있었습니다.

하나님께서 처음으로 제 사역을 위해 준비하셨습니다. 저는 하반신이 마비된 이 사람을 위해 여러 달 동안 기도하고 있었습니다. 그는 전에는 움직일 수 없었지만 제가 그를 도와서 그가 다리를 움직여서 주변을 걷게 하고, 일들을 할 수 있을 정도가 되었습니다. 저는 매일 그의 집을 찾아가 기도해주고 사역을 했습니다.

그런데 어느 날 저녁, 예배를 준비하고 있는데 이 사람의 아들이 와서 저를 불러냈습니다. 제가 나가자 그는 저와 제 기타를 차에 싣고서 곧장 그의 부모의 집으로 운전했습니다. 거기에 도착하는 데 1초도 걸리지 않았습니다(콜로라도 주프리켓은 당시 144명만이 살고 있었습니다). 저는 아마 그의 아버지가 심장마비를 일으켜서 어떤 고통 중에 있어서 그를 위해 기도해야 하는 것으로 생각했습니다.

제가 안으로 들어가자 마을 보안관이 인공호흡기를 제거하려고 하고 있었습니다. 그 사람의 아내는 울면서 "오, 하나님, 제발 에버릿를 돌려 주세요."라고 기도하고 있었습니다. 그것이 그가 죽었다고 깨달았던 첫 번째였습니다. 저는 이 사람의 치유를 위해 많은 시간과 노력을 쏟아부었기 때문에, 제게 온 첫 생각은 "안 돼!"였습니다. 그래서 제가 가서 말했습니다. "에버릿, 예수님의 이름으로 명하노니 몸으로 돌아오라." 세상에, 그가 치유를 받고 일어나 앉았습니다!(그 날 이후에 의사가 그를 검진한 후 치유를 확인했습니다.)

믿음을 상쇄하는 것이 없다면 아주 작은 믿음일지라도 충분합니다. 만약 어떤 사람이 죽기 이틀 전에 제게 와서 그를 죽은 자들로부터 일으켜야 한다고 말했다면, 제 마음은 생각하는 시간을 가지게 될 것입니다. 자연적인 불신의 생각들이 제게 들어오게 되면 죽은 자들로부터 그가 살아나는 것을 보지 못할 가능성은 매우 높습니다. 그러나 일어났던 그 일은 하나님의 준비였습니다. 하나님께서 제가 모르는 상태에서 거기에 데려왔습니다. 저는 기도했고 하나님을 불신하는 시간을 갖지 못했습니다. 그런 까닭에 일이 이루어진 것입니다.

기도와 금식

그러나 자연적인 불신은 통상적으로 당신이 기도하고 나서 정반대의 일이 일어날 때마다 당신의 감각 속으로 들어옵니다. 이것은 당신이 보고, 맛보고, 듣고, 냄새 맡고, 느낄 수 있는 자연적인 오감에 의하여 살아가도록 길들여졌기 때문입니다. 예수님께서는 이런 종류의 불신을 극복할 수 있는 유일한 방법은 기도와 금식을 통해서라고 말씀하셨습니다(마 17:21).

육체적 감각으로부터 오는 불신은 반드시 악한 것만은 아닙니다. 그것은 단지 자연적인 것입니다. 이런 물리적인 세계에서 살고 있기 때문에 당신은 감각들이 당신에게 말해주는 것을 판단하지 않으면 안 됩니다.

한번은 어떤 사람이 "믿음으로" 비행기를 날게 하려고 시도했습니다. 그리고 저는 그와 함께 갈만큼 어리석었습니다. 오래 되지 않아 그는 비행기를 날게 할 만한 기술을 갖고 있지 않은 것을 깨달았습니다. 그래서 그는 바닥에 태아처럼 웅크리고 앉아서 "나의 하나님, 우리가 죽게 됩니다. 우리가 죽게 됩니다!"라고 소리쳤습니다. 그가 정신줄을 놓았을 때 저는 그 경비행기를 조종해야만 했습니다. 저는 전에 비행기를 조종한 적이 없었습니다. 저는 무슨 일이 벌어지고 있었는지를 알지 못했습니다. 게다가 우리는 심한 폭풍 속에 있었습니다.

저는 정말로 이 친구가 일어나서 착륙시킬 때까지 한 시간 동안 비행해야만 했습니다.

저는 믿음으로 비행을 시도해보라고 추천하지 않습니다. 당신은 비행 지식을 가져야 하며, 계기대로 따라갈 수 있어야 합니다. 당신은 보고 듣는 대로 반응을 보일 필요가 있습니다. 그것은 잘못된 것이 아닙니다.

그러나 당신의 삶 속에서는 보고, 맛보고, 듣고, 냄새 맡고, 느끼는 것에 대해 반응해서는 일이 이루어지지 않을 때가 있습니다. 당신은 자연적인 감각을 뛰어 넘어 영적 세계로 움직일 수 있어야 합니다. 어떻게 그것을 할 수 있습니까? 기도와 금식을 통해서입니다!

제 26 장

하나님께 반응을 보이세요

당신의 몸이 다쳐서 이미 기도했고 믿었고 받았고 치유를 위해 믿음대로 행하였지만, 당신이 여전히 고통 중에 있을 때 당신은 무엇을 하시겠습니까? 정상적인 상황에서는 당신은 몸에 반응을 보이도록 길들여졌습니다. 당신이 기도했던 것과 정반대로 여전히 아프기 때문에 당신의 자연적인 감각들은 "이루어지지 않았어!"라고 결론을 짓도록 만들어버립니다. 당신은 어떻게 그것을 극복하여 하나님의 공급하심을 드러낼 수 있게 됩니까? 금식을 통해서입니다!

금식은 당신의 몸을 억제하여 하나님의 말씀과 거듭난 영에 반응하게 합니다. 당신이 금식할 때 당신은 무엇을 해야 할지 몸에 말하고 있는 것입니다. 당신은 자연적인 지배를 깨뜨려서 몸이 당신을 행사해 왔던 것을 조절하게 됩니다.

당신의 몸은 나쁘지 않습니다. 단지 잘못 길들여져 있었습니다. 당신은 우선적으로 보고, 맛보고, 듣고, 냄새 맡고, 느낄 수 있는 것에 반응을 보여 왔습니다.

대부분의 경우에 당신은 실험적으로 사람이 떡으로만 사는 것이 아니라 하나님의 입에서 나오는 모든 말씀으로 산다는 것을 배울 필요가 있습니다(마 4:4). 금식함으로써 당신은 몸에다 "몸아, 영이 육체보다 더 중요하다는 것을 네가 이해할 필요가 있단다. 이런 작은 두뇌로는 이해할 수 없는 실체가 있단다. 이것을 배우도록 너를 도와주기 위하여 우리는 금식을 해야 돼. 우리가 매일 하던 것처럼 먹거나 마시지 않음으로써 하나님께서 우리의 자원인 것을 깨닫게 될 꺼야. 식욕을 따라서 음식이 필요한 것을 공급해 주도록 하는 대신, 하나님과 그분의 말씀이 나에게 힘을 줄 거야!"라고 말하는 것입니다.

만약 당신이 길들여지지 않았다면 당신의 몸이 그것에 대하여 반항할 것입니다. 그리고 당신의 식욕은 거세지게 될 것입니다. 많은 사람들이 금식 첫날 정오쯤 배고파 죽을 것만 같은 느낌이 들었다고 제게 말했습니다. 그들은 몸 전체가 약해지는 느낌과 두통 등을 겪었습니다.

한 주에 한 번씩 금식하는 것이 당신에게 좋다는 것이 의학적으로 증명되었다는 사실을 알고 계셨습니까? 금식은 당신을 해치지 않고 몸의 독소들을 없애줄 것입니다. 실제로 당신이 40일간 금식할 때까지는 육체적으로 죽지 않습니다. 대개는 육체적인 필요가 아니라 당신의 식욕이 방해합니다. 우리들 대부분은 상당히 오랫동안 지방 없이 살아갈 수 있습니다.

누가 누구를 다스립니까?

금식할 때 당신의 몸은 자신의 통제를 유지하려고 애를 씁니다. 당신으로 하여금 "내가 결코 하루에 걸쳐 끝내지 못할 거야."라고 느끼게 만들고, 하나님께서 당신에게 하라고 하셨다고 당신이 믿는 것을 대항하게 합니다. 당신의 몸이 스스로 지배하려 들고, 당신이 보고, 맛보고, 듣고, 냄새 맡고, 느낄 수 있는 감각적 지식들이 당신을 다스리려고 할 것입니다. 그때가 당신이 당신의 육체 영역의 다스림을 받을 것인지, 육체 영역을 다스릴 것인지 선택해야 할 때입니다.

계속 금식을 하는 것을 선택함으로써 당신은 몸에다 "정신 차려! 넌 첫날 정오쯤 배가 고프게 되는 것을 배워야 해. 너는 하나님께서 행하라고 말씀하신 것들을 할 수 있고, 그분의 말씀을 통해 너의 필요를 채울 수 있도록 다시 훈련 받아야 해."

라고 말하고 있는 것입니다. 당신의 몸이 저항하며 "안 돼, 내가 죽을 거야!"라고 말할 것입니다. 그 때 당신은 "좋아, 이틀 금식을 해 보자꾸나."라고 말합니다. 그러면 몸이 반응할 것입니다. "이틀? 난 확실히 죽을 거야!" 당신이 대답합니다. "좋아. 사흘!" 얼마 되지 않아 당신의 몸은 "내가 살아남으려면 입을 다무는 것이 낫겠어. 내가 불평할 때마다 금식하는 날이 보태지고 있어!"라고 결론을 지을 것입니다. 당신의 몸이 굴복할 것입니다.

첫 배고픔의 고통을 통과하고 나면, 당신은 정말로 전혀 배고프지 않는 지점에 이를 수 있습니다. 당신은 괴롭지 않습니다. 만약 당신이 물 이외에 음식이나 음료수를 먹지 않고 장기간 금식을 하게 되면(제가 했던 가장 긴 기간은 10일에서 11일입니다), 당신은 다시는 먹을 필요가 없는 것처럼 보이는 지점에 이를 수 있습니다. 당신은 하나님께서 당신을 초자연적인 방법으로 확실하게 다스리는 지점에 당신의 몸을 종속시킬 수 있습니다.

그런 일이 일어나고 금식을 마치면 당신의 몸은 무언가를 배웁니다. 당신의 몸은 당신이 "그가 채찍에 맞음으로 내가 나음을 입었도다."라고 말할 때 여전히 고통을 느끼지만, 감지하는 능력 너머에 실체들이 있다는 것을 이제 알게 됩니다. 당신은 "내가 보고, 맛보고, 듣고, 냄새 맡고, 느낄 수 있든지 그렇지 않든지 나는 고침을 받았어!"라고 선포합니다. 그러면 당신의 몸이 "알았어."라고 대답하며 굴복합니다.

그러나 만약 당신이 전에 금식을 해본 적이 없어서 당신의 몸을 통제하지 못했으면, 당신은 "그가 채찍에 맞음으로 내가 나음을 입었도다."라고 기도할 때 당신의 몸은 "넌 여전히 아파. 넌 고침을 받지 못했어!"라고 말할 것입니다. 당신은 "아니야, 몸아, 난 고침 받았어."라고 반박할 것입니다. 그러면 몸이 이렇게 반응할 것입니다. "잠깐만! 나에게 말하는 너는 누구냐? 나는 너에게 언제 무엇을 얼마나 먹을지를 말하고 있어. 너는 수년 동안 나에게 지시를 주지 않았어. 너는 완전히 감각에 의해 지배를 받고 있어. 나한테 무엇을 해야 할지 말하지마!" 당신의 몸은 반항할 것입니다. 그래서 당신은 감각을 통하여 오는 자연적인 불신에 굴복할 것입니다.

금식은 당신의 영에 대한 자연적인 영역의 지배를 깨뜨립니다. 기도 역시 마찬가지입니다.

당신의 몸을 훈련시켜라

당신이 기도할 때 당신은 육체적으로 보거나 느낄 수 없는 누군가에게 말하고 듣고 있는 것입니다. 당신의 자연적 생각과 감각 지식은 "이것은 어리석은 일이야! 내가 뭐하고 있지?"라고 말하면서 혼란스러워 합니다. 만약 당신이 계속해서 기도하고 실천에 옮기면 당신은 기적 및 다른 일들이 일어나는 것을 보게 될 것입니다. 당신의 기도 시간이 가치가 있다는 것과 당신이 볼 수 없는 하나님께서 실제로 계셔서 당신의 육체적인 감각들을 억제하도록 도와주는 많은 증거들이 있습니다. 당신의 몸이 보고, 맛보고, 듣고, 냄새 맡고, 느낄 수 있는 것 이상의 것들이 있음을 깨닫기 시작할 것입니다. 그리고 건강이 좋지 않지만 좋은 것처럼 행동하기를 원할 때, 당신의 몸은 자연적인 감각들이 이해하는 것보다 더 많은 것들이 있는 것을 알기 때문에 그렇게 반응을 보입니다.

그러나 기도와 금식하는데 시간을 보내지 않는 사람은 그렇게 되지 않습니다. 그들이 몸에 자연적인 감각들로 이해하는 것에 반대하는 명령을 내리려고 하면, 몸은 이전에 결코 훈련을 받은 적이 없었기 때문에 반항할 것입니다.

당신의 몸이 악한 것은 아닙니다. 자연적이기 때문에 훈련되어야만 합니다. 그러나 아무도 당신을 위하여 이것을 할 수 없습니다. 당신이 당신 자신을 훈련시켜야 하고 당신의 감각을 단련시켜야 합니다(히 5:14).

당신은 깨닫지 못할지도 모르지만 당신은 자신의 육체적인 감각에 반응하는 것을 훈련해야 합니다. 저는 베트남에서 군인으로서 여러 날 밤 벙커를 지켰습니다. 나의 청각과 후각 모두 생사의 상황 속에서 더욱 더 민감해 졌습니다. 우리는 적을 보기 전에 그들의 냄새를 맡곤 했습니다. 당신은 정말로 당신 안에 있는 것들을 훈련시킬 수 있습니다!

육감 sixth sense

당신의 자연적 감각이 육체적 영역에서 훈련될 수 있듯이 그것들은 영적인 것들 안에서 또한 훈련될 수 있습니다. 감각이 육체적인 것으로만 남아 있을 필요가 없습니다. 감각들은 영적 진리를 분별하도록 훈련될 수 있습니다. 금식과 기도가 하는 일이 바로 이것입니다!

저는 하나님께서 인류를 육감 sixth sense 을 가지도록 지으셨다고 믿습니다. 그 육감은 믿음이었습니다. 아담과 하와는 그들이 다른 오감들을 사용한 것만큼 믿음을 사용했습니다. 사람이 타락했을 때, 믿음의 감각은 쇠퇴하기 시작하여 오늘날 많은 사람들이 그것에 대해 완전히 낯설어지는 지경이 되었습니다. 그러나 믿음으로 걸어가는 이런 능력은 우리 모두 안에 존재합니다. 그것은 양육되어야 하고, 훈련 되어야만 합니다.

"단단한 음식은 장성한 자의 것이니 그들은 지각을 사용함으로 연단을 받아 선악을 분별하는 자들이니라"(히 5:14)

우리의 감각은 믿음 안에서 역사하도록 훈련받지 않으면 안 됩니다. 금식과 기도가 하는 일이 바로 그것입니다. 금식과 기도는 하나님으로 하여금 당신에게 더 좋게 반응하게 만드는 것이 아니라, 당신으로 하여금 하나님께 더 좋게 반응하게 합니다.

끝까지 견디십시오!

당신이 하나님의 임재 속에 많은 시간들을 보낼 때, 그의 말씀은 육감과 같이 됩니다. 당신은 하나님께서 말씀하신 것을 보고, 맛보고, 듣고, 냄새 맡고, 느끼지 못할지도 모르나 당신은 그의 말씀에 근거한 믿음을 갖고 있습니다. 당신의 자연적인 생각은 말씀을 용납하고 이렇게 말할 것입니다. "이것은 다른 감각들이 아니라 오직 믿음으로만 식별된다. 나는 이것을 알고 있고, 이것이 맞는 것이다." 당신은 그런 식으로 당신 자신을 훈련시킬 수 있습니다!

스미스 위글스워스가 한 것이 바로 그것입니다. 그는 기도, 금식, 말씀에 많은 시간들을 사용했으므로 불신과 다른 사람들의 생각에 대해서 스스로를 무감각하게 했습니다. 그는 하나님의 말씀에 민감했고 다른 일들에 대하여는 무감각했습니다. 누군가를 위해 기도하고 즉시 결과를 보지 못했을 때에도 그는 볼 때까지 계속 기도했습니다.

하나님께서 이것들을 제게 보여 주신 이후로 저는 나타날 때까지 그것을 지키고 있습니다. 만약 제가 기도하고도 물리적으로 나타난 것을 보지 못하면 저는 이루어지게 합니다. 저는 하나님께서 그의 역할을 이미 다 하셨다고 진심으로 믿고 있습니다. 저는 하나님께서 이미 그의 능력을 풀어 놓으셨다고 믿고 있습니다.

그러므로 저는 무엇인가를 해 달라고 부탁하거나 호소하지 않습니다. 저는 이미 이루어진 것을 적극적으로 받아들이고 있습니다. 그리고 저는 나타나는 것을 방해하는 사탄에 대항하고 있습니다. 저는 산에게 말하고, 일들이 이루어지도록 명령하면서 제 권세를 취하고 있습니다.

다른 사람들에게 사역을 할 때 당신이 그들의 믿음을 되살리기 위한 것들이 있습니다. 때때로 저는 누군가를 위해 기도하는 동안 불신을 분별합니다. 그것은 악함이나 불신 또는 자연적인 것들에 의하여 지배를 받고 있을 수 있습니다. 만약 그들이 하나님으로부터 치유를 받는데 어려움을 겪고 있다면 저는 성령의 은사에 의지합니다. 지혜의 말씀[5]과 지식의 말씀6)을 사용하면서 감정적인 것에 관하여 그들이 어떻게 상처를 입게 되었는지 그들에게 말할 것입니다. 아마 우울증이나 슬픔, 비극 등이 그들에게 상처를 입혔을지도 모릅니다. 그래서 저는 성령의 은사를 사용하여 그들에게 육체적인 치유와 전혀 관계없는 것에 관하여 말합니다. 그러면 그들은 그들의 심령 안에서 "그가 이것을 알아낼 수는 없어. 하나님께서 이 사람을 통해 나에게 말하고 있는 거야."라고 말하면서 받아들이기 시작합니다. 그 즉시 그들은 마음을 열게 되고 믿음이 흐르기 시작합니다. 그들의 믿음이 생기를 띄게 되면 그들의 마음은 "맞아, 하나님이시다. 아버지, 제가 받아들입니다."라고 말합니다.

그러면 저는 전에는 역사하지 않았던 육체적인 치유에 관해 말합니다. 그러면 그들은 치유를 받게 됩니다. 제가 이렇게 함으로써 치유를 받은 사람들의 수가 적어도 두 세 배가 됩니다. 제가 일어나도록 만들었다는 의미가 바로 그것입니다.

---

5) 자연적으로는 알 수 없는 미래의 하나님의 계획과 목적에 대해 성령께서 초자연적으로 계시해 주시는 것.(역자 주)
6) 자연적으로는 알 수 없는 사람, 장소, 사건 등 현재나 과거에 대한 정보를 성령께서 초자연적으로 계시해 주시는 것.(역자 주)

받는 위치에 있으라

하나님께서 모든 사람을 고치시기 위하여 이미 모든 것을 행하셨습니다. 하나님께서 고쳐주시도록 구하는 것이 중요한 것이 아니라, 오히려 그가 이미 주신 것을 우리가 받는 것이 중요합니다. 그것이 기본적인 원칙이지만 그것이 일할 수 있도록 다스리는 법칙들이 있습니다. 당신은 말해야 합니다. 그래서 저는 사람들의 몸의 특별한 부위에 말을 하고 그들이 반응을 보이도록 명령합니다. 저는 마귀에 대하여 권세를 취합니다. 때때로 저는 다른 사람들의 믿음을 소생시키는 일들을 합니다. 저는 하나님을 조종하려고 이런 모든 것들을 행하는 것이 아니라, 받는 위치에 옮겨지도록 사람들을 도와주려고 합니다.

이런 강력한 진리들을 깨닫고 적용할 때, 저는 이전 어느 때보다 더 많고 좋은 결과들을 보고 있습니다. 그리고 당신 역시 그러할 것입니다!

결론

하나님께서는 이미 그의 역할을 마치셨습니다. 그의 송신기는 하루 24시간 내내 완벽하게 작동하고 있습니다. 그는 끊임없이 우리가 필요한 모든 것을 주고 계십니다.

하나님의 송신기가 아니라 우리 수신기가 문제입니다. 우리는 영적 세계를 이해하여 하나님께서 주신 것들이 물리적으로 나타나도록 믿음으로 협력하지 않으면 안 됩니다.

우리는 마귀에게 특별한 능력과 영광을 부여하기를 멈추지 않으면 안 됩니다. 그는 완전히 빼앗겨졌으며 패배했습니다. 승리의 행진을 기억하십시오!

우리는 이미 하나님의 초자연적인 믿음을 소유하고 있습니다. 그러므로 우리의 문제는 믿음의 부족이 아니라 불신입니다. 만약 믿음을 방해하는 불신이 없다면, 단순하고 어린아이 같은 겨자씨만한 믿음으로도 이미 이루어진 일을 보는 데 충분합니다.

우리가 하나님의 말씀을 믿고 그 말씀에 대한 믿음으로 행하지만 여전히 바른 결과들을 보지 못한다면 십중팔구는 자연적인 불신 때문입니다. 기도와 금식을 통하여 우리는 육체적인 감각의 지배를 깨뜨리고 우리의 자연적인 영역을 하나님과 그의 말씀에 반응하도록 훈련하게 됩니다.

이런 심오한 계시는 제 삶을 송두리째 변화시켰습니다! 또한 당신 안에도 동일한 계시가 시작되었다고 저는 믿습니다. 그러므로 "우리 주 예수 그리스도의 하나님, 영광의 아버지께서 지혜와 계시의 정신을 너희에게 주사 하나님을 알게 하시고 너희 마음 눈을 밝히사 그의 부르심의 소망이 무엇이며 성도 안에서 그 기업의 영광의 풍성이 무엇이며 그의 힘의 강력으로 역사하심을 따라 믿는 우리에게 베푸신 능력의 지극히 크심이 어떤 것을 너희로 알게 하시기를" 기도합니다. 아멘!

예수님을 당신의 구주로 영접하십시오

당신은 예수 그리스도를 당신의 주님과 구원자로 받아들이는 가장 중요한 결정을 해야 합니다.

하나님의 말씀은 약속하고 있습니다. "네가 만일 네 입으로 예수를 주로 시인하며 또 하나님께서 그를 죽은 자 가운데서 살리신 것을 네 마음에 믿으면 구원을 받으리라 사람이 마음으로 믿어 의에 이르고 입으로 시인하여 구원에 이르느니라"(롬 10:9-10), "누구든지 주의 이름을 부르는 자는 구원을 받으리라"(롬 10:13)

하나님께서 구원을 주시기 위하여 그분의 은혜로 모든 것을 이미 이루셨습니다. 당신의 역할은 믿고 받아들이는 것입니다.

크게 기도하십시오. "예수님, 당신이 나의 주님이시요, 구원자이심을 고백합니다. 하나님께서 당신을 죽은 자 가운데서 살리신 것을 마음으로 믿습니다. 당신의 말씀을 믿음으로써 제가 지금 구원을 받습니다. 저를 구원해 주셔서 감사합니다!"

당신이 삶을 예수 그리스도께 맡기는 바로 그 순간, 그의 말씀의 진리가 당신의 영안으로 들어갑니다. 당신은 거듭났으므로, 당신은 새로운 사람입니다!

성령을 받으십시오

하나님의 자녀로서 사랑의 하나님 아버지께서 당신이 새로운 삶을 살아가는데 필요한 초자연적인 능력을 당신에게 주시고자 합니다.

"구하는 이마다 받을 것이요 찾는 이는 찾아낼 것이요 두드리는 이에게는 열릴 것이니라 너희 중에 아버지 된 자로서 누가 아들이 생선을 달라 하는데 생선 대신에 뱀을 주며 알을 달라 하는데 전갈을 주겠느냐 너희가 악할지라도 좋은 것을 자식에게 줄 줄 알거든 하물며 너희 하늘 아버지께서 구하는 자에게 성령을 주시지 않겠느냐 하시니라"(눅 11:10-13)

당신은 구하고, 믿고, 받기만 하면 됩니다!

기도하십시오. "아버지, 이런 새로운 삶을 살기 위하여 저에게 당신의 능력이 필요한 것을 깨닫습니다. 성령으로 저를 채워주십시오. 믿음으로 제가 지금 당장 그것을 받습니다! 성령 세례를 베풀어주심을 감사합니다. 성령님, 제 삶 속에 들어오십시오!"

축하합니다. 이제 당신은 하나님의 초자연적인 능력으로 채워졌습니다!

당신이 알지 못하는 언어의 말들이 당신의 심령으로부터 당신의 입으로 나올 것입니다(고전 14:14). 당신이 믿음으로 그것들을 크게 말하면 당신은 하나님의 능력을 안으로부터 나오게 하여 영 안에서 당신 자신을 세우게 됩니다(고전 14:4). 당신은 어느 때든지, 어디서든지 원하는 대로 이것을 할 수 있습니다.

당신이 주님과 그의 영을 받고 기도할 때 무엇을 느끼든 느끼지 않든 그것은 중요하지 않습니다. 만약 당신이 심령으로 당신이 받은 것을 믿으면, 하나님의 말씀은 당신이 받았다고 약속하고 있습니다. "그러므로 내가 너희에게 말하노니 무엇이든지 기도하고 구하는 것은 받은 줄로 믿으라 그리하면 너희에게 그대로 되리라"(막 11:24) 하나님께서는 그의 말씀을 높이십니다. 믿으십시오!

당신이 예수님을 당신의 구주로 받아들이도록, 또는 성령으로 충만해지도록 기도했다면 제게 연락을 주셔서 알려 주세요. 저는 당신과 함께 기뻐하며 당신 삶 속에 일어난 일을 당신이 더 완전하게 이해하도록 돕고 싶습니다. 제가 당신이 주님과의 새로운 관계를 이해하도록 그리고 그 속에서 성장하도록 도와주는 선물을 보내드리겠습니다. "새로운 삶에 오신 것을 환영합니다!"

저자 소개

1968년 3월 23일 하나님의 초자연적인 사랑을 대면한 뒤, 앤드류 워맥의 삶은 완전히 변화되었습니다. 저명한 교사이자 저자인 앤드류 워맥의 사명은 세상이 하나님을 보는 관점을 바꾸는 것입니다.

그의 비전은 복음을 가능한 널리, 그리고 깊게 전하는 것입니다. 그의 메시지는 TV 프로그램 '복음의 진리Gospel Truth'를 통해 거의 전 세계 인구의 반 이상이 볼 수 있는 상태로 널리 전해지고 있습니다. 또한 콜로라도 우드랜드 파크에 위치해 있는 캐리스 바이블 칼리지 Charis Bible College를 통해 깊게 전해지고 있습니다. 1994년 설립된 캐리스는 이제 미국 전역과 전 세계에 분교를 세워가고 있습니다.

앤드류 워맥 목사의 설교 자료는 책과 음원, 그리고 영상으로 제작되어 있으며 앤드류 워맥 미니스트리 홈페이지에 무료로 제공되어 있습니다.

연락처
앤드류 워맥 미니스트리Andrew Wommack Ministries
홈페이지 www.awmi.net
이메일 info@awmi.net
719-635-1111

캐리스 바이블 칼리지Charis Bible College
홈페이지 www.charisbiblecollege.org
이메일 admissions@awmcharis.com
844-360-9577

믿음의말씀사 출판물

구입문의 : 031-8005-5483 http://faithbook.kr

■ 케네스 해긴의 「믿음 도서관」 책들
- 새로운 탄생
- 재정 분야의 순종
- 나는 지옥에 갔다 왔습니다
- 하나님의 처방약
- 더 좋은 언약
- 예수의 보배로운 피
- 하나님을 탓하지 마십시오
- 네 주장을 변론하라
- 셀 모임에서 성령인도 받기
- 안수
- 치유를 유지하는 법
- 사랑은 결코 실패하지 않습니다
- 하나님께서 내게 가르쳐 주신 형통의 계시
- 왜 능력 아래 쓰러지는가?
- 다가오는 회복
- 잊어버리는 법을 배우기
- 위대한 세 단어
- 하나님의 은사와 부르심
- 그 이름은 "놀라우신 분"
- 우리에게 속한 것을 알기
- 성령을 받는 성경적인 방법
- 하나님의 영광
- 은혜 안에서의 성장을 방해하는 다섯 가지
- 사랑 가운데 걷는 법
- 바울의 계시: 화해의 복음
- 당신은 당신이 말하는 것을 가질 수 있습니다
- 그리스도 안에서
- 말
- 방언기도의 능력을 풀어 놓으라
- 옳은 사고방식 틀린 사고방식
- 속량 - 가난, 질병, 영적 죽음에서 값 주고 되사다
- 네 염려를 주께 맡겨라
- 예언을 분별하는 일곱 단계
- 절망적인 상황을 반전시키기
- 당신의 믿음을 풀어 놓는 법
- 진짜 믿음
- 믿음이란 무엇인가
- 그리스도께서 지금 하고 계시는 일
- 충분하고도 넘치는 하나님 엘 샤다이
- 금식에 관한 상식
- 하나님의 말씀 : 모든 것을 고치는 치료제
- 가족을 섬기는 법
- 조에
- 당신이 알아야 하는 신유에 관한 일곱 가지 원리
- 여성에 관한 질문들
- 인간의 세 가지 본성
- 몸의 치유와 속죄
- 크게 성장하는 믿음
- 하나님 가족의 특권

- 기도의 기술
- 나는 환상을 믿습니다
- 병을 고치는 하나님의 말씀
- 영적 성장
- 신선한 기름부음
- 믿음이 흔들리고 패배한 것 같을 때 승리를 얻는 법
- 믿음의 선한 싸움을 싸우는 법
- 하나님의 계획과 목적과 추구
- 예수 열린 문
- 믿음의 계단
- 당신을 향한 하나님의 계획
- 역사하는 기도
- 기름부음의 이해
- 내주하시는 성령 임하시는 성령
- 재정적인 번영에 대한 성경적 열쇠들
- 어떻게 하나님의 영으로 인도받을 수 있는가?
- 마이더스 터치
- 치유의 기름부음
- 그리스도의 선물
- 방언
- 믿는 자의 권세(생애기념판)
- 믿음의 양식
- 승리하는 교회

■ E. W. 케년
- 십자가에서 보좌까지 무슨 일이 일어났는가?
- 두 가지 의
- 놀라우신 그 이름 예수
- 하나님 아버지와 그분의 가족
- 나의 신분증
- 두 가지 생명
- 새로운 종류의 사랑
- 그분의 임재 안에서
- 속량의 관점에서 본 성경
- 두 가지 지식
- 피의 언약
- 숨은 사람
- 두 가지 믿음
- 새로운 피조물의 실재

■ 스미스 위글스워스
- 스미스 위글스워스의 천국
- 스미스 위글스워스의 매일묵상
- 위글스워스는 이렇게 했다
- 스미스 위글스워스의 능력의 비밀

■ T. L. 오스본
- 행동하는 신자들
- 기적 - 하나님 사랑의 증거
- 새롭게 시작하는 기적 인생

- 좋은 인생
- 성경적인 치유
- 능력으로 역사하는 메시지
- 100개의 신유 진리
- 24 기도 원리 7 기도 우선순위
- 하나님의 큰 그림
- 긍정적 욕망의 힘
- 당신은 하나님의 최고의 작품입니다

■ **잔 오스틴**
- 믿음의 말씀 고백기도집
- 하나님의 사랑의 흐름
- 견고한 진 무너뜨리기
- 초자연적인 흐름을 따르는 법
- 당신의 운명을 바꿀 수 있습니다
- 어떻게 하나님의 능력을 풀어놓을 수 있는가?

■ **크리스 오야킬로메**
- 여기서 머물지 말라
- 이제 당신이 거듭났으니
- 당신의 인생을 재창조하라
- 이 마차에 함께 타라
- 그리스도 안에 있는 당신의 권리
- 성령님과 당신
- 성령님이 당신 안에서 행하실 일곱 가지
- 성령님이 당신을 위해 행하실 일곱 가지
- 기적을 받고 유지하는 법
- 하나님께서 당신을 방문하실 때
- 올바른 방식으로 기도하기
- 당신의 믿음을 역사하게 하는 법
- 끝없이 샘솟는 기쁨
- 기름과 겉옷
- 약속의 땅
- 하나님의 일곱 영
- 예언
- 시온의 문
- 하늘에서 온 치유
- 효과적으로 기도하는 법
- 어떤 질병도 없이
- 주제별 말씀의 실재
- 마음의 능력

■ **앤드류 워맥**
- 당신은 이미 가졌습니다
- 은혜와 믿음의 균형 안에 사는 삶
- 하나님의 참 본성
- 하나님은 당신이 건강하기 원하십니다
- 영 · 혼 · 몸
- 전쟁은 끝났습니다
- 믿는 자의 권세
- 새로운 당신과 성령님
- 노력 없이 오는 변화
- 하나님의 충만함 안에 거하는 열쇠
- 더 좋은 기도 방법 한 가지
- 재정의 청지기 직분

- 하나님을 제한하지 마라
- 하나님의 뜻을 발견하고 따라가며 성취하라
- 하나님의 참 본성
- 하나님의 최선 안에 사는 법
- 더 큰 은혜 더 큰 은총

■ **기타 「믿음의 말씀」 설교자들**
- 성령의 삶 능력의 삶
- 복을 취하는 법
- 주는 자에게 복이 되는 선물
- 믿음으로 사는 삶
- 붉은 줄의 기적
- 당신이 말한 대로 얻게 됩니다
- 예수-치유의 길 건강의 능력
- 성령 안의 내 능력
- 존 G. 레이크의 치유
- 믿음과 고백
- 임재 중심 교회
- 성령충만한 그리스도인의 지침서
- 열정과 끈기
- 제자 만들기
- 어떻게 교회를 배가하는가
- 운명
- 모든 사람을 위한 치유
- 회복된 통치권
- 그렇지 않습니다
- 당신의 자녀를 리더로 훈련하라
- 오순절 운동을 일으킨 하나님의 바람
- 주일 예배를 넘어서
- 신약교회를 찾아서
- 내가 올 때까지
- 매일의 불씨
- 여성의 건강한 자아상

■ **김진호 · 최순애**
- 왕과 제사장
- 새로운 피조물의 실재
- 믿음의 반석
- 새 언약의 기도
- 새로운 피조물 고백기도집(한글판/한영대조판)
- 성령 인도
- 복음의 신조
- 존중하는 삶
- 성경의 세 가지 접근
- 말씀 묵상과 고백
- 그리스도의 교리
- 영혼 구원
- 새로운 피조물
- 믿음의 말씀 운동의 뿌리
- 1인 기업가 마인드
- 내 양을 치라
- 새사람을 입으라